21世纪会计系列规划教材

应用型

U0791716

初级会计学

巫绪芬　曹中红　编著

Primary Accounting

东北财经大学出版社　大连
Dongbei University of Finance & Economics Press

图书在版编目（CIP）数据

初级会计学 / 巫绪芬，曹中红编著. —大连：东北财经大学出版社，2017.2

（21世纪会计系列规划教材·应用型）

ISBN 978-7-5654-2585-1

Ⅰ. 初… Ⅱ. ①巫… ②曹… Ⅲ. 会计学-高等学校-教材 Ⅳ. F230

中国版本图书馆CIP数据核字（2016）第300434号

东北财经大学出版社出版

（大连市黑石礁尖山街217号 邮政编码 116025）

网 址：http：//www.dufep.cn

读者信箱：dufep@dufe.edu.cn

大连日升彩色印刷有限公司印刷 东北财经大学出版社发行

幅面尺寸：170mm×240mm 字数：324千字 印张：15.75 插页：1

2017年2月第1版 2017年2月第1次印刷

责任编辑：李智慧 贺 荔 责任校对：刘佳玲

封面设计：冀贵收 版式设计：钟福建

定价：35.00元

教学支持 售后服务 联系电话：（0411）84710309

如有印装质量问题，请联系营销部：（0411）84710711

前　言

随着财务会计的国际趋同，经济步入“互联网+”时代，人才市场对会计专业毕业生会计学基本原理的掌握程度、专业知识的综合运用能力都提出了更高的要求。

作为专业入门课程，基础会计学的教学直接关乎学生后续“中级财务会计”课程的学习效果，而中级财务会计的教学能否让学生真正具备“解读准则，呈现事实”的基本职业判断能力，则是学生是否能够真正转变为一名会计从业者的入门标志。

反观我国现有的基础会计学类教材，虽然版本繁多，但其内容体系几十年来几乎千篇一律，即“会计基本准则+会计核算技术”，过于注重手工操作技术的入门教学，既禁锢了学生“会计信息服务于决策”思想的培养，又脱节于以“会计目标”为导向的后续中级财务会计和高级财务会计学习内容，使学生难以适应以“会计目标”为导向的后续课程学习，最终导致大量的学生将财务会计课程学成一笔笔教条的会计分录。

针对多年来财务会计课程教学效果不理想的状况，我们大胆尝试，勇于创新，首先在2014年出版了以“信息服务决策”为目标、以“财务报表”为主线的面向经济管理类专业开设的《会计学》教材，并于2016年修订出版了第二版（均由东北财经大学出版社出版）。基于会计学专业与非专业学生入门阶段并无区别的客观事实，我们在此教材基础上，针对会计学专业学生的会计基本原理课程的学习特点，编写了本教材。

与现有《基础会计学》《会计学原理》类教材相比，本教材的特色主要体现在以下几个方面：

1.改变教材目标定位：由“财务信息生成过程和技术培养”向“财务信息服务决策思想培养”转变。

本教材的目标定位于使专业学生充分了解会计目标，在入门阶段奠定学生财务信息服务于决策的意识培养。教材从学生本能定位（会计信息使用者）出发，可以降低学生初始入门的难度。将学生定位为一位决策者，会极大调动学生在初始阶段学习会计知识的热情。以财务报表的阅读作为教材的入门教学内容，可以帮助学生建立对会计的较高层次认识，进而可以帮助学生完成在会计目标的正确导向下的完整财务会计课程学习。

2.改变教材架构：由“会计基本准则+会计核算技术”向“会计目标+财务报表”转变。

本教材以会计目标为核心搭建教材架构，整体架构以会计目标为导向，以财务信息满足需求的财务报表为主线，以财务会计概念框架为基础，包括在会计信息系统中的会计要素之间的相互关系、专业术语，以及在特定环境下如何应用会计原则、概念以及规则和标准等。

教材构建的重心放在让学生充分认知财务报表及其构成，兼顾让学生掌握并熟练应用借贷记账方法。教材框架在对会计信息系统框架进行概括介绍的基础上，重点阐释什么是会计目标，执业会计师是如何向信息需求者，特别是投资者、债权人提供决策所需财务信息的，彻底改变现有以“会计基本概念+会计核算技术”为重心、简单介绍财务报表的基础会计学教材架构。

3.改变教材内容体系：由“以会计核算技术为主线”向“以财务报表为主线”转变。

本教材的核心内容体系以财务报表为中心，弱化会计核算技术（原有的建立在手工记账基础上的会计循环的相应内容可以通过实验教学完成）。本教材主要包括三部分内容：（1）整体认知财务报表；（2）企业营利性活动引起资金双向变化及其对财务报表的影响；（3）财务报表生成过程。在整体内容安排上，强化财务报表的决策支持作用，培养学生财务报表的基本阅读能力。

4.“纠正”会计分录，并将“导入案例”贯穿于教材章节内容始终。

本教材与同类教材一样，以“导入案例”概括介绍章节学习内容和教学目标，但区别于同类教材导入案例只负责提问，而不负责解答的一般做法，本书将导入案例贯穿于章节内容始终。在主体的教学内容中，我们将导入案例与专业术语、原则等密切联系，并且通过对案例的细致分析与深入解读，让初学者感性地了解职业会计师遵循公认会计准则进行职业判断的详细过程。让学生在入门阶段，深刻地理解会计分录是职业判断的结果，纠正会计分录是仿照例题、习题背出来的错误认识，为后续的中级财务会计学习建立较好的思想准备。

另外，本教材为了真正实现语言生动、活泼，通俗易懂，避免堆积使用大量专业术语使初学者产生恐惧心理，调动学生学习会计知识的热情，每章都安排了若干生动案例，更加有利于案例教学的开展。

在教材的编写过程中，我们参阅了诸多文献资料，在此向文献资料的作者致以诚挚的谢意！

囿于作者水平，教材的疏漏和不足在所难免，恳请专家、同仁以及广大读者批评指正！也希望本教材能够抛砖引玉，希望有更多的同仁加入到会计人才培养的课程体系创新改革队伍当中来。

编著者

2016年12月16日于合肥学院

目　录

导　论　会计是如何帮助决策的　1

案例0-1　受托责任观　1

案例0-2　决策有用观　2

第一章　会计的含义与目标　4

导入案例　4

学习目标　4

第一节　会计的含义与内容　4

第二节　财务会计目标　10

第三节　会计职业和会计职业道德　17

本章小结　20

思考与练习　20

案例分析　22

第二章　资产负债表——揭示企业竞争力的重要依据　25

导入案例　25

学习目标　25

第一节　资产负债表概述　25

第二节　揭示企业财务状况的三大要素——资产、负债、所有者权益　28

第三节　理解资产负债表的重要概念　32

第四节　资产负债表阅读　36

本章小结　38

思考与练习　39

案例分析　42

第三章　利润表——衡量企业经营绩效的重要工具　45

导入案例　45

学习目标　45

第一节　利润表概述　45

第二节　收入、费用、利润——揭示企业经营状况的三大要素　47

第三节　理解利润表的重要概念　51

第四节　评价企业经营绩效　52

本章小结　53

思考与练习　54

案例分析　57

第四章　现金流量表——评价企业财务活力与收益质量的重要工具　60
导入案例　60
学习目标　60
第一节　现金流量表概述　60
第二节　理解现金流量表的重要概念　63
第三节　现金流量表阅读　64
本章小结　66
思考与练习　67
案例分析　68
第五章　账户与复式记账——解读帕乔利的密码　71
导入案例　71
学习目标　71
第一节　账户　73
第二节　借贷记账法　81
第三节　账户、复式记账与财务报表之间的关系　88
本章小结　95
思考与练习　96
案例分析　103
第六章　企业经营活动对财务报表的影响　105
导入案例　105
学习目标　105
第一节　收入与货币性资产　106
第二节　营业成本与存货　107
第三节　企业经营活动的会计处理　115
第四节　企业经营活动的财务报表解读　128
本章小结　137
思考与练习　138
案例分析　143
第七章　企业投融资活动对财务报表的影响　146
导入案例　146
学习目标　146
第一节　固定资产与无形资产　147
第二节　负债与所有者权益　162
第三节　企业投融资活动的财务报表解读　175
本章小结　178
思考与练习　179

案例分析 183
第八章　财务成果——企业营利性活动的结果 186
导入案例 186
学习目标 186
第一节　利润及其构成 187
第二节　利润的形成 190
第三节　财务成果的分配 198
本章小结 200
思考与练习 200
案例分析 203
第九章　会计循环与会计核算组织形式 205
导入案例 205
学习目标 205
第一节　会计循环：会计凭证、会计账簿与会计报表 206
第二节　记账凭证核算组织形式 227
本章小结 230
思考与练习 231
附　会计循环实例综合实训 233
主要参考文献 243

导论

会计是如何帮助决策的

案例0-1 受托责任观[①]

很久以前，在欧洲西部一个小城里住着一位封建领主。领主的名字叫巴恩，他住在一座小山上的城堡里，主宰着城堡周围他的领地上的农民的幸福。每年春天，当积雪刚刚开始融化时，巴恩就开始打算怎样准备来年的事情。

又一年春天来临了，这时的巴恩正在考虑如何为正处于生长季节的小麦做准备。“我认为我的180亩土地，每亩能出产73千克麦子，可以为冬季打下足够的粮食，”他若有所思地说，“可是谁愿来种地呢？应该让伊万和弗雷来种这些地。”于是伊万和弗雷应召来到了巴恩老爷的城堡。

“伊万，你负责种120亩土地，弗雷负责剩下的60亩，”巴恩接着说，“我给伊万290千克麦种和18千克肥料（18千克肥料值30千克麦子）。弗雷会领到145千克麦种和9千克肥料。再给你们每人一头牛拉犁，但你们需要自己去犁匠那里买犁。顺便说一下，这牛只有3岁大，还从未耕过地，为你们服务10年大概还不成问题。用心照管它们，因为一头牛值580千克麦子，秋天把牛、犁和收成一块儿交给我。”

伊万和弗雷拜别领主之后，带着巴恩提供的东西离开了城堡。

夏天一晃眼过去了。秋收过后，伊万和弗雷回到领主那里归还领主春天借给他们使用的东西，伊万说：“尊贵的老爷，我把这头几乎没使唤过的牛，还有这个破得不能再修的犁和3238千克麦子交给您。但不幸的是，为了这个犁，春天时我欠犁匠的45千克麦子现在也没还清。并且正如您所预计的那样，我用完了春天时您给我的所有麦种和肥料。还有，您已经从我的收成里拿走290千克麦子自己用了。”

弗雷接着说：“尊贵的老爷，我把这头不常使唤的牛、这个犁和1525千克麦子交给您，我已经从收成中拿出45千克麦子把买犁的钱付给了犁匠。我也用光了春天时您给我的所有麦种和肥料。还有，就在几天前，您刚刚从我的收成里拿走了436千克麦子。我认为这犁至少还可以供您用两季。”

“你们做得很好!”巴恩说。赐福过后，两个农民离开了城堡。在他们离开后，巴恩开始反复掂量发生的事情。“是的，”他说，“他们干得都不错，但我怎么能知道谁干得更好些呢？”

问题：

① 资料来源：安索尼，里斯，赫特斯坦.会计学［M］. 9版.骆珣，等，译.北京：北京大学出版社，2000：15.

1.为每个农场编制生长季节开始日和结束日的资产负债表，以及整个季节的利润表（不要担心你还没有对资产负债表和利润表获得充分的了解，尽可能地根据你的直觉去做）。

2.哪一个农民干得更好些？

案例0-2 决策有用观①

2015年秋，范里受聘为正大化工公司的工程师。在与厂里的专家进行的一次例行讨论中，范里了解到公司已研制出一种废料回收利用的技术，该技术的工艺步骤是先把废料研磨成粉末，然后加工成塑料汽水瓶。因为政府已禁止正大化工公司在户外堆放回收的饮料瓶，正大化工公司急需有一家公司能回收废料并将其研磨成粉末，定期将塑料粉末运送到化工公司。范里认为这是一次期待已久的自主创业机会。

范里创建一个名为“新希望”的塑料瓶粉碎工厂。2015年12月，“新希望”工厂购买一辆旧卡车（75 000元）、一个拖斗车（31 000元）来运输瓶子和两台旧粉碎机（76 000元），同时还购买运行和维护机器所需的一些备品备件及回收的饮料瓶，计18 000元。这样总共花掉了范里积攒的200 000元。

范里找到一个非常适合改造为工厂的仓库，价值282 000元。范里的哥哥和妹妹也非常看好此项目，每人向该项目投资了100 000元。这样范里就有了足够的钱支付仓库的首期款项，银行也同意以抵押贷款的形式为范里提供资金200 000元。在批准贷款时，银行工作人员建议范里从一开业就要做好正确的会计记录。他说这些记录不仅有助于处理好企业未来的银行业务，而且对所得税申报和企业的日常管理也很有帮助。他们建议范里从一开始就要找一个好的会计人员帮助他处理会计事务，从而使公司尽早步入正轨。

范里的邻居——齐默是当地一家公司的会计。当他们谈及这项新业务时，范里说：“我不知道如何做好会计记录。”齐默建议说：“首先要列出企业所有的购置项目及发生的所有负债。你还应该建立一套完整的账簿体系来记录发生的所有交易。”齐默同时也答应为范里寻找一位对这种新开业公司富有经验的会计人员，他可以受聘作为范里的顾问，这样公司一旦开展正常业务，就可以由他负责为公司建立一套会计体系。

现在范里觉得公司开展业务已经有了坚实的基础，于是公司正式开业了，并与当地两家制瓶公司签订了合同，同时还雇用了两名粉碎工、一名卡车司机和一名拖斗车司机。从2016年1月1日开始，这家新公司一直在向那家成为老主顾的化工公司送货。

---

① 资料来源：安索尼，里斯，赫特斯坦.会计学［M］. 9版.骆珣，等，译.北京：北京大学出版社，2000：14（略有修改）.

问题：

1.为什么范里需要一些必要的记录？他需要的是哪些记录？

2.按照齐默的建议，并做出一些你认为有用的假定，你可以整理出范里的公司资产和负债清单吗？范里应怎样评定公司的资产价值？

3.范里现在已经开始销售产品了，那么他确认“利润或亏损”时需要哪些信息？对范里的公司来说，进行利润或亏损的分析有什么重要意义？范里应每隔多长时间做一次分析？

4.如果由范里负责管理公司业务的话，他需要哪些信息（报告）来评价公司业绩？

第一章

会计的含义与目标

导入案例

在导论的案例讨论中，大家都得到了哪些重要结论？

巴恩将土地交给伊万和弗雷耕种并提供麦种、肥料和耕牛，是无偿的吗？他提出了什么要求？他的要求合理吗？如果你是伊万和弗雷，你愿意替巴恩耕种土地吗？如果下一年伊万和弗雷还愿意继续帮巴恩耕种土地，而巴恩只需要他们中的一位，你认为巴恩会选谁？

相信每个人都有一个和范里一样的梦想：给自己打工。范里无疑是幸运的，他很快地发现了实现自己梦想的机会，并已经在实现理想的征途上了。他启程前做了哪些准备？范里的哥哥和妹妹为什么愿意给他出钱？他们提供的钱和银行借给范里的钱有区别吗？范里的哥哥和妹妹在提供钱时对范里有要求吗？银行工作人员为什么要求范里一开始就要做好会计记录？你也有和范里一样的梦想吗？如果你是范里，你需要聘请一名会计吗？你需要他为你做什么？

学习目标

在本章中，你将学到：

（1）会计的含义。

（2）会计信息是由哪些内容构成的。

（3）财务会计信息的含义和具体内容。

（4）财务会计信息是如何为不同的决策者服务的。

第一节 会计的含义与内容

世界上有很多工作都是通过某些组织进行的，组织就是为了实现一个或多个预定目标而由多人共同协作的群体。组织大致可区分为营利性组织与非营利组织两类。前者以获利为主要目标，后者则有其他一些目标，如政府管理、提高社会服务、提供教育等。一个组织在工作时需要投入资金以便获取人力、物力、各种服务、办公场所和设备等资源。同时，在组织中工作的人们为了高效地工作，也需要掌握资源的数量、偿付资源的手段及资源利用效果等信息（信息类型如图 1-1 所示）。另外，在组织之外的其他实体也需要获取类似信息以便对这个组织的运行状况进行判断。会计就是提供此类信息的一个系统。

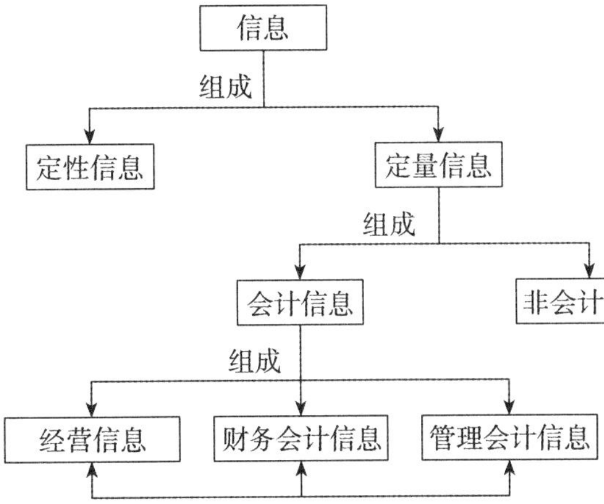

图1-1 信息类型

一、会计的含义

（一）会计信息

会计信息是一种定量信息，它与其他类型定量信息的主要区别在于它通常采用货币计量。雇员的年龄、工作年限等数据是定量信息，但它们通常不被认为是会计信息。然而界限并不是绝对的，为了帮助报表使用者加深理解，财务报告中也经常包括一些非货币信息。

对于信息需求者来讲，要了解其所占用资源的数量和偿付方式以及这些资源的利用效果，一般需掌握以下三类信息：营运信息；财务会计信息；管理会计信息。

1.营运信息

一个组织在处理日常业务活动时必然要面对大量营运信息。营运信息是会计信息的重要组成部分，为管理会计和财务会计提供相关的基础数据资料。例如，支付给雇员的薪金、产品的市场供求状况、产品的成本和售价、库存产品的数量、原材料领用消耗状况、客户的信用状况和付款能力等。同时，公司也需要了解自身所欠其他公司的货款数额以及偿还能力。

2.财务会计信息

财务会计信息既服务于管理者又服务于组织之外的一些实体，包括股东（非营利组织中的受托人）、银行和其他债权人、政府机构、投资顾问及普通公众。外部实体很难要求某个组织必须按其需要的格式提供专门的信息，大多数情况下，外部实体必须接受由组织选择提供的信息。

如果不掌握这些信息编制的基本规则，他们很难理解这些信息的含义，也不可能要求组织之外的人们对其所感兴趣的每个组织都分别掌握一套新的编制规则，而且在涉及对两个组织的信息进行比较时，除非它们在编制信息时遵循了相同的基本规则，否则就不存在比较的基础。这些基本规定正是财务会计所要讨论的主题。

3.管理会计信息

公司的管理者无暇顾及公司营运信息的细节，但是他们需要依据这些信息加工形成的概括信息，并结合其他一些信息行使其管理职能。这种专门为管理者加工的会计信息称为管理会计信息。这类信息通常应用于计划、执行、控制三种管理职能。

（1）计划。在所有组织中，计划的实质是不同级别的管理者对未来的业务活动进行策划与安排的过程。计划可大可小，既可为一个组织的局部制订计划，也可为其整体制订计划。预算是计划的重要形式。预算是某一特定时期覆盖整个组织业务活动的计划过程。预算的首要目标是将一个组织局部的、分散的计划衔接起来，使之协调一致。预算有助于经理们推测下一年度的业务活动是否能够取得满意的结果，并能在预期目标未达到时，指出改善的具体途径。计划包含决策。决策主要有以下步骤：①发现问题或机会的存在；②寻求解决问题或利用机会的备选方案；③对这些备选方案的预期结果进行分析；④比较结果选择最佳方案。会计信息在决策的分析过程中至关重要。

（2）执行。制订计划并不代表着计划一定能够得以贯彻执行。在全年预算编制以后，每位经理必须采取措施提供人力和其他各种资源以确保计划得以贯彻执行。每位经理必须编制比总预算更详细的执行计划，即预先编制以周甚至日为基础的专门执行计划。这些专门计划的执行需要各部门经理进行监督。尽管许多业务活动是日常例行的，但经理们也常常必须面对那些预算中没有预计到的事项。的确，随时调整前期计划以适应新情况是总经理要承担的重要职责。如果组织的某个部分出现了意外的情况，有关部门的经理必须尽快做出反应，使这些部分相互协调。

（3）控制。企业管理者采取一系列措施确保员工的行为符合标准的过程就是控制。会计信息正是借助于传递、指导、干预和评价等手段在控制过程发挥作用的。

总的来说，会计信息的使用者主要有两类：其一，利用会计信息制定重大决策、公司战略及长期计划的内部高层管理人员，以及利用会计信息制订短期计划和控制日常经营活动的内部中低层管理人员；其二，利用会计信息做出各项决策的外部人员，如投资者、债权人、政府机构等。内部人员（管理者）和外部人员都需要会计信息，但两者使用的目的不同，因此，他们需要的会计信息的类型也不一样（见表1-1）。

（二）会计的定义

在有关会计的各种定义中，美国会计学会给出的定义堪称最佳，因为它强调了会计有助于决策的功能。它认为，会计是确认、计量与传达使信息使用者能够做出合理判断和决策的经济信息系统。

表1-1 管理会计信息与财务会计信息的区别

项　目	管理会计信息	财务会计信息
主要使用者	企业内部的各级管理人员	包括外部人员（如投资者、政府机构），也包括企业内部的管理人员
选择的自由度	除了考虑改进管理决策所涉及的成本效益问题外，没有任何限制	严格遵循公认会计标准
行为影响	侧重于考虑报告将如何影响管理人员的日常决策	尽管建立在财务报告结果基础上的经理报酬会对其决策行为产生影响，但是，财务会计更侧重于影响外部决策的信息
关注的时点	重在未来，既关注历史资料又运用预算指标	强调过去，对过去进行评价
时间跨度	灵活性，从若干小时到10~15年不等	固定性，常为1年或1个季度
报告内容	详细报告，涉及企业、产品、部门及地区等的某一具体方面	总括报告，主要涉及整个企业的状况
活动范围	领域没有明确的限定，更多地涉及经济学、决策科学和行为科学	领域划分明确，较少涉及其他相关学科

二、财务会计信息框架

市场经济面临的最大问题就是不确定性因素大大增加。要想在竞争中取胜，决策的正确性就显得至关重要。正确的决策来自准确的信息支持。随着经济的发展，作为最主要的信息系统之一的会计信息系统将变得更加重要。

（一）财务会计信息的需求

财务会计信息的使用者和需求者涉及与企业有利害关系的内外部集团和个人，

这些有利害关系的集团和个人主要包括投资人、潜在投资人、债权人、企业管理者、企业员工、政府监管机构、企业供应商、客户、证券交易所、财政金融部门、中介服务机构、社会公众等。总体而言，财务信息的需求者对财务信息都有不同程度的需求。

1.投资人

在经营权与所有权分离的情况下，企业所有者需要利用会计信息了解企业的经营状况、评估投资报酬、判断投资风险并做出决策。例如：

（1）是否应该对企业进行投资？

（2）是否应该转让所有者在企业中的投资（如出售股份）？

（3）企业管理者的经营业绩如何？

（4）企业的财务状况及经营成果怎样？

（5）企业的盈利分配政策（如股利政策）是否合理？

2.债权人

贷给企业资金者，即成为企业的债权人。债权人主要关心企业是否能够按期还本付息，而决策前更需要评估企业的到期偿债能力，这种评估是以会计信息为基础的、对企业未来经营情况进行的预测。具体包括：

（1）企业的资金是否充裕？是否足以偿还其债务？

（2）企业的获利情况怎样？

（3）是否应该贷给企业更多的资金？

（4）是否应该继续保持对企业的债权（如是否转让公司的债权）？

3.政府部门

有关政府部门（如税务机关）要通过会计信息了解企业所承担义务的履行情况。例如：

（1）企业缴纳所得税和其他税金的情况如何？

（2）企业是否遵守有关的法律规定？

（3）企业是否有舞弊行为？

（4）企业向各级政府的法定机构提供的各种报告是否正确？

对我国的国有企业来说，企业还有义务向有关政府管理部门提供进行宏观调控所需要的会计信息。

4.企业员工

企业员工主要关心下列问题：

（1）企业是否按正确的方向从事经营？能否为其员工提供稳定而持久的工作岗位？

（2）企业管理者是否有舞弊行为？

（3）企业的分配政策是否合理？

（4）企业的福利待遇有何变动？

5.企业的顾客

企业的顾客虽然不参与企业资源的配置，但在许多方面与企业存在着利益关系。他们主要关心下列问题：

（1）企业的经营活动是否稳健？是否能与客户形成稳定的供应链？

（2）企业的产品定价是否合理？是否应该从该企业增加产品购买量？

（3）企业的经营行为和政策是否和顾客的目的相矛盾？

6.企业管理者

企业管理者是企业内部主要的会计信息使用者。企业会计要采用一定的程序和方法，将企业的大量经济数据转化为有用的会计信息，以便为企业管理决策提供依据。企业经理利用会计信息为企业制定经营目标，评价为实现目标而付出的行为是否合理，并在必要时采取改进措施。以会计信息为基础的决策包括购建何种固定资产、保持多少存货、向银行借入多少资金等，企业在筹资决策、投资决策、生产决策、销售决策以及人事决策等方面都需要会计信息。企业会计人员不再是单纯的记账、算账，而是能辅助管理者及时地将数据转化为信息，由信息提升到知识，再由知识付诸行动。

此外，个人在理财活动、日常生活决策、评价工作前景是否乐观方面也经常需要会计信息。企业的管理层除了要了解本企业的会计信息，还要关注与己有关的其他企业的会计信息，如供应商的会计信息、客户的会计信息及竞争对手的会计信息，以便及时做出改善企业经营环境的决策。

（二）财务会计信息的供给

企业以什么形式向会计信息的需求者提供会计信息呢？是财务报告（包括财务报表、财务报表附注和财务情况说明书）。财务报告体系如图1–2所示。

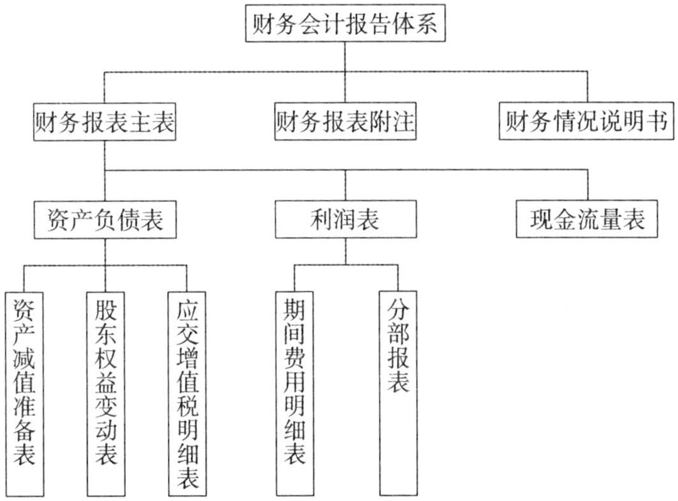

图1–2　财务会计报告体系图

1.财务报表主表

与企业存在利害关系的利益集团关心自己的利益是否得到维护，就需要企业提供有关企业财务状况与经营成果的报告。财务报表主表就是反映企业的财务状况、经营成果、现金流量及股东权益变动等信息的报告文件，主要包括资产负债表、利润表、现金流量表和所有者权益变动表（股东权益变动表）。资产负债表是反映企业在某一特定日期全部资产、负债和所有者权益情况的报表。利润表又称收益表、损益表，是反映企业在一定会计期间的经营成果的报表。现金流量表是反映企业一定会计期间内经营活动、投资活动和筹资活动等现金流入、流出状况的报表。所有者权益变动表（股东权益变动表）是反映企业一定会计期间内所有者权益各构成项目增减变动情况的报表。

2.财务报表附注

财务报表附注是企业财务报告不可缺少的组成部分，是对财务报表本身无法或难以充分表述的内容和项目所做的补充说明与详细解释。其内容主要包括：（1）企业的基本情况；（2）财务报表的编制基础；（3）遵循企业会计准则的声明；（4）重要会计政策和会计估计；（5）会计政策和会计估计变更以及差错更正的说明；（6）重要报表项目的说明；（7）或有和承诺事项、资产负债表日后非调整事项、关联方关系及其交易等需要说明的事项；（8）有助于财务报表使用者评价企业管理资本的目标、政策及程序的信息。

3.财务情况说明书

财务情况说明书是对企业一定会计期间内财务状况进行分析总结的书面报告，是企业财务报告的重要组成部分。财务情况说明书全面提供企业和其他单位生产经营、业务活动情况，分析总结经营业绩和存在问题及不足，是企业财务会计报告使用者特别是单位负责人和国家宏观管理部门了解和考核各单位生产经营和业务活动开展情况的重要资料。内容主要包括：（1）企业生产经营状况；（2）利润实现和利润分配情况；（3）资金增减和资金周转情况；（4）税金缴纳情况；（5）各种财产物资变动情况；（6）其他需要说明的事项。

第二节 财务会计目标

我国《企业会计准则——基本准则》对企业财务会计信息系统目标作了明确的规定：向财务会计报告使用者提供与企业财务状况、经营成果和现金流量等有关的会计信息，反映企业管理层受托责任履行情况，有助于财务会计报告使用者做出经济决策。

一、财务会计目标——两大主流观点

（一）向财务报告使用者提供对决策有用的信息（决策有用观）

企业编制财务报告的目的主要是满足财务报告使用者的信息需要，因此，向财务报告使用者提供对决策有用的信息成为企业编制财务报告的目的。比如，财务报告应当如实反映企业所拥有或者控制的经济资源、对经济资源的要求权和经济资源及其要求权的变化情况；如实反映企业的各项收入、费用、利得和损失的金额及其变动情况；如实反映企业各项经营活动、投资活动和筹资活动等所形成的现金流入和现金流出的情况等，以有助于现在的或者潜在的投资者、债权人以及其他使用者正确、合理地评价企业的资产质量、偿债能力、盈利能力和营运效率等。如果企业在财务报告中提供的会计信息与使用者的决策无关，没有使用价值，那么财务报告就失去了其编制的意义。

（二）反映企业管理层受托责任的履行情况（受托责任观）

在现代公司制下，企业所有权和经营权相分离，企业管理层是受委托人之托经营管理企业及其各项资产的，负有受托责任，即企业管理层所经营管理的各项资产基本上为投资者投入的资本（或留存收益作为再投资）或者向债权人借入的资金所形成的，企业管理层有责任妥善保管并合理、有效地使用这些资产。因此，财务报告应当反映企业管理层受托责任的履行情况，以有助于权益人（资源委托者）评价企业管理者（受托经营者）的经营管理责任以及资源使用的有效性。

知识拓展1-1　　通用目的财务报告目标[①]

2010年IASB（国际会计准则理事会）和FASB（美国财务会计准则委员会）联

① 资料来源：任世驰，罗绍德.IASB与FASB《通用目的财务报告的目标》述评 [J]. 会计研究，2011（9）.

合发布的《财务报告框架——通用目的财务报告的目标》确定的财务报告目标是："提供报告主体的财务信息，而且所提供的财务信息应有助于现实的和潜在的投资者、贷款人和其他债权人做出是否向主体提供资源的决策。"明确会计是一种价值反映活动，仅能向现实的和潜在的投资人、贷款人和其他债权人（有限的信息使用者而非全部的信息使用者）提供单一的、通用的（而非所需要的全部的、多样的、差异性的）财务信息。

《财务报告框架——通用目的财务报告的目标》明确指出："通用目的财务报告并不企图展示报告主体的价值……仅提供信息，帮助现实的和潜在的投资者、贷款人和其他债权人估计报告主体的价值。"会计不是计量企业价值的，会计仅仅向外提供信息，使用者根据会计信息自行估计报告主体的价值。

二、财务会计信息质量特征

财务报告最主要的目的就是为使用者的投资和贷款等决策提供有用的信息，而信息则必须在可靠、相关、可比的情况下才具有实用价值。要使会计信息满足使用者（主要是外部使用者）的要求、具有实用价值、实现财务报告的目标、保证会计信息的质量，必须明确会计信息的质量要求。会计信息的质量要求是财务报告所提供的信息应达到的基本标准和要求，具体包括可靠性、相关性、可理解性、可比性、实质重于形式、重要性、谨慎性和及时性等。

（一）可靠性

可靠性又称客观性、真实性或中立性。可靠性要求会计记录必须以实际发生的经济业务的合法凭证为依据，正确运用会计原则和方法，如实反映企业的财务状况和经营成果，做到内容真实、数据准确、资料可靠。也就是说，企业不得虚构、歪曲和隐瞒经济业务事项，它是杜绝会计信息失真的基本前提。具体包括以下三方面的属性：

（1）真实性。真实性是指会计计量的结果是否与它所反映的经济对象或经济事项相一致。但应当注意的是，由于现实经济中存在着大量的不确定性问题，会计信息不可能绝对不失真。在会计的计量中，几乎离不开会计人员的判断和估计，更离不开多少带有条件性的分类、汇总和分配，如在资产成本的分配中，对资产残值以及使用年限的估计都明显带有主观判断色彩等。严格地说，会计计量的结果在很大程度上是近似的，而不是精确的，而且由于相关性的影响，绝对精确的计量未必都有必要，因为绝对精确的计量所需支付的成本很高。因此，真实性并不要求也不应当要求绝对精确，而是要求如实反映。

（2）可验证性。所谓可验证，一般是指有可靠的凭证可据以复查其数据的来源和转化为信息的计算过程，如购货发票就可以证明采购商品的价值。每一项会计记录都要有合法的凭证为依据，不允许弄虚作假，要求做到账证、账账、账表和账实之间相互一致。

（3）中立性。可靠的信息资料还必须是中立的，也就是不带偏向性的。如果财务报表的编制是通过有意识地选取和列报某些资料来影响决策者的决策行为和判断结果，则这时的会计信息就不是中立的。

（二）相关性

相关性又称有用性。资料要成为有用的信息，就必须与使用者的决策需要相关联。信息的价值在于其与决策相关，有助于决策。相关的会计信息有助于会计信息使用者评价过去的决策，证实或修正某些预测，从而具有反馈价值；有助于会计信息使用者做出预测，做出决策，从而具有预测价值。在会计核算工作中坚持相关性，就要求在收集、加工、处理和提供会计信息的过程中，充分考虑会计信息使用者的信息需求。对于特定用途的会计信息，不一定都能通过财务会计报告来提供，也可以采用其他形式提供。

如果会计信息没有满足会计信息使用者的需要，对会计信息使用者的决策没有任何作用，就不具有相关性。当然，相关性不是要求所提供的会计信息完全满足所有会计信息使用者的需要，事实上，再全面的会计报表也不可能满足所有方面的需要。只要企业的会计报表能提供通用的会计信息，会计信息使用者通过对会计报表的通用信息进行加工，能够得到其所需要的会计信息，就符合了会计相关性的要求。

相关性包括以下两个方面的属性：

第一，会计信息必须具有预测价值。例如，预测企业未来的财务状况和经营业绩是否面临财务危机，是否会破产；预测证券价格的变动，股利、工资的发放水平；预测企业在承诺到期时履行承诺的能力等。

第二，会计信息必须具有反馈价值。会计信息必须能够反映企业及其下属业务部门的上期经营成果，根据会计信息的反馈可以提出改进企业经营管理的措施。

（三）可理解性

可理解性也称明晰性。要求企业的会计记录和所提供的会计报表，应当清晰明了，便于理解和使用。清晰明了有助于对报表的理解，这是衡量报表质量和报表是否有利于决策者使用的一个标准。会计记录和会计报表只有清晰明了，才能使使用者易于理解、易于利用、便于决策。如果生成的会计信息不能清晰明了地反映企业的财务状况、经营成果和现金流量，就会影响会计信息的功用。这个质量特征对信息使用者和信息提供者都有要求。一方面，会计上假定信息使用者具有一定的工商经济活动和会计方面的知识，并且愿意下功夫去研究资料；另一方面，信息提供者应力求使会计信息通俗易懂，避免故意用晦涩难懂的专门术语为难信息使用者。在会计核算工作中坚持明晰性，会计记录应当准确、清晰，填制会计凭证、登记会计账簿必须做到依据合法、账户对应关系清楚、文字摘要完整；在编制财务报表时，项目勾稽关系清楚、项目完整、数字准确。

（四）可比性

可比性要求企业提供的会计信息应当具有可比性。具体包括下列要求：(1) 同一企业对于不同时期发生的相同或者相似的交易或事项，应当采用一致的会计政策，不得随意变更。(2) 不同企业发生的相同或者相似的交易或事项，应当采用规定的会计政策，确保会计信息口径一致、相互可比，即对于相同或者相似的交易或事项，不同企业应当采用一致的会计政策，以使不同企业按照一致的确认、计量和报告基础提供有关会计信息。

企业发生的交易或事项具有复杂性和多样性，对于某些交易或事项可以有多种会计核算方法。例如，存货的领用和发出可以采用先进先出法、加权平均法、移动平均法、个别计价法等确定其实际成本；固定资产折旧可以采用平均年限法、工作量法、年数总和法、双倍余额递减法等。保证会计信息可比性的前提是企业在各个会计期间应尽可能地采用相同的会计核算方法。如果企业在不同的会计期间采用不同的会计核算方法，将不利于会计信息使用者对会计信息的理解，不利于会计信息作用的发挥。可比性制约和防止企业会计主体通过变更会计处理方法和程序，在会计核算中弄虚作假、粉饰会计报表的行为。

但应该注意的是：第一，对可比性的要求，不应当混同于单纯的统一性，从而成为改进会计程序和方法的障碍。如果企业当前采用的会计程序、会计处理方法等不符合相关性和可靠性的质量特征，不适应经济环境变化的需要，企业就有必要对其进行改进。第二，可比性还包括这样一个重要含义，即应当把企业采取的会计程序、方法、原则等会计政策，及其必要的变更和变更的影响结果告诉信息使用者。具体包括：（1）变更的具体内容。（2）变更的理由。（3）变更的累积影响数，即按照变更后的会计核算方法对以前各期追溯计算的变更年度期初留存收益应有的金额与现有的金额之间的差额。如果不能合理地确定变更的累积影响数，应当说明不能确定的理由，以使信息使用者能够鉴别同一企业在不同期间以及不同企业对相同的交易和其他事项所采用的会计政策之间的差别。

（五）实质重于形式

实质重于形式要求企业按照交易或事项的经济实质进行会计确认、计量和报告，不应仅以交易或事项的法律形式为依据。如果企业仅以交易或事项的法律形式为依据进行会计确认、计量和报告，就容易导致会计信息失真，无法如实反映经济现实和实际情况。为了真实反映企业的财务状况和经营成果，就不能仅仅根据交易或事项的外在表现形式来进行核算，而应反映其经济实质。

例如，以融资租赁方式租入的资产，虽然从法律形式来讲承租企业并不拥有其所有权，但是由于租赁合同中规定的租赁期相当长（接近于该资产的使用寿命）、租赁期结束时承租企业有优先购买该资产的选择权、在租赁期内承租企业有权支配资产并从中受益，故从其经济实质来看，企业能够控制其创造的未来经济利益。所以，会计核算上将以融资租赁方式租入的资产视为承租企业的资产并计提折旧。

（六）重要性

重要性要求企业提供的会计信息能够反映与企业财务状况、经营成果和现金流量有关的所有重要交易或事项。

企业的会计核算应当遵循重要性的要求，在会计核算过程中应当区分交易或事项的重要程度，采用不同的核算方式。所谓重要，是指会计信息能实质性地影响信息使用者的决策。对资产、负债、损益等有较大影响进而影响财务会计报告使用者据以做出合理判断的重要会计事项，必须按照规定的会计方法和程序进行处理，并在财务会计报告中予以充分、准确的披露；对于次要的会计事项，在不影响会计信息真实性和不至于误导财务会计报告使用者做出正确判断的前提下，可适当简化处理。强调会计核算的重要性，在很大程度上是出于对会计信息的效用与加工会计信息的成本这两个方面的考虑。如果把企业纷繁复杂的经济活动事无巨细地详细记录与报告，不但会增加会计信息的加工成本，而且会使会计信息使用者无法有所侧重或有针对性地选择所需的会计信息，反而不利于做出正确的经济决策。在评价某些项目的重要性时，很大程度上取决于会计人员的职业判断。一般来说，应当从质和量两个方面综合分析：从性质方面来说，当某一事项有可能对决策产生一定影响时，就属于重要项目；从数量方面来说，当某一项目的数量达到一定规模时，可能对决策产生影响，就属于重要项目。

某些项目的重要性是由法律、行政管理规章、董事会决议或其他法令决定的；另一些项目的重要性则取决于惯例、习惯或当前的社会倾向，其重要程度甚至在相似的组织中也可能不同。确定相对重要性的通常和唯一的价值判断方法是以该项目的相对大小和一般特征以及管理层对股东、雇员及公众所承担的责任为基础的，而且某些在今天认为是重要的因素在明天可能更重要或不太重要。作为公司管理层的表达工具的财务报表只有在很好地开展重要性问题的价值判断的情况下才能被明智地编制。非重要项目应与其他同类项目合并；重要项目可以要求不同程度的揭示，如分别列示、表下注释或用括号注明。某些会计人员根据单凭经验的略计规则确立计量重要性的标准，如把金额为总资产的5%或5%以上的或者为净收入的10%或10%以上的任何项目或任何一类项目作为单独一项列入财务报表。但这种规则仍未解决以下问题：有些较小的项目，对其揭示可能是重要的，而无论其金额大小，例如企业的股利分配政策等；有些现在较不重要的项目，随着时间的推移可能发展为重要项目，或者现在的或有或未知事件在将来发生时，也可能成为重要项目。有关报表、事实或项目的特征，对其揭示或对其表达的方法可能影响到使用者的判断。财务报表充分揭示的方式可以包括：描述性的标题；扼要的括弧内的说明；合乎逻辑的排列和格式；简明但完备的注释等。

（七）谨慎性

谨慎性要求企业对交易或事项进行会计确认、计量和报告时，应当保持应有的谨慎，不应高估资产或收益、低估负债或费用。

但是，谨慎性的应用并不允许企业设置秘密准备。如果企业故意低估资产或收益，或者故意高估负债或费用，将不符合会计信息的可靠性和相关性要求，损害会计信息质量，扭曲企业实际的财务状况和经营成果，从而对使用者的决策产生误导，这是会计准则所不允许的。

企业的经营活动充满着风险和不确定性。在会计核算工作中坚持谨慎性，要求企业在面临不确定因素的情况下做出职业判断时，应当保持必要的谨慎，充分估计到各种风险和损失，既不高估资产或收益，也不低估负债或费用。在进行会计处理的过程中，当对某一经济业务有几种会计处理方法可供挑选时，应当选用对所有者权益产生有利影响最少的那种方法。凡可能发生的损失或负债，应充分予以估计，而可能的（预期的）收入或利得，一般不予以估计，或必须十分谨慎地加以估计。通常把谨慎性概括为“预计可能的损失，而不预计可能的收入”，从而使会计报表揭示的信息不会引起人们由于根据不足而导致过于乐观，通过对经营风险加以合理的估计，起到防范风险的预警作用，有利于企业做出正确的经营决策，提高企业在市场上的竞争力，保护所有者和债权人的利益。

理解谨慎性应注意以下要点：

第一，谨慎性要求会计人员对某些经济业务或会计事项存在不同的会计处理方法和程序可供选择时，在不影响合理选择的前提下，尽可能选用一种不虚增利润和夸大所有者权益的会计处理方法和程序进行会计处理，合理核算可能发生的损失和费用。

第二，谨慎性又称稳健性，或称会计核算的保守主义，是针对经济活动中的不确定因素，要求人们在会计处理上保持谨慎小心的态度，充分估计到可能发生的风险和损失，尽量少计或不计可能发生的收益。

第三，在存货、有价证券等资产的市价低于成本时，按成本与可变现净值孰低计量，相应地减记资产的账面价值，并将减记金额计入当期损益，体现了谨慎性对历史成本的修正。

第四，谨慎性并不意味着可以任意提取各种准备，否则，就属于对谨慎性的滥用，将被视为重大会计差错，需要进行相应的会计调整。

（八）及时性

及时性要求企业对于已经发生的交易或事项，应当及时进行确认、计量和报告，不得提前或者延后。会计核算如果不及时，就很难准确地反映企业在一定时点上的财务状况以及一定期间的经营成果和现金流量。

及时性要求会计人员及时收集会计信息，在经济业务发生后，及时收集整理各种原始凭证，及时对会计信息进行加工处理并编制财务报表，并及时将报表信息传递给有关方面的使用者。信息的生命在于时效，对于同一信息而言，今天的价值一定大于明天。失去时效的会计信息会严重影响使用者的决策行为，降低其使用价值。有些企业甚至通过提前或延后确认收入、费用来人为地调节利润，造成会计信息失真，这明显违反了及时性要求，应该严厉禁止。

会计信息质量要求是对企业财务报告中所提供的会计信息质量的基本要求，是财务报告中所提供的会计信息对投资者、债权人等使用者决策应具备的基本特征。根据基本准则规定，它包括可靠性、相关性、可理解性、可比性、实质重于形式、重要性、谨慎性和及时性等。其中，可靠性、相关性、可理解性和可比性是会计信息的首要质量要求，是企业财务报告中所提供的会计信息应具备的基本质量特征；实质重于形式、重要性、谨慎性和及时性是会计信息的次级质量要求，是对可靠性、相关性、可理解性和可比性等首要质量要求的补充和完善，尤其是在对某些特殊交易或事项进行处理时，需要根据这些质量要求来把握其会计处理原则。另外，及时性还是会计信息相关性和可靠性的制约因素，企业需要在相关性和可靠性之间寻求一种平衡，以确定信息及时披露的时间。

三、会计与会计环境

会计是适应社会经济发展的需要而产生的，并随着经济的发展而发展，“经济越发展，会计越重要”。发展到了今天，就是美国著名经济学家、诺贝尔经济学奖获得者萨缪尔森所说的：“我们正处在一个科技时代，同时也是一个会计时代。”

（一）会计发展历程

会计系统的历史最早可以追溯至10 000年前。在早期的文明程度较高的国家里，随着商业的发展会计系统很早就已产生，但更加精确缜密的会计系统是在商业成熟和交易变得更加复杂之后才确立起来的。

1.早期会计

会计很早就出现在人类历史中。早在5 000年到10 000年前，大量的会计工具就被运用于古代人类生产活动中，如画着红点的石头、不同颜色打成结的绳子、古算盘等。人类学家甚至相信人类第一次试图写字就是为了记录资产，认为楔形文字产生的动力就来源于苏美尔人对会计记录的需要。

经济发展到15世纪，商业的范围更加广阔，财产的所有者要求有一个更加精确的系统来记录无数的经济交易。卢卡·帕乔利（Lucas Pacioli）顺应经济发展的需求，于1494年在威尼斯出版了《算术、几何、比及比例概要》，在其中系统地记载了复式记账体系。复式记账体系的严密性和科学性极大地促进了会计体系的发展，成为近代会计发端的标志。

工业革命对财务会计的发展提出了更高的要求。制造业从手工作坊发展到动力驱动的工厂，这些大的制造工厂需要许多个人和银行的投资。广泛的外部投资者和商业组织形式的发展意味着所有权和经营权的分离，连续的财务报告和独立审计在向外部传递财务信息中承担了非常重要的作用。

会计在我国也有悠久的历史，我国从公元前22世纪末到公元前17世纪初在夏朝就开始设置会计。在西周时设“司会”官职，主管王朝财政经济收支的核算。当时首次出现“会计”二字构词连用，其基本含义是：既有日常的零星核算，又有岁终的总核算，通过日积月累到岁末的核算达到正确考核王朝财政经济收支的目的。

2.现代会计

客观地说，“古代会计”和“近代会计”的提法是不够严谨的，较为准确的提法应该是“古代簿记”和“近代簿记”。由簿记时代向会计时代的转变发生在20世纪30年代末期，簿记学开始向现代会计学转变，人类社会进入了现代会计的发展时期。为保护那些不直接参与企业经营管理的所有者的利益，1934年美国根据《证券交易法》成立的证券交易委员会，要求上市公司在传统会计的基础上，遵循

“公认会计原则”（generally accepted accounting principles，GAAP），对外（主要是投资人、债权人等）提供反映企业财务状况、经营成果的信息。在这一时期，随着社会生产力的进一步提高和科学技术的迅猛发展，作为一门适应性学科的会计也发生了相应的变化，主要表现为：（1）会计学基础理论的创立；（2）会计理论和方法逐渐分化成两个领域，即财务会计和管理会计；（3）审计基本理论的创立；（4）会计信息化。随着社会的发展和科学技术的进步，会计也必然会取得更加引人注目的发展。

（二）会计与会计环境的关系

会计的产生与发展无不与会计环境相关。会计的发展紧紧伴随着会计环境的变迁，会计环境的变迁往往引起会计的变革。会计是人类生产活动发展到一定阶段，基于管理的需要而产生的。如果没有生产力的发展，没有管理的需要，就不可能产生会计。会计的每一次发展都是会计环境变化的结果。会计在会计环境中孕育成长，随着会计环境的变化而变化，随着会计环境的发展而发展。

会计与会计环境之间的关系并不是单向的。一方面，随着会计环境的发展，会计也日益发展和成熟；另一方面，某些新的会计方法也可以改变相应的会计环境，会计日益成为促进或阻碍会计环境（包括经济）发展的重要力量。会计作为一门社会科学，它的产生、发展和应用都会对人们的思想、行为和所处的环境产生影响，这也是会计得以存在的原因。由此可见，会计并不只是被动接受会计环境的影响，人类完全可以运用会计能动地推进社会的发展。

第三节　会计职业和会计职业道德

一、会计职业

在大多数组织中，由专门的会计人员组成的会计机构成为最大的参谋职能部门。现在，越来越多的人热衷于从事会计职业。随着经济的发展，会计工作领域越来越宽广，会计工作的内容也越来越丰富。根据会计职业服务的组织不同，可分为企业会计、公共及非营利组织会计、注册会计师、会计教育工作者等。

为保证会计工作的质量，依据财政部制定的《会计人员从业资格管理办法》，在国家机关、社会团体、企业、公司、事业单位和其他组织从事会计工作的人员，必须取得会计从业资格，持有会计从业资格证书；不具备会计从业资格的人员，不得参加会计专业技术资格考试、会计专业职务的聘任；各单位不得任用不具备会计从业资格的人员从事会计工作。根据规定，申请取得会计从业资格的人员，应当符合下列基本条件：①遵守会计和其他财经法律、法规；②具备良好的道德品质；③具备会计专业基础知识和技能。符合上述条件的，经考试合格，按属地原则由所在地财政部门发给会计从业资格证书。

会计从业资格考试科目为：财经法规与会计职业道德、会计基础、会计电算化

（或者珠算）。会计从业资格考试科目实行无纸化考试，无纸化考试题库由财政部统一组织建设。会计从业资格各考试科目应当一次性通过。

根据《会计专业职务试行条例》的规定，会计专业职务分为高级会计师、会计师、助理会计师、会计员。高级会计师是高级职称，会计师是中级职称，助理会计师是初级职称。

注册会计师（certified public accountant，CPA），指在会计师事务所工作，面向整个社会提供会计和审计服务的会计师。中国注册会计师实行全国统一考试制度，始于1991年。现行考试制度将注册会计师考试划分为两个阶段：第一阶段，即专业阶段，主要测试考生是否具备注册会计师执业所需的专业知识，是否掌握基本技能和职业道德要求。考试科目包括会计、审计、财务成本管理、公司战略与风险管理、经济法、税法等6科。第二阶段，即综合阶段，主要测试考生是否具备在注册会计师执业环境中运用专业知识，保持职业价值观、职业态度与职业道德，有效解决实务问题的能力。考生在通过第一阶段的全部考试科目后，才能参加第二阶段的考试。两个阶段的考试，每年各举行1次。第一阶段的单科合格成绩5年有效。对在连续5年内取得第一阶段6个科目合格成绩的考生，发放专业阶段合格证。第二阶段考试科目应在取得专业阶段合格证后5年内完成。对取得第二阶段考试合格成绩的考生，发放全科合格证。

根据《中华人民共和国注册会计师法》规定，注册会计师考试全科成绩合格，并从事审计业务两年以上者，可以向省、自治区、直辖市注册会计师协会申请注册，成为执业注册会计师。

二、会计职业道德

职业道德是就职人员的职业品质、工作作风和工作纪律的统一。会计师的职业道德是指会计师在会计工作中应当遵循的与其特定职业活动相适应的行为规范。市场经济是法制经济，需要建立一系列法律法规来规范市场活动，但这种规范作为一种“硬约束”是难以完全包括其所有方面的，而且法律法规都要人来遵守，从“舞弊三角”规律可知，一个人是否舞弊是由自我理性、感受压力和舞弊的机会三个因素决定的。因此，建立市场经济的道德规范，加强会计师的职业道德建设，实现对市场行为的有效约束与调控是十分重要的。任何完整意义上的市场经济运行机制总是市场法则、法律法则和道德规范的三位一体。

（一）企业会计师的职业道德规范

依据《中华人民共和国会计法》（以下简称《会计法》）第三十九条规定：“会计人员应当遵守职业道德，提高业务素质，对会计人员的教育和培训工作应当加强。”财政部于1996年6月发布的《会计基础工作规范》中规定，会计人员职业道德的内容主要包括以下六个方面：

（1）爱岗敬业。即会计人员应当热爱本职工作，努力钻研业务，使自己的知识和技能适应所从事工作的要求。爱岗敬业是做好一切工作的出发点。

（2）熟悉法规。会计工作不只是单纯的记账、算账、报账工作，会计工作时时、事事、处处涉及执法守规方面的问题。会计人员应当熟悉财经法律、法规和国家统一的会计准则，做到在处理各项经济业务时知法依法，知章循章，依法把关守口，同时还要进行法规的宣传，提高法制观念。

（3）依法办事。一方面，会计人员应当按照会计法律、法规和国家统一会计准则规定的程序和要求进行会计工作，保证所提供的会计信息合法、真实、准确、及时、完整。另一方面，会计人员必须树立职业形象和人格尊严，敢于抵制歪风邪气，同一切违法乱纪的行为做斗争。

（4）客观公正。会计信息的正确与否，不仅关系到微观决策，而且关系到宏观决策。做好会计工作，不仅要有过硬的技术本领，同时也需要实事求是的精神和客观公正的态度。否则，就会把知识和技能用错了地方，甚至参与弄虚作假或者通同作弊。

（5）搞好服务。会计工作是经济管理工作的一部分，把这部分工作做好对所在单位的经营管理至关重要。会计工作的这一特点决定了会计人员应当熟悉本单位的生产经营和业务管理情况，会计人员应当积极运用所掌握的会计信息和会计方法为改善单位的内部管理、提高经济效益服务。

（6）保守秘密。会计工作的性质决定了会计人员有机会了解本单位的财务状况和生产经营情况，有可能了解或者掌握重要商业机密。这些机密一旦泄露给竞争对手，会给本单位的经济利益造成重大的损害，这对被泄密的单位既不公正又很不利。泄露本单位的商业秘密是一种很不道德的违法行为。因此，作为会计人员，应当树立泄密失德的观点，对于自己知悉的内部机密，不管在何时何地，都要严守秘密，不得为一己私利而泄露机密。

在实际工作中，会计人员进行会计核算不得有下列行为：

（1）随意改变资产、负债、所有者权益的确认标准或者计量方法，虚列、多列、不列或者少列资产、负债、所有者权益；

（2）虚列或者隐瞒收入，推迟或者提前确认收入；

（3）随意改变费用、成本的确认标准或者计量方法，虚列、多列、不列或者少列费用、成本；

（4）随意调整利润的计算、分配方法，编造虚假利润或者隐瞒利润；

（5）违反国家统一的会计准则规定的其他行为。

（二）注册会计师的职业道德规范

注册会计师这一职业的历史虽然不长，但由于它的特殊性质，这一职业十分强调行业自律，不断完善职业道德规范，努力提高成员的职业道德水平。美国注册会计师协会的会员都采用《职业行为规范》作为其履行职业义务的指导。该规范的序言中指出：“注册会计师承担超出法律和条例要求的自律的义务……和对荣誉行为坚定的承诺，甚至不惜牺牲个人利益。”规范中的关键术语有自律、荣誉行为、道德判断、公众利益、敬业精神、正直、技术与职业标准等。在调查各种专业人员职业道德的民意测验中，注册会计师一直排位很高。

注册会计师职业道德规范主要涉及以下几方面：

（1）对社会的责任：坚持独立性、客观性、公正性。

（2）对客户的责任：按时按质完成客户的委托业务；对客户提供的资料承担保密义务；不以审计结果决定收费的多少，如客户与会计师事务所约定，如果出具无保留意见的审计报告，支付审计费30万元，如果出具保留意见的审计报告，支付审计费15万元；不代行管理决策，审计人员只能出具审计报告或管理建议书，不能代替委托单位行使管理职能；发生矛盾时，不能私扣客户的记录；应以会计师事务所的名义承接业务，不得以个人名义承接业务。

（3）对同业的责任：不以不正当的手段与同行争揽业务；不做诋毁同业、内容虚假的广告；不收取也不支付回扣和佣金；严禁通过降低价格来争取客户；对后任会计师事务所予以配合。

会计作为市场经济活动中的一项重要职业，主要提供会计信息或鉴证服务，其服务质量直接影响着经营者、投资人和社会公众的利益，进而影响整个社会的经济秩序。市场经济的有序发展必须依赖于运行的游戏规则，但仅有法律制度是不够的，当巨大的经济利益与严肃的道德规范发生碰撞时，只有诚信教育才能使天平偏向道德规范。

本章小结

会计在经济管理工作中发挥着重要作用，帮助投资者和债权人做出合理的决策；考评企业管理层管理资源的责任和绩效；为国家提供宏观调控所需要的信息；为企业经营者提供经营管理所需要的各种信息。

对决策有用的会计信息在质量上必须达到一定的质量要求，即会计信息应具备可理解性、相关性、可靠性和可比性四大基本特征。

财务会计与管理会计是现代企业会计的两大分支；财务会计与管理会计相比有如下特征：财务会计以计量和传送信息为主要目标；财务会计以会计报告为工作核心；财务会计仍然以传统的会计模式作为数据处理和信息加工的基本方法；财务会计以公认会计原则为指导。

《会计法》规定："会计人员应当遵守职业道德，提高业务素质。"重塑会计诚信，加强会计职业道德教育，已成为会计界需要关注的重要问题。国有国魂，军有军魂，会计也理应拥有会计之魂。诚信就是会计之魂。

思考与练习

■ 思考题

1.什么是会计？财务会计与管理会计有哪些区别？

2.列举几个主要的财务信息需求者，说明其对财务会计信息的需求。

3.说明财务信息的基本框架体系。

4.简述有关财务会计目标的两大主流观点，并说明我国《企业会计准则》对财务会计目标是如何界定的？

5.财务会计信息的质量特征有哪些？

6.从会计的发展历程角度，说明会计与环境之间的互动关系。

■ 练习题

一、单项选择题

1.会计信息的内部使用者有（ ）。

A.股东 B.首席执行官

C.供应商 D.政府机关

2.要求会计信息必须客观和可验证的信息质量要求是（ ）。

A.可理解性 B.相关性

C.可靠性 D.可比性

3.下列各项中，体现谨慎性会计信息质量要求的是（ ）。

A.无形资产摊销 B.应收账款计提坏账准备

C.存货采用历史成本计价 D.当期销售收入与费用配比

4.要求信息在对用户失效之前就提供给用户的会计信息质量要求是（ ）。

A.可比性 B.可理解性

C.及时性 D.重要性

5.企业将融资租入固定资产视同自有固定资产核算，所体现的会计信息质量要求是（ ）。

A.可靠性 B.及时性

C.可比性 D.实质重于形式

6.存货采用成本与市价孰低法进行期末计价，所体现出的会计信息质量要求是（ ）。

A.重要性 B.谨慎性

C.相关性 D.可比性

7.为保证各个企业之间会计信息的可比性，只要是同样的经济业务，（ ）。

A.企业就可以自由选择会计政策 B.就应当采用同样的会计方法和程序

C.应采用相同的方法与不同的程序 D.应采用相同的程序与不同的方法

8.企业的会计核算处理程序和会计处理方法前后各期应当保持一致，不得随意变更是体现（ ）的要求。

A.可比性 B.相关性

C.配比性 D.真实性

9.企业按照交易或事项的经济实质进行会计处理，遵循的原则是（ ）。

A.权责发生制 B.配比

C.实质重于形式 D.可靠性

二、多项选择题

1.决定一项财务信息是否具有相关性的因素包括（　　）。

A.预测价值　　B.反馈价值
C.可核性　　D.中立性
E.真实性

2.决定一项财务信息是否具有可靠性的因素包括（　　）。

A.预测价值　　B.反馈价值
C.可核性　　D.中立性
E.真实性

3.会计信息的外部使用者包括（　　）。

A.债权人　　B.顾客
C.投资人　　D.行业协会
E.竞争者

4.财务报告的主要使用者有（　　）。

A.企业的管理者　　B.企业的职工
C.企业外部的利益相关者　　D.政府管理机构
E.车间主任

5.财务报告的组成内容包括（　　）。

A.财务报表　　B.财务情况说明书
C.成本报表　　D.注册会计师审计报告
E.财务报表附注

6.财务报表主要包括（　　）。

A.资产负债表　　B.利润表
C.成本报表　　D.现金流量表
E.所有者权益变动表

案例分析

彩虹公司①

2016年1月，刚从蚌埠来的卡门决定在合肥的“步行街”开办一间小型的丝带商店，卡门自己拟投资10 000元。同时，她做了一个简单的商业计划书，给有意投资该项目的亲戚们看。她的两个堂兄同意以6%的年利率借给她100 000元。

2016年3月1日，在懂法律的叔叔的帮助下，卡门正式成立了公司，她将其命名为“彩虹公司”。

正常情况下，叔叔应该收取公司成立的法律事务费6 000元，但是，既然和卡

① 资料来源：安东尼，霍金斯.会计学：教程与案例［M］. 12版.王立彦，等，译.北京：机械工业出版社，2009：15（略有修改）.

门是亲戚，他就放弃了这笔费用。

新公司一成立，卡门就开立了银行户头，将堂兄们的100 000元借款和自己的10 000元权益投资存了进去。同一天，她签订了租赁店面的合同，合同从4月1日开始，租期18个月，每月租金6 000元，月末付款，同时，合同还要求预付12 000元房屋押金（租约到期退还），卡门用公司银行账户偿付。

在接下来的几周内，卡门积极地为4月1日商店的开张做准备。幸运的是，上一个租赁者留下了柜台和陈列家具，卡门可以无偿使用；并且，房东同意按卡门的要求无偿重新粉刷店面；由当地一家科技公司免费（需交押金）安装一台POS机；同当地电信公司签订服务合同；在当地报纸广告版发布有关商店4月1日开张的消息；另外，卡门还购买了 商店开张时所需的丝带及其装饰物等存货和1台装有基本办公软件的二手笔记本电脑。

公司开张之前，3月31日，卡门收到了一份开户银行发来的公司存款账户支付清单（见表1-2），记载了截至3月31日在借款和权益资金存入之后发生的支付业务。

表1-2 **2016年3月份彩虹公司银行支付清单** 单位：元

支付业务	金额
预付房屋押金	12 000
开张时的商品存货	33 000
POS机的押金	2 500
商店办公用品	1 000
4月1日的广告版面费	1 500
购买1台旧笔记本电脑	20 000

在收到现金交易记录后，卡门整理了一份彩虹公司资产及资本来源的清单（见表1-3）。

表1-3 **2016年3月31日彩虹公司资产及资本来源的清单** 单位：元

<table>
<tr><th colspan="2">资　产</th><th colspan="2">资本来源</th></tr>
<tr><td>现金</td><td>40 000</td><td rowspan="4">堂兄弟借款</td><td rowspan="4">100 000</td></tr>
<tr><td>存货</td><td>33 000</td></tr>
<tr><td>办公用品</td><td>1 000</td></tr>
<tr><td>预付押金</td><td>12 000</td></tr>
<tr><td>预付广告费</td><td>1 500</td><td rowspan="3">卡门投资</td><td rowspan="3">10 000</td></tr>
<tr><td>电脑及其软件</td><td>20 000</td></tr>
<tr><td>POS机押金</td><td>2 500</td></tr>
<tr><td>合　计</td><td>110 000</td><td>合　计</td><td>110 000</td></tr>
</table>

卡门最终决定通过出售为婚礼和其他特殊场合设计的具有风俗文化特色的丝带开展业务。这个决定促使卡门在5月1日购买了一台价值18 000元的二手商用缝纫机。

之后，在7月4日家庭聚会上，卡门的一个堂兄提醒她曾经许诺给堂兄们看看3月1日到6月30日4个月的财务报告。

第二天，卡门检查了她收集的4月1日至6月30日彩虹公司业务相关收支信息。

（1）客户已经为丝带及其附属物支付了74 000元，但是6月30日客户的一场大型婚礼的丝带业务未付款，客户仍欠她3 200元。

（2）已经偿付了兼职员工15 100元工资，但是仍欠该员工6月最后一周的工资900元。

（3）3个月的租金已经按照租赁合同在每个月月末支付了。

（4）价值29 000元的存货补货已经收到，并且在6月30日付款。卡门估计6月30日的商品存货价值41 000元。

（5）办公用品存货几乎都没有了，估计只有价值200元的办公用品尚未被使用。

卡门相信公司在最初3个月已经盈利，但是令她困惑的是，公司6月30日的银行账户余额是33 900元，低于4月1日40 000元的余额。

卡门也想知道自己应该在财务报告中怎样反映如下事实：

（1）堂兄们的借款没有利息。

（2）笔记本电脑及其相关软件和商用缝纫机的花费。她相信这些花费在6月30日后还会使公司长期受益。在她购买商用缝纫机时，卡门估计它的使用寿命大约为5年（从5月1日购买日起）。同样，3月31日，她预计笔记本电脑及其软件必须在两年内置换。卡门估计缝纫机和电脑及其软件在有效期末将没有残值。

（3）她叔叔提供的免费法律服务和当地一家科技公司免费安装的POS机。

（4）在4个月的运营过程中，卡门没有给自己工资或股利。如果现金允许的话，她预计在7月的某个时间为自己4个月的工作支付一些补偿。在开办公司之前，卡门在当地一家杂货店当收银员，月工资3 000元。

案例分析与讨论：

1.你会怎样报告彩虹公司截至6月30日这3个月的营运状况？这个公司盈利了吗（忽略所得税）？为什么彩虹公司的银行账户余额在这3个月中有所减少？

2.你会怎样报告公司在2016年6月30日的财务状况？

3.你认为卡门前3个月的经营是成功的吗？请解释。

第二章

资产负债表

——揭示企业竞争力的重要依据

导入案例

史密斯2016年6月以其个人存款35 000元，在某大学附近开办了一家专为大学生寻找宿舍的公司，她为其命名为“校园宿舍寻找者”，她是该公司的唯一所有者和经营者。7月是她开始营业的第一个月，在该月共发生了下列业务：

（1）7月1日，史密斯在大学附近租赁一间办公室，租金每月400元，房租按月支付。

（2）7月1日，史密斯赊购一套价值350元的办公用具和一台价值2 000元的电脑。办公用具预计使用2年，电脑预计使用5年。

（3）7月5日，史密斯迎来第一批顾客，为顾客寻找公寓，收取现金1 900元。

（4）7月15日，史密斯度假花费个人资金2 000元。

（5）7月25日，史密斯支付办公室使用的水电费100元。

（6）7月28日，史密斯迎来第二批顾客，服务收入2 280元，款项尚未收到。

（7）7月29日，史密斯提款2 000元为自己发放月工资。

（8）7月31日，按税法规定，“校园宿舍寻找者”应依法缴纳流转税费209元。

要求：

分析以上各项业务，为“校园宿舍寻找者”编制7月份资产负债表。

学习目标

在本章中，你将学到：

（1）什么是资产负债表。

（2）资产负债表的结构与基本内容。

（3）理解资产负债表的重要概念。

（4）资产负债表是如何帮助决策的。

第一节 资产负债表概述

一、资产负债表及其基本内容

（一）什么是资产负债表

资产负债表是反映企业在某一特定日期财务状况的报表，主要提供有关企业财务状况方面的信息。通过资产负债表，可以提供企业在某一特定日期资产的总额及其结构，表明企业拥有或控制的资源及其分布情况；可以提供企业在某一特定日期的负债总额及其结构，表明企业未来需要用多少资产或劳务清偿债务以及清偿时间；可以反映企业所有者在某一特定日期所拥有的权益，据以判断资本保值、增值的情况以及对负债的保障程度。

（二）资产负债表的结构与基本内容

资产负债表一般有表首、正表两部分。其中，表首概括说明报表名称、编制单位、编制日期、报表编号、货币名称、计量单位等。正表则列示了用以说明企业财务状况的各个项目。在我国，资产负债表采用账户式，左边列示资产，右边列示负债和所有者权益。资产负债表左右双方平衡，即资产总计等于负债和所有者权益总计。

在资产负债表中，资产按照其流动性分类分项列示，包括流动资产和非流动资产；负债按照其流动性分类分项列示，包括流动负债和非流动负债等；所有者权益按照实收资本（股本）、资本公积、盈余公积、未分配利润等项目分项列示。

一般资产负债表的基本格式和内容见表2-1。①

二、资产负债表的作用

资产负债表是企业最重要的财务报表之一，其主要作用如下：

1.反映企业拥有或控制的经济资源及其分布情况

资产负债表左方提供了企业所拥有或控制的经济资源的总量，也就是资产总额的信息。一般地说，企业控制和运作的经济资源越多，其形成和产生新的经济利益和社会财富的能力也就越强，然而，同样的资源总量，配置结构不同，所产生的经济利益也就不同。因此，财务报告的使用者可以据以了解企业控制的经济资源总量有多少，并可以分析企业资源配置结构是否合理，有效地评估企业未来的发展。

2.反映企业资金来源和构成情况

右方提供了企业资金来源，即权益总额及其构成。企业的资金全部来自投资者投入资本或者全部为向债权人借入资本的情况是很少见的，甚至可以说是根本不存在的。负债和所有者权益一般各占一定的比重，这就是通常所说的资本结构。由于负债需要按期偿还，所有者权益是永久性资本，二者比例不同，反映出企业偿还长期债务的能力、债权人所冒的风险、企业财务安全程度的不同。

3.反映企业财务实力、短期偿债能力和支付能力

负债既然要用资产或劳务偿还，资产与负债之间就应当有一个合理的比例关系。流动负债的偿还期限不超过一年，需要有相当规模的、变现能力在一年以内的流动资产作为保证。资产负债表提供了这方面的资料：左方的各类资产按变现能力由强到弱依次排列；右方的负债则按偿还期限由短到长依次排列。财务报表使用者可以把流动资产与流动负债相除计算出的实际比率与合理比率相对比，用以判断企业偿还短期债务的能力。

---

① 见《〈企业会计准则第30号——财务报表列报〉应用指南》。

表2-1　　　　**资产负债表**　　　　会企01表

编制单位：　　　　年　　月　　日　　　　单位：元

资　产	期末余额	年初余额	负债和所有者权益（或股东权益）	期末余额	年初余额
流动资产：			流动负债：		
货币资金			短期借款		
以公允价值计量且其变动计入当期损益的金融资产			以公允价值计量且其变动计入当期损益的金融负债		
应收票据			应付票据		
应收账款			应付账款		
预付款项			预收款项		
应收利息			应付职工薪酬		
应收股利			应交税费		
其他应收款			应付利息		
存货			应付股利		
一年内到期的非流动资产			其他应付款		
持有待售资产			一年内到期的非流动负债		
其他流动资产			持有待售负债		
流动资产合计			其他流动负债		
非流动资产：			流动负债合计		
可供出售金融资产			非流动负债：		
持有至到期投资			长期借款		
长期应收款			应付债券		
长期股权投资			长期应付款		
投资性房地产			专项应付款		
固定资产			预计负债		
在建工程			递延所得税负债		
工程物资			其他非流动负债		
固定资产清理			非流动负债合计		
生产性生物资产			负债合计		
油气资产			所有者权益（或股东权益）：		
无形资产			实收资本（或股本）		
开发支出			资本公积		
商誉			减：库存股		
长期待摊费用			其他综合收益		
递延所得税资产			盈余公积		
其他非流动资产			未分配利润		
非流动资产合计			所有者权益（或股东权益）合计		
资产总计			负债和所有者权益（或股东权益）总计		

4.反映企业未来的财务趋势

报告使用者不但需要掌握企业现时的财务状况，也需要预测企业未来发展的趋势，为决策提供依据。资产负债表中的数字有“期末余额”和“年初余额”两栏，通过对比可以分析其变动情况，掌握变动规律，研究变动趋势。

5.反映企业的财务弹性

财务弹性是指企业融通资金和使用资金的能力。企业财务弹性的大小，取决于其资产的构成和资本结构。保持合理的资产和资本结构，可以使企业既能以较低资本成本获得所需要的资金，又能改变现金流量的数额和时间分布，以便抓住有利的投资机会或应对突发事件。因此，财务报告的使用者根据它可以评价企业的财务弹性。

6.反映企业的经营业绩

企业的经营业绩主要表现在获利能力上，而对企业获利能力的考察，可以单独依据利润表，但这只能观察销售或营业的获利能力。若要观察企业利用所控制的经济资源的获利能力以及投资者投入资本的增值能力，就要联系资产负债表。资产负债表与利润表的结合，为全面分析和评价企业的获利能力和营运能力提供了基本依据。

第二节 揭示企业财务状况的三大要素——资产、负债、所有者权益

一、资产

资产是指由企业过去的交易或者事项形成的、由企业拥有或控制的、预期会给企业带来经济利益的经济资源。

（一）资产的特征

1.资产必须是由企业拥有或控制的

资产作为一项资源，应当由企业拥有或者控制，具体是指企业享有某项资源的所有权，或者虽然不享有某项资源的所有权，但该资源能被企业控制，例如融资租入的固定资产。

■ 链接案例0-1

巴恩提供给伊万和弗雷的麦种、耕牛和肥料，以及伊万和弗雷购买的犁，都属于伊万和弗雷耕种所必需的资源，会计上称为“资产”，这些资产对于伊万和弗雷受托经营的农场来说，都是其拥有的资源。

请思考：巴恩提供给伊万和弗雷耕种的土地也属于耕种所必要的资源，但会计上没有将其列为“资产”，为什么？

2.资产是由企业过去的交易或者事项形成的

资产应当由企业过去的交易或者事项所形成，过去的交易或者事项包括购买、生产、建造行为或者其他交易或事项。换句话说，只有过去的交易或者事项才能产生资产，企业预期在未来发生的交易或者事项不形成资产。

■ **链接案例0-1和案例0-2**

案例0-1伊万和弗雷耕种时消耗的麦种、肥料和购买的犁都是农场过去的交易取得的资产。

案例0-2新希望公司加工完成的塑料粉末（产成品）就是由企业过去事项形成的资产。

3.资产预期会给企业带来经济利益

资产预期会给企业带来经济利益，是指资产直接或者间接导致现金和现金等价物流入企业的潜力。这种潜力可以来自企业日常的生产经营活动，也可以是非日常活动；资产预期带来的经济利益可以是现金或者现金等价物形式，也可以是能转化为现金或者现金等价物的形式，或者是可以减少现金或者现金等价物流出的形式。

■ **链接案例0-1**

伊万和弗雷使用土地、麦种、耕牛和肥料等资源进行耕种后，到收获的季节就可以收获麦子（即经济利益）。

（二）资产的构成

根据《企业会计准则第30号——财务报表列报》的规定，当资产满足下列条件之一时，应当归类为流动资产：一是预计在一个正常营业周期中变现、出售或耗用；二是主要为交易目的而持有；三是预计在资产负债表日起一年内（含一年，下同）变现；四是在资产负债表日起一年内，交换其他资产或清偿负债的能力不受限制的现金或现金等价物。流动资产主要包括货币资金、交易性金融资产、应收票据、应收账款、预付款项、其他应收款、存货等。

非流动资产是流动资产以外的资产，主要包括长期股权投资、固定资产、在建工程、工程物资、无形资产、开发支出等。长期股权投资是指企业持有的对其子公司、合营企业及联营企业的权益性投资。固定资产是指符合下列特征的有形资产：一是为生产商品、提供劳务、出租或经营管理而持有的；二是使用寿命超过一个会计年度。无形资产是指企业拥有或者控制的没有实物形态的可辨认非货币性资产，如专利权、非专利技术、商标权、著作权、土地使用权、特许权等。

二、负债

负债是指企业过去的交易或者事项形成的、预期会导致经济利益流出企业的现时义务。

（一）负债的特征

1.负债是企业承担的现时义务

负债必须是企业承担的现时义务，这是负债的一个基本特征。其中，现时义务是指企业在现行条件下已承担的义务。

■ **链接案例0-1**

伊万和弗雷从犁匠那里赊购的犁钱，就是伊万和弗雷在买犁后还钱前承担的现时义务。

2.负债预期会导致经济利益流出企业

预期会导致经济利益流出企业也是负债的一个本质特征。只有企业在履行义务时会导致经济利益流出企业，才符合负债的定义；如果不会导致企业经济利益流出，就不符合负债的定义。在履行现时义务清偿负债时，导致经济利益流出企业的形式多种多样，可以用现金偿还，也可以用实物资产或提供劳务等形式偿还。

■ **链接案例0-1**

伊万和弗雷将来需要用收获的麦子偿还犁匠的犁钱，即负债清偿时会导致经济利益流出。

3.负债是由企业过去的交易或者事项形成的

负债应当由企业过去的交易或者事项所形成。换句话说，只有过去的交易或者事项才形成负债，企业将在未来发生的承诺、签订的合同等交易或者事项，不形成负债。

（二）负债的构成

根据《企业会计准则第30号——财务报表列报》的规定，负债满足下列条件之一时，应当归类为流动负债：一是预计在一个正常营业周期中清偿；二是主要为交易目的而持有；三是在资产负债表日起一年内到期应予以清偿；四是企业无权自主地将清偿推迟至资产负债表日后一年以上。流动负债主要包括短期借款、应付票据、应付账款、预收款项、应付职工薪酬、应交税费、应付利息、应付股利、其他应付款等。

非流动负债是指流动负债以外的负债，主要包括长期借款、应付债券和长期应付款等。

三、所有者权益

所有者权益是指企业资产扣除负债后由所有者享有的剩余权益。公司的所有者权益又称为股东权益。所有者权益是所有者对企业资产的剩余索取权，它是企业资产中扣除债权人权益后应由所有者享有的部分，既反映了所有者投入资本的保值增值情况，又体现了保护债权人权益的理念。

所有者权益的来源包括所有者投入的资本、直接计入所有者权益的利得和损失、留存收益等，通常由实收资本（或股本）、资本公积（含资本溢价或股本溢价、其他资本公积）、其他综合收益、盈余公积和未分配利润构成。

所有者投入的资本是指所有者投入企业的资本部分，它既包括构成企业注册资本或者股本部分的金额，也包括投入资本超过注册资本或者股本部分的金额，即资本溢价或者股本溢价，这部分投入资本在我国企业会计准则体系中被计入资本公积，并在资产负债表中的资本公积项目下反映。

直接计入所有者权益的利得和损失，是指不应计入当期损益、会导致所有者权益发生增减变动的、与所有者投入资本或者向所有者分配利润无关的利得或者损失。其中，利得是指由企业非日常活动所形成的、会导致所有者权益增加的、与所有者投入资本无关的经济利益的流入，包括直接计入所有者权益的利得和直接计入当期利润的利得。损失是指由企业非日常活动所发生的、会导致所有者权益减少的、与向所有者分配利润无关的经济利益的流出，包括直接计入所有者权益的损失和直接计入当期利润的损失。直接计入所有者权益的利得和损失主要包括可供出售金融资产的公允价值变动额、现金流量套期中套期工具公允价值变动额（有效套期部分）等。

留存收益是企业历年实现的净利润留存于企业的部分，主要包括累计计提的盈余公积和累积的未分配利润。

■ 链接案例0-1

巴恩将自己拥有的麦种、耕牛和肥料提供给伊万和弗雷使用。就伊万和弗雷耕种的农场来说，巴恩属于资源的所有者（委托方），而伊万和弗雷属于受托经营者。巴恩拥有的、提供给伊万和弗雷使用的且需要回报的资源，从农场的角度，会计上称其为所有者权益（投入资本）；而农场的净收成也是所有者权益（留存收益）。

四、资产与权益之间的平衡关系

企业为了从事生产经营活动进而获取利润，必须拥有一定量的资产。企业所拥有的资产，均有其来源。谁提供资产，谁对企业的资产就具有求偿权，比如企业投资者有参与企业管理和分享企业利润的权利。在会计上称这种求偿权为权益。权益是资产的提供者对企业资产的要求权，企业对其资产的提供者承担着满足其要求权的经济责任。

资产与权益反映了同一经济资源的两个不同方面，即一方面是归会计主体所拥有或控制的各项资产，另一方面是经济资源提供者对资产的一系列要求的权益。资产表示企业拥有哪些经济资源，以及拥有多少；权益则表示资产的来源，即资产由谁提供。故资产与权益是同一事物的两个方面，二者之间存在着相互依存、相互制约的关系。没有资产就没有权益，同样没有权益也就没有资产，两者如影随形，不能彼此脱离而各自独立存在。从数量方面来观察，一个企业有多少资产，就必定有多少权益；反之，有多少权益，也就必然有多少资产。从任何一个时点来观察，一个企业的资产总额必然等于权益总额。两者之间的这种数量关系可表达如下：

资产=权益　　(1)

资产的提供有两种：一是吸收投资者投入；二是举债。故相应地，权益包括两个方面：一个是债权人的权益，在会计上称之为负债；另一个是所有者的权益，在会计上称之为净资产，即所有者权益。这样，资产和权益的数量关系可以表示如下：

资产=负债+所有者权益　　(2)

上述等式称为资产负债表会计等式。它反映了会计主体在某一时日资产与权益（负债和所有者权益）之间的平衡关系。

资产与权益之间的平衡关系是会计核算设置账户、复式记账、编制资产负债表的理论依据。

第三节 理解资产负债表的重要概念

财务会计信息是企业遵从公认的会计标准（企业会计准则）进行确认、计量并提供给内、外部信息需求者的信息系统。信息需求者要理解这些信息的含义，就必须掌握与这些信息编制基本规则相关的重要概念（依据2006年发布、2014年修订的《企业会计准则——基本准则》）。

一、会计主体

会计主体，是指编制财务报告的任何组织和单位。编制财务报告的组织和单位既可以是企业，也可以是政府、事业单位、机关团体、其他非营利组织等。

■ 链接本章导入案例

本章导入案例中的“校园宿舍寻找者”就是一个会计主体。案例0-1中的“伊万农场”“弗雷农场”和案例0-2中的“新希望公司”也都是会计主体。

会计主体是指编写财务报表的那个单位。一家企业可以是一个会计主体，一个企业集团可以是一个会计主体，一所学校、一个政府、一所医院、一个公益组织也都可以是会计主体。

会计主体可以是法人，也可以是非法人。

《企业会计准则——基本准则》第一章第五条规定：“企业应当对其本身发生的交易或者事项进行会计确认、计量和报告”，反映企业本身所从事的各项生产经营活动。

二、货币计量

货币计量，是指财务会计以货币为主要的计量尺度来记录会计交易或事项。采用统一的货币计量尺度，才能把会计主体发生的经济活动综合汇总，并对不同时期的会计信息进行比较、分析和评价。

请思考：财务会计为什么选择货币为主要计量单位?

货币计量原则使财务报表只反映那些能够用货币表述的信息，对于那些难以用货币计量的非财务信息，可以在财务报告附注中补充披露。

■ 链接

货币计量主要是从财务报表角度，在会计记录中，除以货币为主要计量尺度外，还需要辅助使用实物量度、劳动量度等。

假设一个公司拥有现金50 000元，原材料6 000千克，卡车2辆，办公楼1栋等，但是，这些数据无法直接相加以得到有关企业资产的一个有意义的总数。如果把这些资产项目都用货币来计量——现金50 000元、原材料90 000元、卡车150 000元、房屋4 000 000元，就可以进行加总了。

《企业会计准则——基本准则》第一章第八条规定：“企业会计应当以货币计量。”

三、持续经营

持续经营，是指在可以预见的将来，会计主体将会按当前的规模和状态继续经营下去，不会停业，也不会大规模削减业务。在持续经营前提下，会计确认、计量和报告应当以企业持续、正常的生产经营活动为前提。

■ 链接

企业会计准则体系是以企业持续经营为前提加以制定和规范的，涵盖了从企业成立到清算（包括破产）的整个期间的交易或者事项的会计处理。一个企业如不能持续经营，就应当适用其他法律、法规，不再遵从《企业会计准则》进行会计处理。

《企业会计准则——基本准则》第一章第六条规定："企业会计确认、计量和报告应当以持续经营为前提。"

四、成本概念

成本概念，是指资产在取得时的历史成本，即会计主体取得资产时使其达到预定可使用状态所花费的全部货币支出总额。

会计主体拥有的资产，包括非货币性资产与货币性资产。与持续经营假设密切相关的一个基本会计概念是历史成本概念，即资产通常以最初取得时支付的价格——历史成本来登记入账。对非货币性资产而言，资产取得后的价值变动通常不影响它的历史成本。与此相反，我们一般所说的资产"价值"通常是指该资产出售的现行价格。

■ 链接案例0-2

范里公司所拥有的仓库，会计上就以购买时的价款282 000元（历史成本）作为资产价值入账。

假设一年后仓库升值至300 000元，会计上依然以282 000元报告仓库的价值，是否合理？

请思考：投资者和其他财务报表使用者更关心资产的实际价值还是历史成本？

■ 知识拓展2-1　历史成本与公允价值

与资产初始成本（历史成本）对应的一个概念是公允价值。

公允价值，是指财务报告日会计主体资产的现时价值，是一个与相关性质量特征密切相关的概念。

会计主体拥有或控制的资产，特别是非货币性资产，在大多数情况下，是以服务于生产经营使用为目的的，不是以出售变现为目的的，市场价值变动往往并不改变其使用价值；即使对于决策影响较大的资产的公允价值变动的确认，在会计上也是十分谨慎的，原因在于公允价值的确定十分困难。

相比之下，成本概念为会计提供了一个相对客观的基础。当然，它也不是绝对客观的，因为在运用时也必须做出一定的判断，但是与试图估计现值的公允价值方法相比，成本概念要客观得多。实质上，会计报告的阅读者必须意识到报告是在成本概念的基础上编制的，他们必须在对会计报告信息进行分析的基础上，再结合非会计信息来得出他们自己对于当前价值的估计。

另外，“市场价值”或“当前价值”的概念在实际应用中是很困难的，因为它们要求会计人员及时跟踪记录每一项资产的市场价格。可见，成本概念是一个更可行的体系。

总之，坚持成本概念，即在会计上放弃一定程度的相关性，以换取更大程度的客观性和可行性。

五、资金变化的双向性

就一个会计主体而言，在其开始从事经济活动之前，初始的资产负债表左边表现为以成本表述的各项资产价值，而右边表现为左边资产的来源（资金筹集方式——举债或吸收投资）。我们在上一节已经讨论过，从总量上，资产负债表左边（资产）与资产负债表右边（权益）一定是相等的关系。

如果我们把资产的货币表现称为“资金”的话，那么，随着组织活动的开展，资金的变化一定是双向的。

■ 链接本章导入案例

在2016年7月1日“校园宿舍寻找者”开始营业前，其资产负债表（单位：元）为：

资产：		权益：	
货币资金	35 000	负债	0
		实收资本（史密斯）	35 000
总资产	35 000	总权益	35 000

在“校园宿舍寻找者”开始营业后，2016年7月1日其资产负债表（单位：元）变化为：

资产：		权益：	
货币资金	34 600	负债：应付账款	2 350
办公用具	350	实收资本（史密斯）	35 000
电脑	2 000	未分配利润	−400
总资产	36 950	总权益	36 950

2016年7月5日“校园宿舍寻找者”资产负债表（单位：元）变化为：

资产：		权益：	
货币资金	36 500	负债：应付账款	2 350
办公用具	350	实收资本（史密斯）	35 000
电脑	2 000	未分配利润	1 500
总资产	38 850	总权益	38 850

2016年7月15日，史密斯度假花费其个人资金2 000元，属于其个人经济活

动，与“校园宿舍寻找者”（会计主体）无关，所以不能在其会计报表中体现。

2016年7月25日“校园宿舍寻找者”资产负债表（单位：元）变化为：

资产：		权益：	
货币资金	36 400	负债：应付账款	2 350
办公用具	350	实收资本（史密斯）	35 000
电脑	2 000	未分配利润	1 400
总资产	38 750	总权益	38 750

2016年7月28日“校园宿舍寻找者”资产负债表（单位：元）变化为：

资产：		权益：	
货币资金	36 400	负债：应付账款	2 350
应收账款	2 280	实收资本（史密斯）	35 000
办公用具	350	未分配利润	3 680
电脑	2 000		
总资产	41 030	总权益	4 103

2016年7月29日“校园宿舍寻找者”资产负债表（单位：元）变化为：

资产：		权益：	
货币资金	34 400	负债：应付账款	2 350
应收账款	2 280	实收资本（史密斯）	35 000
办公用具	350	未分配利润	1 680
电脑	2 000		
总资产	39 030	总权益	39 030

2016年7月31日“校园宿舍寻找者”资产负债表（单位：元）变化为：

资产：		权益：	
货币资金	34 400	负债：应付账款	2 350
应收账款	2 280	应交税费	209
办公用具	335*	实收资本（史密斯）	35 000
电脑	1 967*	未分配利润	1 423**
总资产	38 982	总权益	38 982

注：*办公用具与电脑价值减少是因为扣除了当期资产损耗计提的折旧：电脑折旧=2 000÷（5×12）=33（元）；办公用具折旧=350÷（2×12）=15（元）。

**1 423=1 680-209-33-15

请思考：为什么史密斯为自己发放的工资要在“校园宿舍寻找者”资产负债表中体现？

第四节 资产负债表阅读

通过阅读一个营利性组织的资产负债表并辅以财务分析方法，往往可以得到对其竞争力的大概判断。阅读资产负债表左边，可以了解其资产总额（拥有资源总量），以及流动资产与非流动资产比例（资产结构，即资源配置状况）；阅读资产负债表右边，可以了解其资金来源，以及负债与所有者权益比例（财务结构）、流动负债与非流动负债比例（债务结构）。将资产负债表左右结合起来阅读，可以了解企业长期资金来源对非流动资产的保障程度。辅以比较分析法、比率分析法等分析方法，可以获得更多关于企业竞争能力的判断。现以全球零售业龙头企业——沃尔玛[①]的资产负债表（已经过简化，参阅表2-2）为例，简略介绍资产负债表的阅读方法。

表2-2 资产负债表(简表)

编制单位：沃尔玛　　2006年12月31日　　金额单位：百万美元

资　产	期末余额		年初余额		负债和所有者权益	期末余额		年初余额	
流动资产：					流动负债：				
货币资金	6 414	5%	5 488	5%	短期借款	3 754	3%	3 812	3%
应收账款	2 662	2%	1 715	1%	应付账款	25 373	18%	21 987	18%
存货	32 191	23%	29 762	25%	应付费用	13 465	10%	12 120	10%
其他流动资产	2 557	2%	1 889	2%	应交税费	1 340	1%	1 281	1%
流动资产合计	43 824	32%	38 854	32%	一年内到期的非流动负债	4 894	4%	3 982	3%
非流动资产：					流动负债合计	48 826	35%	43 182	36%
固定资产	79 290	57%	68 118	57%	非流动负债：				
商誉	12 188	9%	10 803	9%	长期借款	26 429	19%	20 087	17%
其他非流动资产	2 885	2%	2 379	2%	长期应付款	3 742	3%	3 171	3%
非流动资产合计	94 363	68%	81 300	68%	递延所得税负债	4 552	3%	2 978	2%
					其他非流动负债	1 467	1%	1 340	1%
					非流动负债合计	36 190	26%	27 576	23%
					负债合计	85 016	61%	70 758	59%
					所有者权益：				
					实收资本	417	0%	423	0%
					资本公积	3 649	3%	5 119	4%
					盈余公积	4 911	4%	4 385	4%
					未分配利润	44 194	32%	39 469	33%
					所有者权益合计	53 171	39%	49 396	41%
资产总计	138 187	100%	120 154	100%	负债和所有者权益总计	138 187	100%	120 154	100%

注：表内百分比为四舍五入取值结果。

① 资料来源：刘顺仁.财报就像一本故事书［M］. 太原：山西人民出版社，2007：62.

从沃尔玛的资产负债表左边可以看出：截至2006年资产负债表日（报告日）拥有资产总额约1 382亿美元，即其拥有创造未来价值的财务资源总量约为1 382亿美元。资产结构稳定：在流动资产中存货（准备出售的商品）占比73%，是沃尔玛最重要的流动资产；在非流动资产中占比最大的资产是企业的固定资产（土地、厂房、设备等），其反映了沃尔玛的营业能力，也代表了沃尔玛的营业规模。

从沃尔玛的资产负债表右边可以看出：截至2006年资产负债表日（报告日）其拥有的资产中61%来自于负债；在全部负债中流动负债占比60%，主要为应付供应商的货款和员工的薪酬；在全部的资金来源中来自投资人的初始投资额非常稀少，占比仅3%左右（资本及资本溢价）；沃尔玛的所有者权益主要为积年的经营积累，反映了沃尔玛非凡的为股东创造财富的能力。

沃尔玛流动资产中金额最大的是存货，流动负债中金额最大的是应付账款，这种现象反映了零售业以赊账方式进货后销售、赚取价差的商业模式，也显示出沃尔玛如果无法有效地销售存货、取得现金，庞大的流动负债将是个沉重的压力。另一方面，庞大的存货数量也会造成相当大的存货跌价风险。如何管理这些风险，便成为管理层与投资人分析沃尔玛资产负债表的重点。此外，沃尔玛的土地、厂房及设备的净值（扣去累计折旧）高达793亿美元，这部分非流动资产产生的管理问题也是很大的挑战。

财务报表数字的加总性太高，不能直接提供管理问题的答案，只能协助管理者及投资人发现问题、分析问题。事实上，沃尔玛资产负债表中任何一个会计数字的背后都有一系列复杂的管理问题，一些常见的财务比率往往吐露了更深刻的竞争力含义。

先将沃尔玛资产负债表中流动资产与流动负债结合起来看。长期以来，沃尔玛的流动比率（流动资产/流动负债）呈现显著的下降趋势：20世纪70年代，沃尔玛的流动比率曾经高达2.4，此后一路下降，到2006年仅为0.9左右。这并非代表沃尔玛的流动资产不足以偿付流动负债，有周转失灵的危险。沃尔玛是全世界最大的零售商，当消费者刷信用卡购买商品2~3天后，信用卡公司就必须支付沃尔玛现金。但是对供货商，沃尔玛维持一般商业交易最快30天付款的传统，利用“快快收钱，慢慢付款”的方法，创造手头的营运资金（流动资产与流动负债的差额）。利用传统的财务报表分析方法分析企业短期偿债能力时，往往要求企业的流动比率在2左右，然而，从竞争力的角度着眼，能以小于1的流动比率（营运资金为负数）来经营，恰恰显示了沃尔玛强大的资产管理能力。

沃尔玛的流动负债占整体负债的比率是随着经营规模的增长而快速增长的，从20世纪80年代约为20%快速拉升至2006年的60%左右，其显示沃尔玛在维持总负债比率（财务结构稳定）约60%的前提下，利用其“大者恒大”的议价优势及竞争力压缩供货商资金，使其在负债中可以使用较多没有资金成本的流动负债。

再将沃尔玛资产负债表中长期资产与长期资金来源（长期负债与所有者权益）

结合起来看。沃尔玛长期资金需求的1/3来自债权人，2/3来自于企业自身经营积累，揭示出其非凡的自我发展、自我成长能力。

知识拓展2-2　　财务分析方法

常见的财务分析方法有比较分析法、比率分析法等。

比较分析法是指将被评价的指标在不同时间或空间的数据进行比较，以确定差异的方法。内容包括：本期与上期比较；本期与计划（目标）比较；本期与国内外先进企业水平比较等。比较分析法中最常用比较的形式有：横向比较分析和纵向比较分析。横向比较分析，是将被分析的财务报表的各项目与以前年度的财务报表中相同项目金额并列对比，并计算出增减变化的金额和百分比。纵向比较分析，又称结构分析，是将同一财务报表内部各项目之间进行比较，即将财务报表上的某一关键项目的金额作为100%，而将其余项目与之相比，以显示各项目的相对地位，分析各项目的比重是否合理。一般地，资产负债表以资产总额为100%；利润表以销货收入为100%。

比率分析法是指将企业某个时期财务报表中不同类型但具有一定关系的项目及数据进行对比，以计算出来的比率反映各项目之间的内在联系，据此评价企业的财务状况和经营成果的方法。项目可以取自同一张会计报表，也可取自两张不同的会计报表，然而不论如何选择，都要求各项目之间存在一定的逻辑关系，这样比率分析才具有一定的经济意义。

本章小结

资产负债表，是提供企业在某一特定日期财务状况信息的报表，一般采用账户式，左边列示资产，右边列示负债和所有者权益。资产方表明了企业所控制的预计能够产生未来收益且可以客观计量其购置成本的经济资源；权益方表明了负债和所有者权益，负债是主体所承担的义务，所有者权益是所有者投资于会计主体的资金额。在公司制企业中，所有者权益分为实收资本与留存收益两大类。

理解资产负债表需要掌握的重要概念主要包括：

会计主体，是指会计活动服务的特定组织，而不是与主体有关的人。

持续经营，是指会计主体在可以预见的将来将按预定目标持续不断地经营下去，不会破产清算。

货币计量，是指会计只记录那些能够以货币表示的事件。

历史成本，是指企业取得资产使其达到预定可使用状态所耗费的全部货币支出。

信息使用者通过阅读资产负债表一般可以了解：企业拥有或控制的经济资源及其分布情况；企业资金来源和构成情况；企业财务实力、短期偿债能力和支付能力；企业的财务弹性；企业的经营绩效等。通过对资产负债表进行分析，还可以判断企业在行业中的竞争地位。

思考与练习

■ 思考题

1.什么是资产负债表?
2.说明资产负债表的结构和基本内容。
3.简述资产负债表的作用。
4.反映企业财务状况的要素有哪些?
5.什么是资产?其主要特征是什么?
6.根据我国《企业会计准则》说明资产的主要构成。
7.什么是负债?其主要特征是什么?
8.根据我国《企业会计准则》说明负债的主要构成。
9.什么是所有者权益?其来源有哪些?
10.什么是资产与权益之间的平衡关系?
11.什么是会计主体?列举几个你身边的会计主体。
12.什么是持续经营?如何理解持续经营会计前提?
13.什么是历史成本?你还能说出几种成本概念?分别如何理解?
14.如何理解资金变化的双向性?
15.关注资产负债表哪些项目可以帮助你了解一个企业的偿债能力和信用状况?

■ 练习题

一、单项选择题

1.明确会计主体,就是要将会计主体的经济活动与(　　)。

A.会计主体所有者的经济活动区别开来
B.会计主体所有者的经济活动联系起来
C.会计主体所有者的经济活动统一起来
D.会计主体所有者的经济活动一致起来

2.会计工作为之服务的特定单位就是(　　)。

A.会计主体　　B.会计分期
C.持续经营　　D.货币计量

3.由于财务报告只能包含那些可以以(　　)描述的事项,因此,它不能给出一家企业财务状况中的全部重要事项信息。

A.货币量　　B.实物量
C.劳动量　　D.以上全部

4.持续经营是指,除非有相反的证据证明,否则会计主体将会(　　)经营下去。

A.无限期　　B.有限期

C.按营业执照有效期　　D.按设定期限

5.史密斯从"校园宿舍寻找者"提取了2 000元，而她是公司的唯一所有人。史密斯现在口袋里多了2 000元，她比以前（　　）。

A.更加富有　　B.更加贫穷

C.既没有富也没有穷　　D.以上全部错误

6.史密斯从"校园宿舍寻找者"提取了2 000元，而她是公司的唯一所有人。"校园宿舍寻找者"现在的资产比以前（　　）。

A.多了2 000元　　B.少了2 000元

C.既没有多也没有少　　D.以上全部错误

7.范里公司在2016年年底成立的时候以当时的公允价值162 000元购买了一座仓库，那么2017年12月31日，仓库的公允价值（　　）。

A.是162 000元　　B.超过162 000元

C.少于162 000元　　D.不清楚

8.范里公司在2016年年底成立的时候以当时的公允价值162 000元购买了一座仓库，那么2017年12月31日，会计上称162 000元为（　　）。

A.历史成本　　B.重置成本

C.现时成本　　D.公允价值

9.会计师记录的每个会计事项都会在资产负债表中引起至少（　　）更改。

A.一处　　B.两处

C.三处　　D.四处

10.会计中将短于（　　）转化为现金或被耗用的资产，称为流动资产。

A.一年或一个营业周期　　B.两年或一个营业周期

C.半年或一个营业周期　　D.一个季度或一个营业周期

11.资产是企业拥有或控制的资源，该资源预期会给企业带来（　　）。

A.经济利益　　B.经济资源

C.经济效果　　D.经济效益

12.所有者权益是企业的所有者享有的剩余权益，金额上应等于企业的（　　）。

A.流动资产减去流动负债　　B.全部收入减去全部成本

C.全部资产减去全部负债　　D.企业的注册资本

13.负债和所有者权益统称为（　　）。

A.利润　　B.债权人权益

C.权益　　D.长期负债

14.资产负债表反映的是（　　）的财务状况的报表。

A.一定时间内　　B.某一特定日期

C.一个月　　D.一年

二、多项选择题

1.反映企业特定时点财务状况的会计要素包括（　　）。

A.收入 B.资产
C.负债 D.所有者权益
E.费用
2.以下属于会计主体的有（ ）。
A.奇瑞汽车公司 B.奇瑞集团公司
C.奇瑞汽车大连分公司 D.奇瑞汽车大学
E.奇瑞汽车合肥4S专卖店
3.资产与权益之间存在的平衡关系是（ ）的理论依据。
A.设置账户 B.复式记账
C.试算平衡 D.编制资产负债表
E.成本计算
4.下列属于资产项目的有（ ）。
A.应收账款 B.应付账款
C.预付款项 D.预收款项
E.其他应收款
5.下列属于负债项目的有（ ）。
A.应收账款 B.应付账款
C.预付款项 D.预收款项
E.其他应收款
6.下列属于所有者权益项目的有（ ）。
A.实收资本 B.股本
C.资本公积 D.盈余公积
E.未分配利润
7.下列属于资产负债表能够提供的信息有（ ）。
A.固定资产的新旧程度 B.企业资金的来源渠道及构成
C.企业的经济资源及分布情况 D.企业经营成果及形成
E.企业投资人在企业中享有的权益
8.资产负债表中非流动资产应包括（ ）。
A.固定资产 B.无形资产
C.长期股权投资 D.应收账款
E.存货
9.下列各项中属于资产必须具备的基本特征的有（ ）。
A.为企业拥有或控制 B.必须是有形的
C.由过去的交易或事项形成 D.预期会给企业带来经济利益
E.必须是可以用货币计量的
10.下列有关负债的说法表述正确的有（ ）。
A.负债可能是企业现时承担的义务，也可能是未来形成的义务

B.负债预期会导致经济利益流出企业

C.负债由企业过去的交易或事项形成

D.负债按其流动性可分为流动负债和非流动负债

E.负债的清偿一定要有确切的金额

三、填表题

1.完成下列资产负债表（见表2-3）。

表2-3 **资产负债表**

编制单位：A公司　　2016年12月31日　　单位：元

资产：		权益：	
货币资金	540 000	短期借款	2 00 000
应收账款	228 000	应付账款	180 000
存货	630 000	实收资本	1 200 000
固定资产	1 500 000	未分配利润	?
总资产	?	总权益	?

2.导致一个企业所有者权益发生增加的途径主要有两个：一是来自投资者投入；二是来自企业营利性活动。说明表2-4所列示项目的企业营利性活动是否对所有者权益产生影响，并在相应表格中标记"√"。

表2-4 **发生的业务及其对所有者权益的影响**

发生的业务		对所有者权益的影响	
		增加	没有影响
1	借钱		
2	购买原材料		
3	销售商品		
4	购买机器		
5	出售多余材料		

案例分析

案例2-1　丹妮公司[1]

丹妮公司的会计辞职了，丹妮请她的朋友根据会计留下的账簿帮忙编制了公司

① 资料来源：安东尼，霍金斯.会计学：教程与案例［M］. 12版.王立彦，等，译.北京：机械工业出版社，2009：33.

6月1日和6月30日的资产负债表（见表2-5）。公司6月份实现净利润19 635美元，丹妮向自己支付了11 700美元的现金股利，并以此款项偿还了她从公司的借款。

表2-5 资产负债表

编制单位：丹妮公司 6月30日 单位：美元

资 产	6月30日	6月1日	负债和所有者权益	6月30日	6月1日
流动资产：			流动负债：		
货币资金	66 660	34 983	短期借款	29 250	8 385
应收账款	26 505	21 798	应付账款	21 315	8 517
存货	26 520	29 835	应付职工薪酬	2 202	1 974
其他应收款（丹妮）	0	11 700	应交税费	7 224	5 700
其他流动资产	9 456	8 709	流动负债合计	59 991	24 576
流动资产合计	129 141	107 025	非流动负债：		
非流动资产：			长期借款	2 451	2 451
固定资产	547 482	526 656	非流动负债合计	2 451	2 451
其他非流动资产	5 265	4 857	负债合计	62 442	27 027
非流动资产合计	552 747	531 513	所有者权益：		
			股本	390 000	390 000
			资本公积	0	0
			盈余公积	22 945	22 151
			未分配利润	206 501	199 360
			所有者权益合计	619 446	611 511
资产总计	681 888	638 538	负债和所有者权益总计	681 888	638 538

案例分析与讨论：

1.与6月初相比，简要评论丹妮公司6月30日的财务状况。

2.为什么留存收益的增加低于6月的净利润？

3.6月30日，你认为丹妮公司值619 446美元（股东权益余额）吗？请解释原因。

案例2-2　　五粮液[①]

在中国的白酒市场中，五粮液在经营和品牌等方面都是行业龙头企业，该公司2006年12月31日的资产负债表（简化）见表2-6。

表2-6　　**资产负债表**

编制单位：五粮液　　2006年12月31日　　金额单位：千元

资产	期末余额		年初余额		负债和所有者权益	期末余额		年初余额	
流动资产：					流动负债：				
货币资金	1 971 068	21%	882 625	10%	应付账款	65 058	1%	35 959	0%
应收账款	567 966	6%	683 957	8%	预收款项	296 621	3%	564 445	6%
存货	1 449 461	15%	1 375 515	16%	应付费用	429 312	4%	391 149	4%
其他流动资产	124 275	1%	27 444	0%	应交税费	1 434 633	15%	1 229 519	14%
流动资产合计	4 112 770	43%	2 969 541	34%	流动负债合计	2 225 624	23%	2 221 072	25%
非流动资产：					非流动负债：				
固定资产	5 408 543	56%	5 770 320	65%	长期借款	2 500	0%	2 500	0%
无形资产	65 660	1%	67 246	1%	其他非流动负债	27 734	0%	20 075	0%
其他非流动资产	27 120	0%	3 427	0%	非流动负债合计	30 234	0%	22 575	0%
非流动资产合计	5 501 323	57%	5 840 993	66%	负债合计	2 255 858	23%	2 243 647	25%
					所有者权益：				
					股本	2 711 405	28%	2 711 405	31%
					资本公积	953 203	10%	953 203	11%
					盈余公积	1 421 686	15%	1 187 373	13%
					未分配利润	2 271 941	24%	1 714 906	19%
					所有者权益合计	7 358 235	77%	6 566 887	75%
资产总计	9 614 093	100%	8 810 534	100%	负债和所有者权益总计	9 614 093	100%	8 810 534	100%

案例分析与讨论：

试根据案例所给报表和该公司2006年披露的其他财务信息分析公司资产负债表，揭示其竞争力（可根据巨潮资讯网等财经网站查阅公司披露的财务报告和其他财务信息）。

---

① 资料来源：刘顺仁.财报就像一本故事书［M］. 太原：山西人民出版社，2007：86.

第三章

利润表

——衡量企业经营绩效的重要工具

导入案例

史密斯2016年6月以其个人存款35 000元，在某大学附近开办了一家专为大学生寻找宿舍的公司，她将其命名为“校园宿舍寻找者”，她是该公司的唯一所有者和经营者。7月是她开始营业的第一个月，在该月共发生了下列业务：

（1）7月1日，史密斯在大学附近租赁一间办公室，租金每月400元，房租按月支付。

（2）7月1日，史密斯赊购一套价值350元的办公用具和一台价值2 000元的电脑。办公用具预计使用2年，电脑预计使用5年。

（3）7月5日，史密斯迎来第一批顾客，为顾客寻找公寓，收取现金1 900元。

（4）7月25日，史密斯支付办公室使用的水电费100元。

（5）7月28日，史密斯迎来第二批顾客，服务收入2 280元，款项尚未收到。

（6）7月29日，史密斯提款2 000元为自己发放月工资。

（7）7月31日，按税法规定，“校园宿舍寻找者”应依法缴纳流转税费209元。

要求：

分析以上各项业务，为“校园宿舍寻找者”编制7月份利润表。

学习目标

在本章中，你将学到：

（1）什么是利润表。

（2）利润表的结构与基本内容。

（3）理解利润表的重要概念。

（4）利润表是如何帮助决策的。

第一节 利润表概述

一、利润表及其基本内容

（一）什么是利润表

利润表属于动态报表，是反映企业在一定会计期间经营成果的报表，主要提供有关企业经营成果方面的信息。利润表可以反映企业在一定会计期间的收入实现情况和资源耗费情况，可以反映企业在一定会计期间生产经营活动的成果，据以判断资本保值、增值情况。

（二）利润表的结构与基本内容

利润表一般有表首、正表两部分。其中，表首概括地说明报表名称、编制单位、编制日期、报表编号、货币名称、计量单位等；正表反映形成经营成果的各个项目和计算过程。利润表正表的格式一般有两种：单步式利润表和多步式利润表。单步式利润表是将当期所有的收入列在一起，然后将所有的费用列在一起，两者相减得出当期净损益。多步式利润表是通过对当期的收入、费用、支出项目按性质加以归类，按利润形成的主要环节列示一些中间性利润指标，如营业利润、利润总额、净利润，分步计算当期净损益。在我国，利润表一般采用多步式。一般企业的利润表的基本格式和内容见表3-1（此外，我国上市公司对外披露的利润表的格式见表8-2）。

表3-1 **利润表** 会企02表

编制单位： 年度 单位：元

项　目	本期金额	上期金额
一、营业收入		
减：营业成本		
税金及附加		
销售费用		
管理费用		
财务费用		
资产减值损失		
加：公允价值变动收益（损失以“-”号填列）		
投资收益（损失以“-”号填列）		
其中：对联营企业和合营企业的投资收益		
二、营业利润（亏损以“-”号填列）		
加：营业外收入		
减：营业外支出		
其中：非流动资产处置损失		
三、利润总额（亏损总额以“-”号填列）		
减：所得税费用		
四、净利润（净亏损以“-”号填列）		

二、利润表的作用

利润是企业经营业绩的综合体现。利润表是企业财务报表体系中的主要报表之一，其作用主要表现在以下几个方面：

1.可据以正确评价企业各方面的经营业绩

利润表反映了企业在一定期间内的各项收入和成本费用的发生情况及其最终的财务成果。通过对利润表的分析可以确定企业在这一会计期间是盈利还是亏损，有利于评价各部门和各环节的经营业绩。

2.可据以及时、准确地发现企业经营管理中存在的问题

企业的损益是各项经济活动财务结果的集中表现，企业的各项经济行为无不与收益和费用相关，企业的利润是反映企业经营成果的综合性指标。因此，通过对利润表的分析，可发现企业在经营管理各方面存在的问题，促进企业全面改进经营管理，不断提高管理水平。

3.可据以分析和预测企业发展趋势与收益能力

利润表提供企业营业利润、投资净收益和营业外收支等企业损益的明细情况，据此可以分析企业损益形成的原因，了解企业利润的构成。通过对利润表的分析，可以预测企业损益的变化趋势及企业未来的收益能力。

4.可据以做出合理的经济决策

投资者要进行投资决策、债权人要进行信贷决策、经营者要进行经营决策、国家要进行宏观经济决策、员工要进行就业决策等，所有这些经济决策都离不开利润这一重要的依据或标准，而利润表无疑是提供这一依据的重要来源。

第二节 收入、费用、利润——揭示企业经营状况的三大要素

一、收入

收入是指企业在日常活动中形成的、会导致所有者权益增加的、与所有者投入资本无关的经济利益的总流入。

（一）收入的特征

（1）收入是企业在日常活动中形成的，而不是在偶发的交易或事项中形成的。

■ 链接案例0-1

弗雷租种的麦田埂上有棵大树。到收割麦子的时候，在大树边上捡到一只撞死的兔子。弗雷收获的麦子即为收入（日常经营活动取得），而兔子即为营业外收入（非日常经营的偶然所得）。

（2）收入可能表现为企业资产的增加，也可能表现为企业负债的减少，或者二者兼而有之。

■ 链接案例0-1

伊万和弗雷收获的麦子即为收入，也表现为总资产的增加。

（3）收入最终能导致企业所有者权益的增加。

■ 链接案例0-1

伊万和弗雷受托经营的农场所收获的麦子在扣除播种时消耗的麦种、肥料等（资产）之后取得的净收成也归农场的所有者巴恩所有，所以收入最终会导致所有者权益增加。

（4）收入只包括本企业经济利益的流入，而不包括为第三方或客户代收的款项。

例如，某旅行社收取的服务费中包含的代收门票费、食宿费和交通费以及代异地旅行社收取的服务费都不属于该旅行社收入，应从总的服务费中扣除。

（二）收入的构成

收入主要包括主营业务收入、其他业务收入和投资收益等。

■ 链接案例0-1

弗雷在播种麦子的田埂上还播种了蚕豆。弗雷收获的麦子即为主营业务收入，收获的蚕豆即为其他业务收入（麦子和蚕豆均属于弗雷日常经营活动取得的）。

投资收益，是指企业将自有的资产作为债权或股权投入其他企业获得的经济利益（利息或股利）。

二、费用

费用是指企业在日常活动中发生的、会导致所有者权益减少的、与向所有者分配利润无关的经济利益的总流出。

（一）费用的特征

（1）费用是企业在日常活动中形成的。

■ 链接案例0-1

巴恩提供给伊万和弗雷的麦种、肥料等，在耕种前表现为伊万农场和弗雷农场的资产和所有者权益同时增加；在耕种期间，伊万和弗雷将麦种、肥料等用掉后，这些被消耗掉的资产就转化成费用。

（2）费用可能表现为资产的减少，也可能表现为负债的增加，或者二者兼而有之。

■ 链接案例0-1

耕种期间，伊万和弗雷消耗掉的麦种、肥料等资源既表现为费用增加，也表现为资产减少；假设在麦子施肥阶段，伊万和弗雷聘请了杰克来帮忙，应支付给杰克的人工费就既表现为费用增加，也表现为负债增加。

（3）费用能导致企业所有者权益减少，但与向所有者分配利润无关。

■ 链接案例0-1

伊万和弗雷耕种期间，消耗掉的各种资源既可能表现为资产的减少，也可能表现为负债的增加，最终都会导致所有者权益的减少（资产－负债=所有者权益）。

费用会导致所有者权益减少，利润分配也会导致所有者权益减少。

（二）费用的构成

费用主要包括营业成本、税金及附加、期间费用、资产减值损失。

营业成本是指企业为取得营业收入而销售的产品或提供的劳务所发生的制造成本或劳务成本。

税金及附加，是指企业营业活动取得的营业收入依据国家税法应当负担并根据营业收入确定的（除增值税外）各种税费，如消费税、城市维护建设税、资源税、教育费附加，以及房产税、城镇土地使用税、车船税、印花税等。

期间费用是指企业为取得收入发生的，与产品生产或劳务项目无直接关系，没有直接或间接计入产品生产（劳务）成本而计入某一会计期间的费用，其与收入确认在时间上配比确认，包括销售费用、管理费用和财务费用。销售费用是指企业在销售商品的过程中发生的各项费用，包括企业在销售商品的过程中发生的运输费、装卸费、包装费、保险费、展览费和广告费，以及为销售本企业的商品而专设的销售机构（含销售网点、售后服务网点等）的职工薪酬等经营费用。管理费用是指企业为组织和管理生产经营活动而发生的各项费用，包括企业的董事会和行政管理部门的职工工资、修理费、办公费和差旅费等公司经费，以及聘请中介机构费、咨询费（含顾问费）、业务招待费等费用。管理费用的受益对象是整个企业，而不是企业的某个部门。财务费用是指企业为筹集生产经营所需资金而发生的各项费用，包括应当作为期间费用的利息支出（减利息收入）、汇兑损失（减汇兑收益）以及相关的手续费等。

资产减值损失是指企业计提的坏账准备、存货跌价准备和固定资产减值准备等所形成的损失。

知识拓展3-1　　费用与支出

支出发生在会计主体购置商品或接受服务之时。支出可以表现为现金减少、负债增加（如应付账款）、另一项资产的变动（如汽车的以旧换新），或以上几种形式的结合。支出的直接结果不是增加资产就是增加费用。

在区分某些项目究竟属于当期费用还是支出时，需要考虑以下四种类型的交易：

（1）本年的支出同时也是本年的费用。

（2）前一年的支出本年变成费用。在本年年初的资产负债表上，它是一项资产。

（3）本年的支出在未来年份将变成费用。在本年年末的资产负债表上，它是一项资产。

（4）本年的费用将在未来某一年内支付。在本年年末的资产负债表上，它是一项负债。

三、利润

（一）利润的特征

利润是指企业在一定会计期间的经营成果，包括收入减去费用后的净额、直接计入当期利润的利得（营业外收入）和损失（营业外支出）等。利润的实现会相应地表现为资产的增加或负债的减少，其结果是所有者权益的增值。

（二）利润的构成

利润具体是指营业利润、利润总额和净利润。

营业利润是指营业收入减去营业成本、税金及附加、销售费用、管理费用、财务费用、资产减值损失，再加上投资净收益和公允价值变动净收益后的金额。

利润总额是指营业利润加上营业外收入，再减去营业外支出后的金额。

净利润是指利润总额减去所得税费用后的金额。

四、利润表与资产负债表之间的关系

企业收入的取得总是伴随着资产的增加或负债的减少，而费用的发生总是伴随着资产的减少或负债的增加，也就是说企业利润的形成过程必然导致企业所有者权益的增加或减少。资产与权益之间的平衡关系在企业会计期间内也就会演变为：

资产=负债+所有者权益+（收入-费用）

即：资产=负债+所有者权益+利润

■ 链接本章导入案例

2016年7月1日"校园宿舍寻找者"开始营业前，其资产负债表见表3-2。

表3-2 资产负债表(营业前) 单位：元

资产：		权益：	
货币资金	35 000	负债	0
		所有者权益（史密斯）	35 000
总资产	35 000	总权益	35 000

2016年7月1日"校园宿舍寻找者"资产与权益之间的平衡关系表现为：

资产35 000=负债0+所有者权益35 000

"校园宿舍寻找者"开始营业后，2016年7月的利润表见表3-3。

表3-3 利润表 单位：元

项　　目	本期金额
一、营业收入	4 180
减：营业成本	2 400
税金及附加	209
管理费用	148*
二、营业利润(亏损以"-"号填列)	1 423
三、利润总额(亏损总额以"-"号填列)	1 423
减：所得税费用	0**
四、净利润(净亏损以"-"号填列)	1 423

注：*管理费用=水电费+电脑折旧（2 000÷（5×12））+办公用具折旧（350÷（2×12））；**免税。

2016年7月31日"校园宿舍寻找者"经营一个月后，其资产负债表见表3-4。

表3-4 资产负债表(营业后) 单位：元

资产：		权益：	
货币资金	34 400	应付账款	2 350
应收账款	2 280	应交税费	209
固定资产	2 302	所有者权益	36 423
总资产	38 982	总权益	38 982

2016年7月31日"校园宿舍寻找者"资产与权益之间的平衡关系表现为：

资产38 982=负债2 559+上期所有者权益35 000+利润1 423

第三节 理解利润表的重要概念

一、会计期间

会计分期，是指把企业持续不断的生产经营过程划分为较短的相对等距的会计期间。会计分期的目的在于通过会计期间的划分，分期结算账目，按期编制财务报告，从而及时地向信息使用者提供反映财务状况和经营成果的会计信息，满足决策的需要。

从理论上来说，在企业持续经营的情况下，要反映企业的财务状况和经营成果只有等到企业所有的生产经营活动结束后，才能通过收入和费用的归集与比较进行准确的计算，但那时提供的会计信息已经失去了应有的作用，因此，必须人为地将这个过程划分为较短的会计期间。

会计分期是对会计工作时间范围的具体划分，主要是确定会计年度。中外各国所采用的会计年度一般都与本国的财政年度相同。我国以日历年度作为会计年度，即从每年的1月1日至12月31日为一个会计年度。

《企业会计准则——基本准则》第七条指出："企业应当划分会计期间，分期结算账目和编制财务会计报告。会计期间分为年度和中期。中期是指短于一个完整的会计年度的报告期间。"

二、配比概念

配比，是指企业取得收入应与为取得收入发生的费用、成本同期确认，以便准确计算当期的损益。

收入与费用配比包括两方面的配比问题：一是收入和费用在因果联系上的配比，即取得一定的收入时发生了一定的支出，而发生这些支出就是为了取得这些收入；二是收入和费用在时间意义上的配比，即一定会计期间的收入和费用的配比。

■ 链接本章导入案例

"校园宿舍寻找者"在7月份确认了4 180元的收入，那么为取得收入所发生的直接经营耗费——租金、工资费用、税费应同期（7月份）配比确认，以及为取得收入所发生的间接经营耗费——水电费、折旧费（即本月消耗的固定资产价值，因为固定资产的使用寿命分别是2年和5年，其全部价值应该与2年和5年的总收入分期配比）也应同期配比确认。

三、会计基础

企业的资源流动会引起相应的现金流动，但由于存在会计分期，现金实际的收付期间和资源流动的发生期间往往不一致。这样，在确认资产、负债、收入、费用时，就可能出现两种交易记录的选择基础：收付实现制和权责发生制。记录企业交易最简单的做法是在发生现金收付时进行记录，这便是收付实现制会计。而另一种交易记录方法则是权责发生制会计，即以交易的权利享有或责任承担作为收入或费用的发生时间，而不管其现金是否收付。也就是说，当赚取收入时，即使没有收到现金，仍要确认为当期收入；当发生费用时，即使尚未付出现金，也应确认为当期费用。

■ 链接本章导入案例

2016年7月“校园宿舍寻找者”基于“权责发生制”与“收付实现制”确认的财务成果见表3-5。

表3-5　　**财务成果表**　　单位：元

项　目	权责发生制	项　目	收付实现制
一、营业收入	4 180	一、现金流入	1 900*
减：营业成本	2 400	减：付现营业成本	2 400
税金及附加	209	付现税金及附加	0**
管理费用	148	付现期间费用	100***
二、营业利润	1 423	二、现金净流量	-600
三、利润总额	1 423		
减：所得税费用	0		
四、净利润	1 423		

注：*总收入4 180元中收到现金的仅为1 900元；

**209元税金及附加是本期应交未交的税费，因此没有支出现金；

***148元中的48元折旧费属于不付现的成本（其属于固定资产本期损耗转移价值，与其相关的现金流出体现在支付固定资产价款的当期）。

《企业会计准则——基本准则》第九条规定，企业应当以权责发生制为基础进行会计确认、计量和报告，即应依据权责关系，而不是现金的收付来确认收入和费用归属的期间。权责发生制建立在会计分期的基础上。行政单位的会计基础是收付实现制，即以现金的收付为依据确认收入费用。事业单位要区分两类活动：一类是事业单位的经营活动，以权责发生制作为会计基础；另一类是事业活动，以收付实现制作为会计基础。

第四节 评价企业经营绩效

对一个营利性组织某一会计期间的利润表进行分析，可以综合评价该组织的盈利水平和能力。通过阅读利润表，可以了解一个营利性组织一定期间内各项收入和成本费用的发生情况及其利润形成过程；通过对收入构成进行分析，可以了解企业当期取得的收入中，有多少来自经营活动，有多少来自投资活动；通过对成本、费用构成进行分析，可以了解企业当期发生的成本费用中，有多少属于直接性经营耗费，有多少属于间接性耗费，有多少属于损失，可以了解企业成本控制能力和经营管理水平；通过对收入与成本费用进行对比分析，可以了解企业当期营业收入对营业成本的保障程度，从而了解企业产品或劳务在市场中的竞争力；通过对不同期间的利润表进行对比分析，可以了解企业利润的总体变化趋势和结构变化趋势，预测企业未来的盈利能力。

现以全球零售业龙头——沃尔玛[①]的利润表（简化，参阅表3-6）为例，简略介绍利润表的阅读方法。

表3-6　利润表（简表）

编制单位：沃尔玛　2006年度　金额单位：百万美元

项　目	本期金额		上期金额	
	金额	百分比（%）	金额	百分比（%）
一、营业收入	315 654	100	288 132	100
减：营业成本	240 391	76	219 793	76
销售及管理费用	56 733	18	51 248	18
财务费用	1 172	0.37	934	0.32
二、营业利润	17 358	5.5	16 157	5.6
加：营业外收入	0	0	0	0
减：营业外支出	0	0	0	0
三、利润总额	17 358	5.5	16 157	5.6
减：所得税费用	5 803	1.8	5 589	1.9
四、净利润	11 555	3.7	10 568	3.7

从沃尔玛的利润表可以看出：2006年度实现利润近116亿美元，较上年增长10亿美元，增长率近10%，销售净利率两年稳定保持在3.7%。沃尔玛的竞争力主要来自它持续增长的动力，而营收获利的增长动力来自新店的不断拓展，同时也能维持旧店营收获利的合理增长。随着快速拓展，沃尔玛的营收由1971年的4 400万美元增加到2006年的3 157亿美元，获利也从1971年的200万美元增加到2006年的116亿美元。长期稳定的营收及获利增长，是企业竞争力的最具体表现。

从利润表构成可以看出，沃尔玛的利润全部来自经营业务利润，2006年，沃尔玛的营业利润达174亿美元，占总营收的5.5%，反映了公司整体营运活动的利益。收入中（利润表附注）99%来自出售商品收入，十分专注主业。成本费用构成表明，沃尔玛的主营业务成本是最重要的成本项目，两年占总营收的比例保持在76%，反映沃尔玛全球采购市场中极强的议价能力；销售费用（如运输成本、广告费用等）及管理费用（如水电费、管理人员薪资）项目两年保持在总营收的18%，反映出沃尔玛非凡的成本控制力。

本章小结

利润表是反映企业一定会计期间经营成果及其形成过程的会计报表。通过利润

① 资料来源：刘顺仁.财报就像一本故事书［M］. 太原：山西人民出版社，2007：62.

表，可以了解企业一定会计期间的收入实现情况和资源耗费情况，可以了解企业一定会计期间生产经营活动的成果，据以判断资本保值、增值情况。

理解利润表需要掌握的重要概念主要包括：

会计分期，是指把企业持续不断的生产经营过程划分为较短的相对等距的会计期间。

配比原则，是指企业取得收入应与为取得收入发生的费用、成本同期确认，以便准确计算当期的损益。

会计基础，是指会计主体确认、计量会计要素所遵循的标准。由于存在会计分期，现金实际的收付期间和资源流动的发生期间往往不一致。这样，在确认资产、负债、收入、费用时，就可能出现两种交易记录的选择基础：收付实现制和权责发生制。《企业会计准则——基本准则》第九条规定，企业应当以权责发生制为基础进行会计确认、计量和报告。

信息使用者通过对利润表的阅读和分析，可以了解一个营利性组织一定期间内各项收入和成本费用的发生情况及其利润形成过程，综合评价企业经营绩效。

思考与练习

■ 思考题

1.什么是利润表？

2.简述利润表的结构和基本内容。

3.利润表的作用主要有哪些？

4.反映企业经营状况的要素有哪些？

5.什么是收入？其主要特征是什么？

6.根据我国《企业会计准则》说明收入的主要构成。

7.什么是费用？其主要特征是什么？

8.根据我国《企业会计准则》说明费用的主要构成。

9.什么是利润？其来源有哪些？

10.从资产与权益之间的平衡关系说明资产负债表与利润表有何内在关系。

11.什么是会计分期？什么是会计期间？如何理解？

12.什么是配比？其目的是什么？

13.举例说明收付实现制与权责发生制的不同。如何理解我国会计准则关于会计基础的有关规定？

■ 练习题

一、单项选择题

1.我国利润表采用的格式是（　　）。

A.报告式　　　　B.账户式

C.单步式 D.多步式

2.会计分期这一前提是从（ ）引申出来的。

A.会计主体 B.持续经营

C.货币计量 D.权责发生制

3.下列各项中，不属于企业收入要素范畴的是（ ）。

A.主营业务收入 B.提供劳务取得的收入

C.销售材料取得的收入 D.出售无形资产取得的收益

4.反映经营成果的会计要素是（ ）。

A.资产 B.费用

C.负债 D.所有者权益

5.下列各项中，不属于企业费用要素范畴的是（ ）。

A.营业成本 B.税金及附加

C.期间费用 D.营业外支出

6.某企业2016年发生的主营业务收入为1 000万元，主营业务成本为600万元，销售费用为20万元，管理费用为50万元，财务费用为10万元，投资收益为40万元，资产减值损失为70万元，公允价值变动损益为80万元（收益），营业外收入为25万元，营业外支出为15万元。该企业2016年的利润总额为（ ）。

A.380万元 B.330万元

C.320万元 D.390万元

7.下列各项中，不影响营业利润的项目是（ ）。

A.财务费用 B.投资收益

C.资产减值损失 D.营业外支出

二、多项选择题

1.下列会计等式中正确的有（ ）。

A.资产=权益 B.资产=负债+所有者权益

C.利润=收入-费用 D.资产=负债+所有者权益+收入-费用

E.资产=负债+所有者权益+利润

2.在利润表中，计算营业利润时，下列（ ）项目应该作为营业收入的减项处理。

A.主营业务成本 B.销售费用

C.营业外支出 D.所得税费用

E.财务费用

3.下列项目中符合收入定义的是（ ）。

A.劳务收入 B.捐赠收入

C.处理固定资产净收益 D.罚款收入

E.商品销售收入

4.配比原则的含义包括（ ）。

A.时间配比
B.产品配比
C.因果配比
D.项目配比
E.空间配比

5.下列属于利润表特点的有（　　）。

A.反映企业的财务状况
B.反映企业的经营成果
C.属于动态报表
D.属于静态报表
E.反映企业的经营业绩

6.根据权责发生制原则，应计入本期收入和费用的有（　　）。

A.本期实现的收入，并已收款
B.本期实现的收入，尚未收款
C.属于本期的费用，尚未支付
D.属于以后各期的费用，但已支付
E.属于本期的费用，并已支付

7.收入的取得会引起（　　）。

A.负债的增加
B.资产的增加
C.负债的减少
D.资产的减少
E.预收款的增加

三、填表题

根据下列经济业务内容，按权责发生制和收付实现制原则，分别计算企业4月的收入和费用，并填入表3-7中，并比较两种会计基础下的计算结果，分析产生差异的原因：

（1）用银行存款支付本季度4—6月房租3 000元。

（2）收到上月销售产品货款6 000元。

（3）用银行存款支付上月水电费1 500元。

（4）销售产品收到货款7 500元，存入银行。

（5）销售产品货款为90 000元，货款没有收到。

（6）本月应付短期借款利息1 500元，按银行规定应于6月底支付。

（7）计提本月管理部门固定资产折旧费6 000元。

表3-7　　**权责发生制与收付实现制下的收入和费用**

业务号	权责发生制		收付实现制	
	收　入	费　用	收　入	费　用
（1）				
（2）				
（3）				
（4）				
（5）				
（6）				
（7）				

案例分析

案例3-1 丹妮公司[①]

丹妮十分感谢老朋友为她编制资产负债表（详见案例2-1），在审阅会计数字时，她说："有点让我吃惊的是，现金增加了31 677美元，而净利润却只有19 635美元，这是为什么？"

她的朋友回答："关于这个问题，你可以去查看6月份的利润表，有些数据可以部分地解释你的疑问。"

于是丹妮将会计留下的现金收入和支出记录（见表3-8）交给她的朋友，并告诉她的朋友所有的应付账款都是用于购买存货的款项，6月份的销售成本为39 345美元。请她再帮忙编制一张6月份的利润表（见表3-9）。

表3-8 **现金收支表** 单位：美元

现金收入		现金支出	
现金期初余额	34 983		
现金销售	44 420	购买设备	23 400
应收账款收回	21 798	购买其他资产	408
丹妮归还借公司款	11 700	偿还应付账款	8 517
银行借款	20 865	现金购买存货	14 715
		现金购买其他物料	1 671
		股利	11 700
		支付工资	5 660
		支付管理费用	900
		其他费用支出	135
本月现金收入合计	98 783	本月现金支出合计	67 106

表3-9 **利润表***

编制单位：丹妮公司 ××××年6月 单位：美元

项 目	本月数
一、营业收入	70 925
减：销售成本	39 345
工资费用	5 888
折旧费用	2 574
期间费用	1 959**
二、营业利润	21 159
三、利润总额	21 159
减：所得税费用	1 524
四、净利润	19 635

注：*为了更加清楚地反映收入、费用（利润）与资产、负债之间的关系，本案例对利润表的格式进行了修改。

**1 959=［（其他流动资产期初数8 709+本期购进1 671）−期末数9 456］+900+135

① 资料来源：安东尼，霍金斯.会计学：教程与案例［M］. 12版.王立彦，等，译.北京：机械工业出版社，2009：54.

案例分析与讨论：

1.结合案例2-1所给的资产负债表和表3-8所给资料，试对丹妮公司6月份利润表中的每一个项目来源进行解释（该公司只缴所得税，无别的税赋）。

2.请解释为什么现金余额的变动大于净利润的金额。

3.请解释下列数据为什么不是6月份的销售成本：（1）14 715美元；（2）36 030美元。分别在什么情况下这些数据会是6月份的销售成本？

案例3-2　　凌云股份

凌云工业股份有限公司（股票代码：600480，简称凌云股份）于2003年8月15日在上海证券交易所挂牌上市，注册资本为31 200万元。公司现拥有15家控、参股子公司，年营业收入超过10亿元。

公司主要生产汽车零部件、PE管道系统两大系列产品，是国内率先开发生产具有国际水准的汽车辊压件、PA-11汽车压力管路总成的企业，在辊压、冲压以及汽车管路的相关制造技术方面居国内同行业领先地位。同时，公司不但是国内PE燃气管道产品的开拓者，也是国内同类企业的领先者，是国内最早能够提供PE燃气管道产品开发、生产、施工、维护一体化全程服务的企业。经过多年的不懈努力和发展，公司已成为具有国际水准的、技术领先的中国汽车零部件制造基地和中国PE管道系统龙头企业。该公司2009年度利润表（简化）见表3-10。

表3-10　　**利润表**　　会企02表

编制单位：凌云股份　　2009年度　　金额单位：万元

项　目	本期金额		上期金额	
	金额	百分比（%）	金额	百分比（%）
一、营业收入	251 001	100	200 294	100
减：营业成本	186 287		153 083	
税金及附加	508		192	
销售费用	12 206		10 159	
管理费用	10 976		9 777	
财务费用	3 001		4 303	
资产减值损失	766		1 484	
加：公允价值变动损益（损失以“-”号填列）	-18		0	
投资收益（损失以“-”号填列）	715		195	
二、营业利润（亏损以“-”号填列）	37 954		21 491	
加：营业外收入	543		231	
减：营业外支出	260		233	
三、利润总额（亏损总额以“-”号填列）	38 237		21 489	
减：所得税费用	6 214		2 913	
四、净利润	32 023		18 576	

案例分析与讨论：

试根据案例所给报表和该公司2009年披露的其他财务信息分析公司利润表，评价企业经营绩效。

第四章

现金流量表
——评价企业财务活力与收益质量的重要工具

导入案例

1975年10月，美国最大的商品流通企业之一W.T.Grant公司宣告破产的事件引起了人们的广泛注意。令人不解的是，Grant公司在破产的前一年，即1974年，其营业净利润近1 000万美元，银行扩大贷款总额达6亿美元，而在1973年年末，公司股票价格仍按其收益20倍的价格出售。为什么净利润是正数的公司会在一年后宣告破产？为什么投资者会购买一个濒临破产公司的股票而银行也乐于为其发放贷款？问题就出在投资者和债权人未对该公司的现金流动状况作深入的了解和分析。如果分析一下该公司的现金流量表，就会发现早在破产前5年，即1970年，该公司的现金净流量就已出现负数。若了解这一情况，投资者就不会对一个现金严重短缺、毫无偿债能力的公司进行投资。这一事件使投资者认识到，简单地分析资产负债表、利润表已不能完全满足投资决策的需要。他们需要了解企业的现金流动状况，需要知道为什么盈利企业会走向破产，为什么亏损企业会发放股利，为什么经营净利润与经营现金净流量不相等。这类问题均可通过分析现金流量表得以解答。

学习目标

在本章中，你将学到：

（1）什么是现金流量表。

（2）现金流量表的结构与基本内容。

（3）现金流量表与资产负债表、利润表之间的关系。

（4）现金流量表是如何帮助决策的。

第一节　现金流量表概述

一、现金流量表及其基本内容

（一）什么是现金流量表

现金流量表是以现金及现金等价物为基础编制的财务状况变动表。它反映企业一定期间内现金流入和流出的信息，表明企业获得现金和现金等价物的能力，可以对企业的支付能力和偿债能力做出较为可靠的判断，并在了解企业当前的财务状况基础上，预测企业未来的现金流量趋势及发展情况。

（二）现金流量表的结构与基本内容

现金流量表一般有表首、正表两部分。其中，表首包括：报表名称、编制单位、编制日期、报表编号、货币名称、计量单位等。正表反映现金流量表的各个项目内容。正表有六项：一是经营活动产生的现金流量；二是投资活动产生的现金流量；三是筹资活动产生的现金流量；四是汇率变动对现金及现金等价物的影响；五是现金及现金等价物净增加额；六是期末现金及现金等价物余额。其具体格式见表4-1。[①]

表4-1 现金流量表 会企03表

编制单位： 年 月 单位：元

项目	本期金额	上期金额
一、经营活动产生的现金流量：		
销售商品、提供劳务收到的现金		
收到的税费返还		
收到其他与经营活动有关的现金		
经营活动现金流入小计		
购买商品、接受劳务支付的现金		
支付给职工以及为职工支付的现金		
支付的各项税费		
支付其他与经营活动有关的现金		
经营活动现金流出小计		
经营活动产生的现金流量净额		
二、投资活动产生的现金流量：		
收回投资收到的现金		
取得投资收益收到的现金		
处置固定资产、无形资产和其他长期资产收回的现金净额		
处置子公司及其他营业单位收到的现金净额		
收到其他与投资活动有关的现金		
投资活动现金流入小计		
购建固定资产、无形资产和其他长期资产支付的现金		
投资支付的现金		
取得子公司及其他营业单位支付的现金净额		
支付其他与投资活动有关的现金		

① 见《〈企业会计准则第31号——现金流量表〉应用指南》第120页。

续表

项　目	本期金额	上期金额
投资活动现金流出小计		
投资活动产生的现金流量净额		
三、筹资活动产生的现金流量：		
吸收投资收到的现金		
取得借款收到的现金		
收到其他与筹资活动有关的现金		
筹资活动现金流入小计		
偿还债务支付的现金		
分配股利、利润或偿付利息支付的现金		
支付其他与筹资活动有关的现金		
筹资活动现金流出小计		
筹资活动产生的现金流量净额		
四、汇率变动对现金及现金等价物的影响		
五、现金及现金等价物净增加额		
加：期初现金及现金等价物余额		
六、期末现金及现金等价物余额		

二、现金流量表的作用

1.帮助投资人、债权人及信息使用者评估企业创造未来净现金流量的能力

企业的投资人、债权人的投资和信贷动机最终都会落在对获取现金流量的追求上，因此为了做出正确的投资决策和信贷决策，他们必须依据财务报告提供的信息评估企业的现金收入来源、时间和不确定性，包括股利或利息的获得、证券变卖所得、贷款本金的清偿等。而现金流量表提供了企业现金流入与流出的信息。通过分析现金流量表，可以了解企业现金增减变化的原因以及筹资和投资政策，据以预测企业未来现金流量的时间、数额和不确定性。

2.帮助信息使用者确定净利润与相关的现金收支产生差异的原因

从一个企业全部的经营期间来看，其全部净利润应当与企业的净现金流入一致，亦即净利润等于现金的净增加。但是，为了满足会计报表使用者及时了解企业财务状况和经营成果的需要，企业应分期结算账目，编制财务报告。财务报告中对损益的确认是遵循权责发生制的原则而非收付实现制的原则，这就不可避免地导致净利润与现金收支之间出现差异，亦即特定会计期间的净利润与特定期间的净现金流量并不相等。通过现金流量表，会计报表使用者可以正确分析差异产生的原因，揭示出现差异的规律性，从而进行决策。

3.帮助信息使用者分析企业投资和理财活动对经营成果和财务状况的影响

现金流量表可以提供一定时期现金流入和流出的动态财务信息，表明企业在报告期内由经营活动、投资活动和筹资活动获得多少现金，企业获得的这些现金是如何运用的，能够说明资产、负债、净资产的变动原因，对资产负债表和利润表起到补充说明的作用。从这个意义上来说，现金流是连接资产负债表和利润表的桥梁。现金流量表不仅要披露与现金收支有关的经营活动、投资活动和筹资活动，而且为提供更全面的信息，还要披露某些非现金的投资活动和非现金的理财活动，这些活动从本质上虽不影响企业净现金流量，但对企业整个财务状况可能会产生重大影响。因此，通过阅读和分析现金流量表，实际可以揭示企业全部财务状况的变动。

第二节 理解现金流量表的重要概念

一、什么是现金流量

（一）现金的概念

现金是指库存现金和可以随时用于支付的存款等。其具体内容包括以下几项：（1）库存现金，与会计核算中“库存现金”科目核算的内容一致。（2）银行存款，与会计核算中“银行存款”科目所包括的内容基本一致，所不同的是，如果存在金融企业的款项中不能随时用于支付的存款，则不能作为现金流量表中的现金。（3）其他货币资金。（4）现金等价物，是指企业持有的期限短、流动性强、易于转换为已知金额现金、价值变动风险很小的投资，其中，期限短（一般是指从购买之日起3个月内到期）、流动性强所强调的是现金等价物的变现能力，而易于转换为已知金额现金、价值变动风险很小则强调了现金等价物的支付能力的大小。

（二）现金流量的概念

现金流量是指一定时期企业现金流入和流出的数量。流入量与流出量之差，称作现金净流量。下列现金流入和现金流出不包括在现金流量内：非持续经营企业的现金流动；接受其他企业委托业务发生的不属于本企业所有的现金收支。

二、现金流量的分类

《企业会计准则第31号——现金流量表》规定，我国现金流量表应当分别经营活动、投资活动和筹资活动列报现金流量。现金流量分为三种类型：经营活动现金流量；投资活动现金流量；筹资活动现金流量。

经营活动的现金流量是指由于企业的商品交易、劳务供应以及其他营业活动而发生的与当期损益计算有关的现金流入、现金流出及其净额。

投资活动的现金流量主要是指企业的购置与处置非流动资产的交易或其他事项而发生的现金流入、现金流出及其净额。

筹资活动的现金流量是指与投资者、债权人有关的筹资性交易及其他事项而产生的现金流入、现金流出及其净额。

三、现金流量表与资产负债表、利润表的关系

资产负债表、利润表、现金流量表都依赖于相同的基础性业务信息，从不同角度对企业的经营活动进行描述，每一张报表包含着不同的、重要的信息，同时各个报表间又存在着密不可分的相互联系。

资产负债表报告的是某一时点上的企业财务状况，是静态的财务报表；而利润表、现金流量表反映的则是两个时点间的流量信息，通过对两个时点间的流量分析，解释两个时点间存量变化原因，是动态的财务报表。

资产负债表给出了企业期初、期末两个时点上各类资产、负债、所有者权益的存量；利润表从收入、费用的角度说明了经营活动对财务状况变化的影响；现金流量表则通过经营活动、投资活动以及筹资活动的现金流动，说明资产负债表中广义现金存量变化的原因。财务报表间的这种相互关系称为勾稽关系（如图4-1所示）。

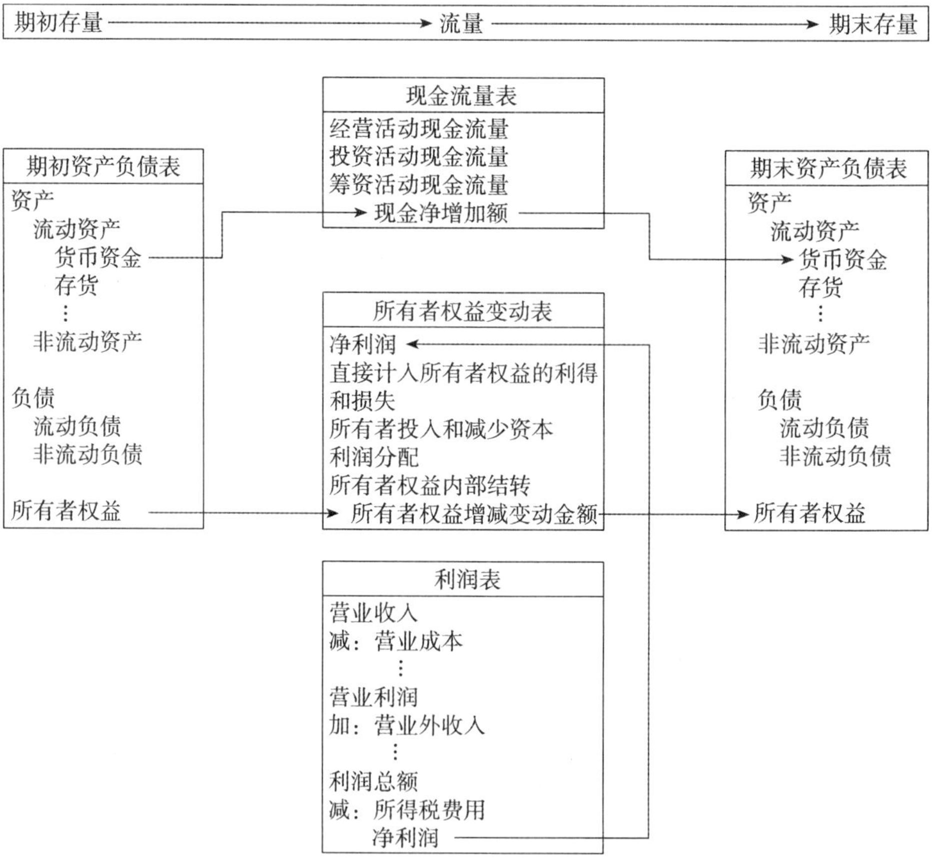

图4-1 财务报表之间的勾稽关系图

第三节 现金流量表阅读

现金流量表是反映企业一定期间内现金流入和流出状况的财务报表。通过对现

金流量表的阅读与分析，可以了解企业一定期间内现金流入和流出的原因、企业的偿债能力和支付股利的能力，以及企业未来获取现金的能力。现金流量表提供的现金流量结构信息，可以帮助决策者判断企业运用现金的能力。将企业本期经营活动获取利润与经营活动获取现金净流量对比分析，可以揭示企业利润的质量，进一步揭示企业竞争力。

现以全球零售业龙头——沃尔玛的现金流量表[①]（简化，参阅表4-2）为例，简略介绍现金流量表的阅读方法。

表4-2 **现金流量表**

编制单位：沃尔玛 2006年度 单位：百万美元

项　目	本期金额	上期金额
一、经营活动产生的现金流量：		
净利润	11 231	10 267
加：折旧	4 717	4 264
应收账款减少	（456）	（304）
存货减少	（1 733）	（2 494）
应付项目增加	3 383	2 670
其他	491	641
经营活动产生的现金流量净额	17 633	15 044
二、投资活动产生的现金流量：		
处置固定资产、无形资产和其他长期资产收回的现金净额	1 049	953
购建固定资产、无形资产和其他长期资产支付的现金	（14 563）	（12 893）
投资支付的现金	（601）	（315）
支付其他与投资活动有关的现金	（68）	（96）
投资活动产生的现金流量净额	（14 183）	（12 351）
三、筹资活动产生的现金流量：		
取得借款收到的现金	7 691	6 376
偿还债务支付的现金	（3 428）	（2 131）
分配股利、利润或偿付利息支付的现金	（2 511）	（2 214）
支付其他与筹资活动有关的现金	（4 174）	（4 640）
筹资活动产生的现金流量净额	（2 422）	（2 609）
四、汇率变动对现金及现金等价物的影响	（102）	205
五、现金及现金等价物净增加额	926	289
加：期初现金及现金等价物余额	5 488	5 199
六、期末现金及现金等价物余额	6 414	5 488

[①]资料来源：刘顺仁.财报就像一本故事书［M］.太原：山西人民出版社，2007：134.

沃尔玛的现金流量表显示，沃尔玛2006年的货币资金由期初的54.88亿美元增加到期末的64.14亿美元，增加了9亿多美元，其中经营活动的现金净流入为176亿美元，投资活动的现金净流出为142亿美元，主要用于购置固定资产（土地、厂房、设备），筹资活动的现金净流出为24亿美元，最主要的用途是回购本公司股票与支付现金股利。

一个营运正常的企业，获利及经营活动的现金流量都应该为正。当获利增长时，经营活动的现金流量也应当随之增长。如沃尔玛2005年的获利为106亿美元，2006年为116亿美元，增长了9%。相对地，2005年的经营活动现金净流入为150亿美元，2006年为176亿美元，增长了17%。其经营活动现金流量的增长速度远高于获利的增长速度，主要原因在于：（1）应收账款增长控制得当。从资产负债表和利润表可以看出，沃尔玛2006年的营收增长约为275亿美元，但应收账款却仅增加约9亿美元，表示大部分的销售成绩都已经反映在现金的流入里面。对于成长型企业来说，这是十分难得的情形。（2）存货增长控制得当。在营收增长率为17%的同时，存货增长率仅为8%。这是沃尔玛内部自行制定的绩效指标的要求。（3）应付账款大幅增长。应付账款增加了近34亿美元，应付账款增长率为15%。

经营活动现金流量的变化，反映了企业经营活动的形态，以及由此产生的竞争力；而投资及筹资活动现金流量的变化，则反映了经理人对公司前景的信心与看法。由投资活动现金可以推测公司的发展情况。高度增长且对未来乐观的公司，往往会将经营活动带来的现金再全数投资，甚至投资金额会超过经营活动现金的净流入，使公司必须以筹资方式应对，特别是以举债方式筹措资金。沃尔玛庞大的经营活动现金净流入，能够为公司提供更大的财务弹性。经营活动现金净流入，除满足当年全部投资活动现金需求外，还有多余的现金被用来回购自己公司的股票与发放现金股利。

本章小结

现金流量表是反映企业一定会计期间现金和现金等价物流入和流出的报表，是企业的主要报表之一。现金流量表中的现金概念是指广义现金，包括现金和现金等价物。现金流量表作为资产负债表和利润表的补充，从经营活动、投资活动和筹资活动角度揭示了企业现金流入和流出及流量净额，反映了企业经营活动、投资活动和筹资活动获取现金的能力。

通过对现金流量表的阅读与分析，可以了解企业一定期间内现金流入和流出的原因、企业的偿债能力和支付股利的能力，以及企业未来获取现金的能力。现金流量表提供的现金流量结构信息可以帮助决策者判断企业运用现金的能力。将企业本期经营活动获取利润与经营活动获取现金净流量对比分析，可以揭示企业利润的质量，进一步揭示企业竞争力。

思考与练习

■思考题

1.什么是现金流量表?

2.说明现金流量表的结构和基本内容。

3.现金流量表的作用主要有哪些?

4.什么是现金流量?现金流量表中的现金流量是如何分类的?

5.说明现金流量表与资产负债表、利润表有何内在关系。

■练习题

一、单项选择题

1.下列各项关于现金流量分类的表述中,正确的是(　　)。

A.支付经营租赁设备租金作为经营活动现金流出

B.收到联营企业分派的现金股利作为经营活动现金流入

C.支付以前年度融资租赁设备款作为投资活动现金流出

D.支付计入当期损益的研究开发费用作为投资活动现金流出

2.下列经济事项中,能使企业经营活动的现金流量发生变化的是(　　)。

A.交纳增值税　　B.购买工程物资

C.赊销商品　　D.发放股票股利

3.下列经济业务所产生的现金流量中,属于"投资活动产生的现金流量"的是(　　)。

A.收到的现金股利　　B.支付的各种税费

C.吸收投资收到的现金　　D.支付货款

4.对于企业偿还的长期借款利息,在编制现金流量表时,应列报的项目是(　　)。

A.偿还债务支付的现金

B.分配股利、利润和偿付利息支付的现金

C.支付其他与筹资活动有关的现金

D.支付的各项税费

5.下列各项中,不属于筹资活动产生的现金流量的是(　　)。

A.吸收权益性投资收到的现金

B.收回债券投资收到的现金

C.分配现金股利

D.借入资金收到的现金

6.某企业2016年实际支付工资50万元,各种奖金5万元,其中经营人员工资40万元,奖金3万元;在建工程人员工资10万元,奖金2万元。则该企业2016年现金流量表中"支付给职工以及为职工支付的现金"项目的金额为(　　)万元。

A.43　　B.38

C.50　　D.55

二、多项选择题

1.下列项目中，影响现金流量表中的“购买商品、接受劳务支付的现金”项目有（　　）。

A.偿还应付账款　　B.支付的进项税额

C.预付购货款　　D.购买材料支付货款

E.支付管理部门耗用的水电费

2.现金流量表中的“支付给职工以及为职工支付的现金”项目包括（　　）。

A.支付给职工的工资和奖金　　B.支付给退休人员的福利费

C.支付给职工的津贴　　D.支付给在建工程人员的工资

E.为生产部门职工支付的商业保险

3.在下列交易或事项中，影响投资活动产生的现金流量的有（　　）。

A.以银行存款购买设备　　B.购买3个月内到期的短期债券

C.购买股票　　D.取得债券利息和现金股利

E.处置无形资产收到的现金

4.下列现金流量中，属于投资活动产生的现金流量的有（　　）。

A.取得投资收益收到的现金

B.出售固定资产收回的现金

C.取得短期股票投资所支付的现金

D.分配股利所支付的现金

E.返还所得税所收到的现金

5.在下列交易或事项中，影响筹资活动产生的现金流量的有（　　）。

A.接受现金捐赠

B.向投资者分派现金股利

C.收到投资企业分来的现金股利

D.发行股票时由证券商支付的股票印刷费用

E.发行债券收到的现金

案例分析

西克公司[①]

表4-3、表4-4、表4-5分别是西克公司简化的现金流量表、利润及留存收益表、资产负债表的相关数据。

① 资料来源：威廉姆斯，哈卡，等.会计学——企业决策的基础（财务会计分册）[M]. 14版.北京：机械工业出版社，2010：361.

表4-3 **现金流量表**

编制单位：西克公司 2007年度 单位：美元

项　目	本期金额	上期金额
一、经营活动产生的现金流量：		
经营活动产生的现金流量净额	19 000	95 000
二、投资活动产生的现金流量：		
收回投资收到的现金	45 000	(35 000)
购建固定资产、无形资产和其他长期资产支付的现金	(63 000)	(28 000)
投资活动产生的现金流量净额	(18 000)	(63 000)
三、筹资活动产生的现金流量：		
吸收投资收到的现金	80 000	0
偿还债务支付的现金	(50 000)	0
分配股利、利润或偿付利息支付的现金	(33 000)	(29 000)
筹资活动产生的现金流量净额	(3 000)	(29 000)
四、现金及现金等价物净增加额	(2 000)	3 000
加：期初现金及现金等价物余额	40 000	37 000
五、期末现金及现金等价物余额	38 000	40 000

表4-4 **利润及留存收益表***

编制单位：西克公司 2007年度 单位：美元

项　目	本期金额	上期金额
一、营业收入	900 000	750 000
减：营业成本	530 000	420 000
销售费用	117 000	75 000
管理费用	126 000	95 000
财务费用	24 000	30 000
二、营业利润（亏损以“-”号填列）	103 000	130 000
三、利润总额（亏损总额以“-”号填列）	103 000	130 000
减：所得税费用	28 000	40 000
四、净利润（净亏损以“-”号填列）	75 000	90 000
加：期初留存收益	176 000	124 000
减：应付股利	42 000	38 000
期末留存收益	209 000	176 000

注：*留存收益表为简化的所有者权益变动表。

表4-5　　资产负债表

编制单位：西克公司　　2007年12月31日　　单位：美元

项　目	本期金额	上期金额
资产：		
流动资产	390 000	288 000
固定资产	500 000	467 000
其他资产	60 000	105 000
资产总计	950 000	860 000
负债：		
流动负债	112 000	94 000
长期借款	200 000	250 000
负债合计	312 000	344 000
所有者权益：		
股本	350 000	300 000
资本公积	70 000	40 000
留存收益	218 000	176 000
所有者权益合计	638 000	516 000
负债和所有者权益总计	950 000	860 000

案例分析与讨论：

1.仔细阅读现金流量表的各部分，回答下列问题：

（1）每一年的现金流量表中：现金来源主要有什么？现金主要被用于哪些用途？

（2）经营活动现金流量大于还是小于净收益？详细解释这两个数字不同的主要原因。

（3）公司从经营活动中能够获得足够的现金来支付必需的资本性支出（购置厂房、设备等）吗？

（4）经营活动现金流量能否既保证资本性支出又能支付股利？为什么？

（5）如不能保证支付，公司用来保证资本性支出和支付股利的现金来源是什么？

2.试根据案例所给报表对西克公司进行综合评价。

第五章

账户与复式记账
——解读帕乔利的密码

导入案例

2003年，美国悬疑小说家丹·布朗（Dan Brown）出版了《达·芬奇密码》一书，历经3年多时间，全球畅销4 000多万册。经由作者丰富的想象力，达·芬奇的不朽杰作《最后的晚餐》和《蒙娜丽莎的微笑》，居然不是纯粹的艺术创作。这些画作里隐含了密码，借此传递了可以动摇基督教信仰基础的大秘密。台湾大学会计系刘顺仁教授天才想象，在《最后的晚餐》画作中，丹·布朗指证那个隐藏的"M"是"money"（金钱）。因为达·芬奇一直深受会计学之父卢卡·帕乔利（Luca Pacioli，1445—1515）的影响。根据历史记载，自1496年起，达·芬奇跟着意大利修道士帕乔利在米兰学了3年几何学，据说他还因为太过沉迷而耽误了艺术创作。在达·芬奇遗留的手稿中，他多次提到如何把学来的透视法及比例学运用在绘画创作中。为了答谢恩师，达·芬奇为帕乔利1509年的著作《神圣比例学》画了六十几幅精美的插图。

1494年，帕乔利在威尼斯出版了会计学的鼻祖之作《算术、几何、比及比例概要》，系统地介绍了"威尼斯会计方法"，也就是所谓的"复式会计"（double-entry bookkeeping）。正是帕乔利的这一贡献，使得一切商业活动都可转换为以"money"为符号的表达。

帕乔利所提倡的会计方法，可以把复杂的经济活动及企业竞争的结果，转换成以货币为表达单位的会计数字（"帕乔利的密码"）。这些密码拥有极强大的压缩威力，即使再大型的公司，它们在市场竞争中所创造或亏损的财富，都能压缩汇总成薄薄的几张财务报表。这些财务报表透露的信息必须丰富、充足，否则投资人或银行不愿意提供公司资金；但是，这些财务报表又不能过分透明，否则竞争对手会轻而易举地学走公司的经营方法。因此，帕乔利的密码所隐含的信息往往不易被了解。

请问：

繁杂的经济事项是如何转变成为以财务报表为载体的财务信息的呢？

学习目标

在本章中，你将学到：

（1）财务报表与账户、复式记账之间的关系。

（2）会计科目与账户及其关系。

（3）账户的基本结构及其分类。

（4）复式记账原理与借贷记账法。

任何一个营利性组织，不论其业务性质如何、规模大小，其取得的资金（资源）都不是闲置不动的，而是随着其经营活动的开展发生双向变动，那么会计师是如何适时为决策者提供财务信息的呢？

会计师对会计主体发生的经济业务（经营活动引起资金变化的交易或事项）引起的会计要素（包括反映资产、负债、所有者权益三个财务状况要素和收入、费用、利润三个经营状况要素）变化，遵循公认的会计准则进行会计确认、计量，运用设置账户、复式记账等专门方法和特定程序，对资金变化过程及结果进行记录，并适时以财务报表的形式提供财务信息。对信息使用者而言，只要解开帕乔利的密码，就能通过财务报表透视企业经营实质，揭示其竞争能力。

知识拓展5-1　　会计确认与计量

会计确认是指决定将交易或事项中的某一项目作为一项会计要素加以记录和列入财务报告的过程，是财务会计的一项重要程序。确认主要解决某一个项目应否确认、如何确认和何时确认三个问题，它包括在会计记录中的初始确认和在财务报表中的最终确认。凡是确认必须具备一定的条件。

我国《企业会计准则——基本准则》中规定了会计要素的确认条件：

1.初始确认条件

会计要素的确认条件主要包括：

（1）符合要素的定义。有关经济业务确认为一项要素，首先必须符合该要素的定义。

（2）有关的经济利益很可能流入或流出企业。这里的“很可能”表示经济利益流入或流出的可能性在50%以上。

（3）有关的价值以及流入或流出的经济利益能够可靠地计量。如果不能可靠计量，确认就没有意义。

2.在报表中列示的条件

经过确认、计量之后，会计要素应该在报表中列示。资产、负债、所有者权益在资产负债表中列示，而收入、费用、利润在利润表中列示。

根据准则规定，在报表中列示的条件是：符合要素定义和要素确认条件的项目，才能列示在报表中，仅仅符合要素定义而不符合要素确认条件的项目，不能在报表中列示。

会计计量是指将符合确认条件的会计要素登记入账并列入财务报告的金额。《企业会计准则——基本准则》规定：“企业在对会计要素进行计量时，一般应当采用历史成本，采用重置成本、可变现净值、现值、公允价值计量的，应当保证所确定的会计要素金额能够取得并可靠计量。”会计要素的计量属性及其对资产、负债的计量见表5-1。

表5-1 会计要素的计量属性

计量属性	对资产的计量	对负债的计量
历史成本	按照购置时的金额	按照承担现时义务时的金额
重置成本	按照现在购买时的金额	按照现在偿还时的金额
可变现净值	按照现在销售时的金额	—
现值	按照将来收回或偿还的金额折现后价值	
公允价值	市场参与者在计量日发生的有序交易中，出售一项资产收到的金额或转移一项负债所需支付的金额	

第一节 账户

一、账户与会计科目的概念

在前几章我们已了解了以财务报表为载体的财务信息的基本内容，也了解了构成财务报表内容的六大会计要素的特征和构成，但这六项要素划分过于粗略，既难以满足财务信息各方需求者决策信息的需求，也难以满足财务信息提供者对财务信息进行标准记录的要求。为了能够采用标准化的方式系统记录企业经营活动过程中发生的大量经济业务（或称会计事项），就必须使用一种叫做“账户”的工具。

所谓账户，就是会计主体为了序时、连续、系统地记录由经济活动引起的会计要素发生增减变动过程而根据会计科目设置的，并适时提供各种财务信息的工具。设置账户是一种会计核算方法。

所谓会计科目，就是在将会计对象划分为会计要素的基础上，对会计要素的具体内容做进一步分类的项目名称。在我国，会计科目通常由国家统一规定（见表5-2）。

表5-2 常用会计科目表

顺序号	编号	名　称	顺序号	编号	名　称
		一、资产类	29	2221	应交税费
1	1001	库存现金	30	2231	应付利息
2	1002	银行存款	31	2232	应付股利
3	1101	交易性金融资产	32	2241	其他应付款
4	1121	应收票据	33	2501	长期借款
5	1122	应收账款	34	2502	应付债券
6	1123	预付账款	35	2701	长期应付款
7	1131	应收股利			三、所有者权益类
8	1221	其他应收款	36	4001	实收资本
9	1401	材料采购	37	4002	资本公积
10	1402	在途物资	38	4101	盈余公积
11	1403	原材料	39	4103	本年利润

续表

顺序号	编号	名　称	顺序号	编号	名　称
12	1405	库存商品	40	4104	利润分配
13	1511	长期股权投资			四、成本类
14	1601	固定资产	41	5001	生产成本
15	1602	累计折旧	42	5101	制造费用
16	1604	在建工程	43	5201	劳务成本
17	1606	固定资产清理			五、损益类
18	1701	无形资产	44	6001	主营业务收入
19	1702	累计摊销	45	6051	其他业务收入
20	1711	商誉	46	6111	投资收益
21	1801	长期待摊费用	47	6301	营业外收入
22	1901	待处理财产损溢	48	6401	主营业务成本
		二、负债类	49	6402	其他业务成本
23	2001	短期借款	50	6403	税金及附加
24	2101	交易性金融负债	51	6601	销售费用
25	2201	应付票据	52	6602	管理费用
26	2202	应付账款	53	6603	财务费用
27	2203	预收账款	54	6711	营业外支出
28	2211	应付职工薪酬	55	6801	所得税费用

会计科目与账户的关系如下：会计科目是账户的名称，同时也是各单位设置账户的一个重要依据。从理论上来讲，会计科目和账户在会计学中是两个不同的概念，它们之间既有联系又有区别。会计科目与账户的共同点在于：它们都分门别类地反映某项经济内容，即两者所反映的经济内容是相同的。账户是根据会计科目开设的，账户的名称就是会计科目。会计科目与账户的主要区别是：会计科目通常由国家统一规定，是各单位设置账户、处理账务所必须遵循的依据，而账户则由各会计主体自行设置，是会计核算的一个重要工具；会计科目仅仅是对会计要素具体内容进行分类的项目名称，只表明某项经济内容，而账户不仅表明相同的经济内容，而且还具有一定的结构、格式，并通过其结构反映某项经济内容的增减变动情况。由于账户是根据会计科目设置的，并按照会计科目命名，也就是说，会计科目是账户的名称，两者的称谓及核算内容完全一致，因而在实际工作中，会计科目与账户常被作为同义语来理解，互相通用，不加区别。

二、账户的基本结构

如前所述，账户是用来记录经济业务、反映会计要素的具体内容增减变动及其结果的工具，因此，随着会计主体会计事项的不断发生，会计要素的具体内容也必然随之发生变化，而且这种变化不管多么错综复杂，从数量上看不外乎增加和减少两种情况。所以，用来记录企业在某一会计期间内各种有关数据的账户，在结构上就应分为两方，即借方和贷方。一方登记增加数，另一方则登记减少数。这就是账户的基本结构。这一基本结构不会因企业实际使用的账户具体格式不同而发生变化。我们通常用一条水平线和一条将水平线平分的垂直线来表示账户，称为T形账户（亦称“丁”字形账户），其格式如下：

借方	账户名称	贷方

每个账户一般有四个金额要素，即期初余额、本期增加发生额、本期减少发生额和期末余额。账户如有期初余额，首先应当在记录增加额的那一方登记，会计事项发生后，要将增减内容记录在相应的栏内。一定期间内，记录到账户增加方的数额合计，称为增加发生额；记录到账户减少方的数额合计，称为减少发生额。正常情况下，账户四个数额之间的关系如下：

账户期末余额=账户期初余额+本期增加发生额-本期减少发生额

账户本期的期末余额转入下期，即为下期的期初余额。每个账户的本期发生额反映的是该类经济内容在本期内变动的情况，而期末余额则反映变动的结果。例如，某企业2016年3月初“库存现金”余额为500元，3月份发生以下3笔与“库存现金”有关的经济业务：（1）零星销售收取现金2 400元；（2）从公司银行账户提取1 000元；（3）零星采购支付现金1 500元。该企业“库存现金”账户如何记录这些账项（或称经济业务或会计事项）呢？可用T形账户表示如下：

借方　　库存现金　　贷方

借方		贷方	
期初余额	500		
本期增加发生额	（1）2 400	本期减少发生额	（3）1 500
	（2）1 000		
期末余额	2400		

三、账户的基本分类

账户的左右两方究竟哪方记录增加、哪方记录减少，取决于所采用的记账方法和账户反映的经济内容。关于记账方法，我们在下一节再介绍。我们先来了解一下账户反映的经济内容。我们知道，每个账户代表着一定的经济内容，被用来记录经济业务发生所引起的相应财务信息发生的变化过程。

账户是对会计要素的再分类，因此，账户按反映的经济内容分为：资产类、负债类、所有者权益类（资产负债表项目）；收入类、费用类和利润类（利润表项目）。会计上把账户按反映的经济内容分类称为账户的基本分类。另外，把账户按用途和结构分类也是一种常用的账户辅助分类方法。

1.资产类账户

资产类账户，是用来反映和监督各种资产（包括各种财产、债权和其他权利）增减变动及其结果的账户。例如，“库存现金”“银行存款”“应收账款”“在途物资”“原材料”“库存商品”“固定资产”“无形资产”“长期股权投资”等账户为典型的资产类账户。

2.负债类账户

负债类账户，是用来反映和监督各种负债增减变动及其结果的账户。例如，“短期借款”“应付账款”“应付职工薪酬”“应交税费”“应付股利”“长期借款”“应付债券”等账户为典型的负债类账户。

3.所有者权益类账户

所有者权益类账户，是用来反映和监督所有者权益增减变动及其结果的账户。例如，“实收资本”（或“股本”）、“资本公积”和“盈余公积”等账户为典型的所有者权益类账户。

4.收入类账户

收入类账户，是用来反映和监督企业生产经营过程中取得的各种营业收入的账户。例如，“主营业务收入”“其他业务收入”“投资收益”等账户为典型的收入类账户。由于收入有广义与狭义之分，所以广义的收入类账户还包括“营业外收入”账户。广义的收入是利润表（亦称损益表）的构成项目，因此，广义的收入类账户属于损益类账户。

5.费用类账户

费用类账户，是用来反映和监督企业生产经营过程中所发生的各种耗费的账户。例如，“主营业务成本”“税金及附加”“管理费用”“财务费用”“销售费用”“资产减值损失”等账户为典型的费用类账户。由于费用也有广义与狭义之分，所以广义的费用类账户还包括“生产成本”“制造费用”“营业外支出”“所得税费用”等账户。广义的费用类账户中的“生产成本”“制造费用”属于成本类费用，这类费用是通过形成主营业务成本的形式记入利润表的，除此之外，其他广义的费用类账户均为利润表的构成项目，因此，“生产成本”“制造费用”账户又称成本类账户，其他广义的费用类账户也均属于损益类账户。

6.利润类账户

利润类账户，是用来反映和监督企业利润的实现和分配情况的账户。例如，“本年利润”“利润分配”账户为典型的利润类账户。由于利润属于所有者权益，所以“本年利润”“利润分配”账户也属于所有者权益类账户。

由此可见，企业按会计要素设置的上述六类账户也可整合为资产类、负债类、所有者权益类、成本类和损益类（包括收入类和费用类）五类账户。当然，账户不论如何分类，其基本结构也都是分为左右两方，一方登记增加，另一方登记减少。至于哪一方登记增加、哪一方登记减少，除了取决于所反映的经济内容外，还受具体的记账方法所制约。

四、账户按用途和结构分类

账户按用途和结构分类的账户体系是对按经济内容分类的账户体系的必要补充。

现以制造业企业为例，说明在借贷记账法下按用途和结构分类的账户体系。按用途和结构分类的账户体系，包括基本账户、调整账户、成本账户和损益计算账户四大类。基本账户具体又可分为盘存账户、投资权益账户、债权结算账户、债务结算账户和跨期摊配账户；调整账户根据调整方式不同，又可分为抵减调整账户和抵减附加调整账户；成本账户具体又可分为集合分配账户、成本计算账户和对比账户；损益计算账户具体又可分为收入计算账户、费用计算账户和财务成果计算账户。

1.基本账户

盘存账户：主要包括库存现金、银行存款、原材料、库存商品、固定资产等。

投资权益账户：主要包括实收资本、资本公积、盈余公积、未分配利润。

债权结算账户：主要包括应收账款、其他应收款、长期应收款等。

债务结算账户：主要包括应付账款、应付职工薪酬、应交税费、短期借款、长期借款、应付债券、长期应付款等。

跨期摊配账户：主要包括长期待摊费用等。

2.调整账户

抵减调整账户：主要包括坏账准备、累计折旧、累计摊销、存货跌价准备等。

抵减附加调整账户：主要包括材料成本差异。

3.成本账户

集合分配账户：主要包括制造费用等。

成本计算账户：主要包括生产成本、在建工程等。

对比账户：主要包括材料采购等。

4.损益计算账户

收入计算账户：主要包括主营业务收入、其他业务收入、投资收益、营业外收入等。

费用计算账户：主要包括主营业务成本、税金及附加、其他业务成本、销售费用、管理费用、财务费用、营业外支出、所得税费用等。

财务成果计算账户：主要包括本年利润等。

五、总分类账户与明细分类账户

按提供信息的详细程度，账户还可分为总分类账户和明细分类账户。

（一）总分类账户和明细分类账户的关系

总账科目，即一级科目，是对会计要素的具体内容进一步分类的项目名称，在我国由国家统一规定。在总账科目下，为了满足决策和管理的信息需求，为提供更详细的信息资料而设置的科目称为明细分类科目。

总分类账户（总账账户），是企业根据国家统一发布的总账科目自行设置的，用来连续、分类记录企业营利性活动发生的交易或事项引起的会计要素增减变化及其结果，提供总括信息的账户。总分类账户只使用货币量度，提供货币信息。

明细分类账户（明细账户），是在某个总账账户下根据管理需求设置的，用来连续、分类记录企业营利性活动发生的交易或事项引起的会计要素增减变化及其结果，提供详细信息的账户。明细分类账户不仅使用货币量度，还需要使用劳动量度、实物量度等多重计量方式；不仅提供货币信息，还提供其他非货币信息。如“固定资产——电脑”中“固定资产”是总账账户，而“电脑”就是“固定资产”总账账户所属的明细账户。

通过总分类账户提供的各种总括信息，可以概括地了解一个会计主体各项资产、负债及所有者权益等会计要素增减变动的情况和结果。但是，总分类账户并不能提供关于各项会计要素增减变动过程及其结果的详细信息，也就难以满足经济管理上的具体需要。因此，各会计主体在设置总分类账户的同时，还应根据实际需要，在某些总分类账户的统驭下，分别设置若干明细分类账户，用来提供满足管理决策需要的详细信息。例如，为了具体了解各种材料的收、发、结存情况，就有必要在“原材料”总分类账户下，按照材料的品种分别设置明细分类账户。又如，为了具体掌握企业与各往来单位之间的货款结算情况，就应在“应付账款”总分类账户下，按各债权单位的名称分别设置明细分类账户。在明细分类账户中，除了以货币计量单位进行金额核算外，必要时还要运用实物计量单位进行数量核算，以便通过提供数量方面的资料对总分类账户进行必要的补充。

总分类账户是所属明细分类账户的统驭账户，对所属明细分类账户起着控制作用，而所属的明细分类账户则是其统驭的总分类账户的从属账户，对其所隶属的总分类账户起着辅助作用。总分类账户及其所属明细分类账户的核算内容是相同的，所提供的信息互相补充，只要将两者结合起来，就能提供既总括又详细的财务信息。

除了总分类账户和明细分类账户以外，各会计主体还可根据实际需要设置二级账户。二级账户是介于总分类账户和明细分类账户之间的一种账户。它提供的资料比总分类账户详细、具体，但比明细分类账户概括、综合。例如，在“原材料”总分类账户下，可以先按原料及主要材料、辅助材料、燃料等材料类别设置若干二级账户，其下再按材料的品种等设置明细分类账户。设置二级账户后，总分类账户可以把它作为中间环节来控制所属明细分类账户，这对于加强经营管理有一定的作用，但也会增加核算工作量。因此，二级账户一般不宜多设，必要时也可不设。在不设置二级账户的情况下，所需信息可根据有关明细分类账户的记录汇总求得。

常见的总分类账户所属明细分类账户设置的方法见表5-3。

表 5-3 **常用的总分类账户所属明细分类账户的设置方法**

总分类账户	所属明细分类账户的设置方法
资产类：	
银行存款	按开户银行名称、币种设置
应收账款	按客户单位名称设置
预付账款	按供应商名称设置
原材料	按材料的保管地点（仓库）、材料的类别、品种和规格等设置
库存商品	按商品的类别、品种和规格等设置
固定资产	按固定资产的类别和项目设置
负债类：	
短期借款	按贷款的种类、贷款单位和币种设置
应付账款	按供应商名称设置
预收账款	按客户单位名称设置
应付职工薪酬	按薪酬的类别、构成内容等设置
应交税费	按税费的种类设置
长期借款	按贷款的种类、贷款单位和币种设置
所有者权益：	
实收资本（股本）	按投资者设置
资本公积	下设资本（股本）溢价和其他资本公积两个明细账户
盈余公积	下设法定盈余公积、任意盈余公积、盈余公积补亏等明细账户
利润分配	下设提取盈余公积、向投资者分配利润、未分配利润等明细账户
损益类：	
主营业务收入	按主营业务种类设置，商品销售收入常按销售商品的类别、品种、规格等设置
其他业务收入	按其他业务种类设置
主营业务成本	按主营业务种类设置，商品销售成本常按已销售商品的类别、品种、规格等设置
其他业务成本	按其他业务种类设置
税金及附加	按企业经营活动发生的消费税、城市维护建设税、资源税、教育费附加及房产税、城镇土地使用税、车船税、印花税等税费种类设置
销售费用	
管理费用	按费用项目设置
财务费用	
营业外收入	按收入项目设置
营业外支出	按支出项目设置

请思考：如果企业的总经理希望你提供企业主要营业收入的具体来源信息，你应该如何设置“主营业务收入”明细账户？（产品？地区？客户？）

（二）总分类账户与明细分类账户的登记方法——平行登记

总分类账户与所属的明细分类账户必须平行登记，即对于同一笔交易或事项引起的会计要素发生的增减变化，应以相等的金额同时记入同一会计期间的相关总分类账户及其所属明细分类账户的相同方向。

总分类账户与明细分类账户平行登记的要点：

（1）同内容。凡在总分类账户下设有明细分类账户的，对于每一项经济业务，一方面要记入有关总分类账户，另一方面要同时记入各总分类账户所属的明细分类账户。

（2）同方向。在某一总分类账户及其所属的明细分类账户中登记经济业务时，方向必须相同，即在总分类账户中记入借方，在它所属的明细分类账户中也应记入借方；在总分类账户中记入贷方，在其所属的明细分类账户中也应记入贷方。

（3）同金额。记入某一总分类账户的金额必须与记入其所属的一个或几个明细分类账户的金额合计数相等。

六、实账户与虚账户

企业在每个会计期间终了，为了结算经营成果、计算盈亏，需要把所有的损益类账户进行结转（会计上把这项工作称为结账过程），完成结账后，收入类账户和费用类账户的余额就变成“零”了，会计上把这类期末余额为“零”的账户称为虚账户（或临时性账户），而对于有期末余额的资产负债表账户称为实账户（或永久性账户）。

知识拓展5-2　　会计方法

会计方法主要是用来反映和监督企业营利性活动引起的资金双向变化、完成会计目标的手段。通常，会计对企业营利性活动的管理是通过会计核算方法、会计分析方法以及会计检查方法来进行的。

会计核算方法，是对企业已经发生的营利性活动进行连续、系统、完整的反映和监督所应用的方法，是由设置账户、复式记账、填制和审核凭证、登记账簿、成本计算、财产清查和编制财务会计报告等具体方法构成。

会计分析方法，主要是利用会计核算提供的财务信息，考核并说明企业营利性活动的效果，在分析过去的基础上，提出指导未来营利性活动的计划、预算、控制等方案，并对它们的报告结果进行分析和评价。

会计检查方法，亦称审计，主要是根据会计核算检查企业营利性活动是否合理合法、会计核算资料是否真实可靠、根据会计核算资料编制的未来时期的计划和预算是否可行有效等。

各种会计方法紧密联系，相互依存，相辅相成，形成了一个完整的会计方法体系。其中，会计核算方法是基础，是综合提供财务信息的过程；会计分析方法是会计核算方法的继续和发展，是对财务信息进行进一步加工、挖掘，利用财务信息服务于管理决策的过程；会计检查方法是会计核算方法和会计分析方法的保证。

第二节 借贷记账法

一、记账方法和借贷记账法的起源

账户是用来记录经济业务、反映会计要素具体内容的增减变动及其结果的工具。但是，如何利用账户相互联系的记录反映经济活动的变化及其结果，这就涉及记账方法的问题。只有记账方法科学，才能将每一项经济业务的来龙去脉完整地记录到账户中，通过对账户记录的加工整理生成有关方面所需的财务信息。

（一）记账方法

所谓记账方法，是指在经济业务发生以后，运用特定的记账符号和记账规则，在有关的账户中加以记录的一种会计工作方法。会计的记账方法经历了由单式记账法到复式记账法的发展历程。

最初的记账方法是单式记账法，它是在经济业务发生后，对所涉及的会计要素的增减变动只在一个账户中加以记录，而且只记录“钱款”或“债权、债务”的增减数额。例如，用现金购买物资，一般只在现金账户记录因购买物资而减少的现金，并不相应地记录物资的增加。又如，以现金支付员工的工资，同样只记录因支付员工的工资而减少的现金，不记录费用的增加。可见，单式记账法对经济业务增减变化的记录并不完整，不能全面地、系统地反映经济业务的来龙去脉，也不便于利用平衡公式来检验账户记录的正确性。单式记账法是会计记账方法发展过程中的一段历史，现代企业会计中几乎已见不到它的踪影，只是在某些备查账的记录中才出现。

复式记账法是在单式记账法的基础上演化而来的。经过漫长的会计实践，复式记账法（借贷记账法）已发展成为一种科学的、完整的记账方法，几乎所有的会计主体都采用这种记账方法。

复式记账法是指在每一项经济业务发生后，都要以相等的金额同时在相互联系的两个或两个以上的账户中进行登记的一种记账方法。在记账过程中，强调反映资金运动的来龙去脉。例如，用现金购买材料，一方面记录现金的减少，另一方面记录材料的增加。若以现金支付员工的工资，则一方面记录现金的减少，另一方面记录费用的增加。

与单式记账法相比，复式记账法有下列基本特征：①对于每一项经济业务都要在相互联系的两个或两个以上的账户中加以记录，并据此了解经济业务发生的来龙去脉；②由于复式记账法要求以相等金额在两个或两个以上的账户同时记录，所以可以对账户记录的结果进行试算平衡，以检验账户记录是否正确；③复式记账法要求对每一项经济业务都要在相互联系的账户间进行记录，强调账户间的对应关系，为建立完整的账户体系、分析经济业务提供依据。所以，复式记账法的产生是会计发展史上的一个重要里程碑，也标志着科学的记账方法的形成。复式记账法之所以成为科学的记账方法而被广泛使用，是因为它是建立在资金运动理论和会计基本等式的基础上的。

按采用的记账符号不同，在我国会计实践中曾使用过的复式记账法有借贷记账法、增减记账法、收付记账法。1993年开始实行的《企业会计准则》结束了多种复式记账方法混用的局面，要求统一采用借贷记账法。因此，本教材只介绍借贷记账法。

（二）借贷记账法的起源

借贷记账法大约产生于13、14世纪的意大利。当时，意大利的商品经济比较发达，一些沿海城市的海上贸易已很繁荣。这些都促进了当时银行业（高利贷）的发展。最初，意大利佛罗伦萨的"借贷资本家"从贷主处借入款项，并记入贷主名下；将款项贷出时，记入借主名下。贷主名下所记内容表示的是"借贷资本家"的债务，借主名下所记内容表示的是"借贷资本家"的债权。这时"借"和"贷"分别表示"放贷业务"（债权）和"存款业务"（债务），并不是记账符号。在以后的几百年里，借贷记账法又经过热那亚阶段和威尼斯阶段，"借"和"贷"逐步脱离其原意，演化为单纯的记账符号，记录的也不再是货币资金的借贷业务，而是逐渐扩展到财产物资、经营损益和经营资本的增减变化，并广泛地应用于许多行业。1494年，意大利数学家卢卡·帕乔利出版了《算术、几何、比及比例概要》，其中有关章节系统地介绍了借贷记账法，这标志着科学的复式记账法的形成。以后，借贷记账法传入欧洲大陆，形成大陆式会计；传入英国和美国，形成英美式会计。日本自"明治维新"后，向英国学习借贷记账法；20世纪初期，借贷记账法由日本传入我国。

二、借贷记账法的基本特点

借贷记账法是以"借"和"贷"作为记账符号，以"有借必有贷，借贷必相等"为记账规则的一种复式记账法。

（一）记账符号

借贷记账法是以"借"和"贷"作为记账符号来记录经济业务增减变化的。但是，"借"和"贷"本身并不表示"增加"和"减少"，只是表明记账方向。前面我们说过，账户的基本结构可以分为左右两方，一般将左方规定为"借方"，右方规定为"贷方"。对一个账户来说，如果规定左方"借方"记录增加额，则右方"贷方"只能记录减少额；如果规定左方"借方"记录减少额，则右方"贷方"只能记录增加额，左右两方只能记录方向相反的内容。账户究竟用"借方"表示增加，还是用"贷方"表示增加，主要看账户的性质。不同性质的账户，记录的方法和内容是不同的。

1.资产类账户

资产类账户的结构特点是：账户的借方登记资产的增加额，贷方登记资产的减少额。在一定会计期间，借方记录的合计数称"本期增加发生额"，贷方记录的合计数称"本期减少发生额"，借贷方发生额相抵差额为余额。资产类账户期末余额一般在借方，本期期末余额转至下期就成为下期期初余额。用公式可以表示如下：

资产类账户期末借方余额=期初借方余额+本期借方发生额-本期贷方发生额

可用T形账户表示如下：

借方 **资产类账户** 贷方

借方		贷方	
期初余额	×××		
本期增加额	×××	本期减少额	×××
⋮		⋮	
本期发生额合计	×××	本期发生额合计	×××
期末余额	×××		

2. 负债类和所有者权益类账户

负债类和所有者权益类账户的结构特点相同：账户的借方登记负债和所有者权益的减少额，贷方登记负债和所有者权益的增加额。在一定会计期间，借方记录的合计数称“本期减少发生额”，贷方记录的合计数称“本期增加发生额”，借贷方发生额相抵差额为余额。负债类和所有者权益类账户的期末余额一般在贷方，本期期末余额转至下期就成为下期期初余额。用公式表示如下：

负债类和所有者权益类账户期末贷方余额=期初贷方余额+本期贷方发生额-本期借方发生额

可用T形账户表示如下：

借方 **负债类和所有者权益类账户** 贷方

借方		贷方	
		期初余额	×××
本期减少额	×××	本期增加额	×××
⋮		⋮	
本期发生额合计	×××	本期发生额合计	×××
		期末余额	×××

3. 费用类账户

费用类账户用来反映企业在生产经营过程中所发生的各项费用。账户的借方登记费用的增加额，贷方登记转出额（减少额），期末转账后一般无余额。可用T形账户表示如下：

借方 **费用类账户** 贷方

借方		贷方	
本期增加额	×××	本期转出额	×××
⋮		⋮	
本期发生额合计	×××	本期发生额合计	×××
期末余额	0		

4.收入类账户

收入的取得意味着所有者权益的增加，所以收入类账户结构与所有者权益类账户相同：账户的贷方登记收入的增加额，借方登记转出额（减少额），期末转账后无余额。可用T形账户表示如下：

借方　　**收入类账户**　　贷方

借方		贷方	
本期增加额	×××	本期转出额	×××
⋮		⋮	
本期发生额合计	×××	本期发生额合计	×××
		期末余额	0

（二）记账规律

帕乔利倡导的借贷记账法是以会计基本等式——“资产=负债+所有者权益”为基础的。它指定资产类账户的增加应记入借方，相应地，资产类账户的减少应记入贷方。负债类与所有者权益类账户的记账方向与资产类账户相反，负债类与所有者权益类账户的增加记入贷方，它们的减少记入借方。若用T形账户来表示，借贷记账法的记账规则是：

资产		=	负债		+	所有者权益	
借	贷		借	贷		借	贷
+	−		−	+		−	+

这一记账规则可以概括为简单的一句话：“有借必有贷，借贷必相等。”这一规则主要有两方面含义：第一，对于发生的每一笔经济业务，借贷记账法都要求一方面在某个账户的借方进行记录，同时在另一个账户的贷方进行记录，即“有借必有贷”；第二，对于发生的每一笔经济业务，借贷记账法都要求账户的借方金额等于账户的贷方金额，即“借贷必相等”。要注意的是，一笔经济业务所涉及的账户可能不止一个借方和一个贷方，有时是多个借方，有时是多个贷方，但是全部账户的借方金额合计一定要等于全部账户的贷方金额合计。

（三）试算平衡

“有借必有贷，借贷必相等”的记账规则，使得下面这条规律毫无例外地绝对成立：每一笔交易的借方金额（或者当有多个借方金额时，所有借方金额的总和）一定等于它的贷方金额（或者所有贷方金额的总和）。用公式表示为：

全部账户的本期借方发生额合计=全部账户的本期贷方发生额合计

因此，对一笔交易来说，借贷不相等的记录是不正确的。对所有账户来说，借方余额之和一定等于贷方余额之和，否则就表明登记账户时发生了错误。所以，会计上的借贷处理为检查交易事项登记是否准确提供了一种有用的方法。

试算平衡就是依据会计等式“资产=负债+所有者权益”的平衡关系，根据借贷记账法的记账规律，对本期各账户的记录结果进行汇总计算，以检验账户记录是否正确和完整的一种方法。

请思考：是否所有的账户记录错误都能通过试算平衡检查出来？

根据“资产=负债+所有者权益”的原理，所有账户的借方余额合计与所有账户的贷方余额合计也存在相等关系。按时间的不同，又分为期初余额平衡和期末余额平衡。用公式可表示为：

全部账户借方期初余额合计=全部账户贷方期初余额合计

全部账户借方期末余额合计=全部账户贷方期末余额合计

在实际工作中，很多单位通过编制试算平衡表来检验本期发生额和期初余额、期末余额记录是否正确。试算平衡表格式见表5-4。

表5-4 **试算平衡表**

年 月 单位：元

账户名称	期初余额		本期发生额		期末余额	
	借方	贷方	借方	贷方	借方	贷方
合计						

编制试算平衡表是检验账簿记录是否正确的一种有效手段，也是期末结账的前期准备工作之一。如果试算不平衡，就可以肯定账户的记录有问题。可是，如果试算平衡，也不能确保账簿记录没有问题，因为在某些情况下，虽然借贷相等，但是仍有错误存在。例如：①漏记某项经济业务；②重记某项经济业务；③某项经济业务记录方向正确，但账户用错；④某项经济业务账户使用正确，但方向颠倒；⑤借方或贷方发生额中，偶然发生多记与少记互相抵消的情况等。

三、账户对应关系和会计分录

在实际工作中，企业并不是在每笔交易（或事项）发生后编制新的财务报表，而是在会计记录中累积每笔单独交易的影响，每隔一定时期，再根据这些分类记录的数据进行加工，汇总编制财务报表。

运用借贷记账法对企业营利性活动引起会计要素发生增减变化进行初始信息加工，使得每笔交易或事项引起的几个账户之间产生某种相互依存关系，这种依存关系称为账户对应关系，它能反映交易或事项引起资金变化的来龙去脉，存在对应关系的账户称为对应账户。

所谓的会计分录，就是会计师对每笔交易（或事项）引起会计要素变化的方向、金额进行初始信息加工的一种记录形式。根据每笔交易（或事项）引起会计要素增减变化的数量，会计分录一般包括简单分录和复合分录。每笔交易（或事项）只引起两个账户发生变化所编制的分录，称为“简单分录”（一借一贷）；每笔交易（或事项）引起两个以上账户发生变化所编制的分录，称为“复合分录”（一借多贷、多借一贷或多借多贷）。

如在第二章的导入案例中，会计师并非在每笔交易发生时都会编制一张新的财务报表，而是在每笔交易发生后，根据特定会计处理程序和方法进行一系列的信息加工处理，定期编制财务报表。

教学中，会计分录组成内容及书写要求如下：

会计分录组成内容（三要素）：记账方向、账户名称、应记金额。

会计分录的书写要求：借在上，贷在下，借、贷错开一字格；金额分排两列，金额默认单位为“元”，但“元”字不写，总分类账户与所属明细分类账户间用“——”隔开。

借：库存现金　　1 000

　贷：银行存款——工商银行　　1 000

实务中，会计分录填写在记账凭证上，具体填写方法将在第九章讲述。

四、举例

（一）借贷记账法

【例 5-1】新希望公司在中国银行开立的基本账户中收到范鑫转入200 000元投资款。

这笔交易使企业资产——“银行存款”增加了200 000元，而企业所有者权益——“实收资本”同时增加了200 000元，因为资产增加应记入“借方”，所有者权益增加应记入“贷方”，所以，该笔业务发生后，会计师会根据证明这笔业务已发生的凭据（银行收账通知）做如下处理：

借：银行存款——中国银行　　200 000

　贷：实收资本——范鑫　　200 000

【例 5-2】新希望公司从中国银行转出75 000元购入一辆旧卡车。

这笔交易使企业资产——“固定资产”增加了75 000元，而企业另一项资产——“银行存款”同时减少了75 000元，因为资产增加应记入“借方”，资产减少应记入“贷方”，所以，该笔业务发生后，会计师会根据证明这笔业务已发生的凭据（发票）做如下处理：

借：固定资产——卡车　　75 000

　贷：银行存款——中国银行　　75 000

【例 5-3】新希望公司向工商银行借入短期借款 5 000元。

这笔交易使企业资产——“银行存款”和负债——“短期借款”同时增加了5 000元，因为资产增加应记入“借方”，负债增加应记入“贷方”，所以，该笔业务发生后，会计师会根据证明这笔业务已发生的凭据（借款合同和款项存入账户单据）做如下处理：

借：银行存款——工商银行　　5 000

　贷：短期借款——工商银行　　5 000

【例 5-4】新希望公司出纳填制现金支票从企业在中国银行开立的基本账户中提取现金1 000元。

这笔交易使企业资产——“库存现金”增加了1 000元，而企业另一项资产——“银行存款”同时减少了1 000元，因为资产增加应记入“借方”，资产减少应记入“贷方”，所以，该笔业务发生后，会计师会根据证明这笔业务已发生的凭据（现金支票存根）做如下处理：

借：库存现金 1 000

　贷：银行存款——中国银行 1 000

【例5-5】新希望公司出纳填制转账支票，从工商银行转出8 000元用于偿还供应商双赢资源回收公司货款。

这笔交易使企业资产——“银行存款”减少了8 000元，而企业负债——“应付账款”同时减少了8 000元，因为资产减少应记入“贷方”，负债减少应记入“借方”，所以，该笔业务发生后，会计师会根据证明这笔业务已发生的凭据（转账支票存根）做如下处理：

借：应付账款——双赢资源回收公司 8 000

　贷：银行存款——工商银行 8 000

（二）平行登记

下面以和谐公司的“应收账款”账户及其所属明细分类账户介绍平行登记的方法。

【例5-6】资料一：2016年12月1日和谐公司“应收账款”及其所属明细分类账户“东方公司”和“大都公司”期初余额见表5-5。

表5-5 **“应收账款”及其所属明细分类账户期初余额**

总账账户	所属明细账户	期初金额
应收账款	东方公司	11 000
	大都公司	17 200
	合计	28 200

资料二：和谐公司2016年12月发生了以下与应收账款相关的业务：

（1）12月18日，销售给大都公司55型手机65部，单价1 000元/部；66型手机12部，单价3 100元/部。销售给东方公司66型手机53部，单价3 000元/部。货款均未收到（不考虑税费）。

根据销售发票，编制下列分录：

借：应收账款——大都公司 102 200

　　　　　——东方公司 159 000

　贷：主营业务收入——55型 65 000

　　　　　　　　——66型 196 200

（2）12月28日，公司收到大都公司转来货款100 000元，收到东方公司转来货款150 000元。

根据银行收账通知，编制下列分录：

借：银行存款　　250 000

　　贷：应收账款——大都公司　　100 000

　　　　　　　　——东方公司　　150 000

和谐公司会计师在12月1日将“应收账款”及其所属明细分类账户期初余额登入开设的账户，然后，将本月发生的相关业务所编制的会计分录引起的“应收账款”增减发生额登入“应收账款”总分类账户及其所属明细分类账户相同方向，最后，月末分别结算出“应收账款”总分类账户及其所属明细分类账户期末余额，并核对相符。具体处理过程为：

借方　　**应收账款**　　贷方

期初余额	28 200		
（1）12月18日	261 200	（2）12月28日	250 000
期末余额	39 400		

借方　　**应收账款——大都公司**　　贷方

期初余额	17 200		
（1）12月18日	102 200	（2）12月28日	100 000
期末余额	19 400		

借方　　**应收账款——东方公司**　　贷方

期初余额	11 000		
（1）12月18日	159 000	（2）12月28日	150 000
期末余额	20 000		

12月31日，结账后“应收账款”总分类账户余额等于所属明细分类账户余额合计，即39 400 = 19 400 + 20 000。

教学中，对账户发生的增减变化过程进行记录和信息整理采用T形账户，而实务中，根据账户类型不同和信息登记的需要会采用不同形式的账页格式，具体填写方法将在第九章讲述。

第三节 账户、复式记账与财务报表之间的关系

账户是会计师为了能够采用标准化的方式系统记录企业营利性活动过程中发生的大量经济业务（或称交易或事项）而使用的一种专门工具；财务报表是会计师为了满足信息使用者决策需求和重要性的要求而对账户信息进行进一步加工、整理的报告文件。财务报表（主要项目）、账户与复式记账之间的关系详见表5-6。

表5-6 财务报表(主要项目)、账户与复式记账之间的关系

<table>
<tr><th rowspan="2">报表项目</th><th rowspan="2">账 户</th><th colspan="2">借贷规则</th></tr>
<tr><th>增加发生额</th><th>减少发生额</th></tr>
<tr><td>资产负债表:</td><td></td><td></td><td></td></tr>
<tr><td>一、资产类项目</td><td></td><td></td><td></td></tr>
<tr><td rowspan="3">货币资金</td><td>库存现金</td><td rowspan="7">借</td><td rowspan="7">贷</td></tr>
<tr><td>银行存款</td></tr>
<tr><td>其他货币资金</td></tr>
<tr><td>以公允价值计量且其变动计入当期损益的金融资产</td><td>交易性金融资产</td></tr>
<tr><td>应收票据</td><td>应收票据</td></tr>
<tr><td rowspan="3">应收账款</td><td>应收账款</td></tr>
<tr><td>预收账款</td></tr>
<tr><td>坏账准备</td><td>贷</td><td>借</td></tr>
<tr><td rowspan="2">预付款项</td><td>预付账款</td><td>借</td><td>贷</td></tr>
<tr><td>应付账款</td><td>贷</td><td>借</td></tr>
<tr><td rowspan="7">存货</td><td>原材料</td><td rowspan="6">借</td><td rowspan="6">贷</td></tr>
<tr><td>在途物资</td></tr>
<tr><td>周转材料</td></tr>
<tr><td>生产成本</td></tr>
<tr><td>制造费用</td></tr>
<tr><td>库存商品</td></tr>
<tr><td>存货跌价准备</td><td>贷</td><td>借</td></tr>
<tr><td>可供出售金融资产</td><td>可供出售金融资产</td><td rowspan="2">借</td><td rowspan="2">贷</td></tr>
<tr><td rowspan="2">持有至到期投资</td><td>持有至到期投资</td></tr>
<tr><td>持有至到期投资减值准备</td><td>贷</td><td>借</td></tr>
<tr><td rowspan="2">长期股权投资</td><td>长期股权投资</td><td>借</td><td>贷</td></tr>
<tr><td>长期股权投资减值准备</td><td>贷</td><td>借</td></tr>
<tr><td rowspan="3">固定资产</td><td>固定资产</td><td>借</td><td>贷</td></tr>
<tr><td>累计折旧</td><td rowspan="2">贷</td><td rowspan="2">借</td></tr>
<tr><td>固定资产减值准备</td></tr>
<tr><td rowspan="3">无形资产</td><td>无形资产</td><td>借</td><td>贷</td></tr>
<tr><td>累计摊销</td><td rowspan="2">贷</td><td rowspan="2">借</td></tr>
<tr><td>无形资产减值准备</td></tr>
</table>

续表

报表项目	账户	借贷规则	
		增加发生额	减少发生额
二、负债类项目			
短期借款	短期借款		
应付票据	应付票据	贷	借
应付账款	应付账款		
	预付账款	借	贷
预收款项	预收账款	贷	借
	应收账款	借	贷
应付职工薪酬	应付职工薪酬		
应交税费	应交税费		
其他应付款	其他应付款		
长期借款	长期借款		
应付债券	应付债券		
长期应付款	长期应付款		
三、所有者权益类项目			
股本	实收资本（股本）		
资本公积	资本公积		
其他综合收益	其他综合收益	贷	借
盈余公积	盈余公积		
未分配利润	利润分配		
利润表：			
一、收入类项目			
营业收入	主营业务收入		
	其他业务收入		
投资收益	投资收益	贷	借
营业外收入	营业外收入		
二、费用类项目			
营业成本	主营业务成本		
	其他业务成本		
税金及附加	税金及附加		
销售费用	销售费用		
管理费用	管理费用	借	贷
财务费用	财务费用		
所得税费用	所得税费用		
营业外支出	营业外支出		

为了解开帕乔利的密码，下面我们以第二章和第三章的导入案例“校园宿舍寻找者”为例，详细给大家介绍一下账户、复式记账与财务报表之间的关系。

一、交易分析

要记录每笔交易，必须先对之进行分析，看看它是如何引起资金双向变化的。这种分析可以决定该笔交易应记入哪个账户的借方、哪个账户的贷方。会计交易分析的结果必须满足两个基本原则：（1）资产=负债+所有者权益；（2）借方金额=贷方金额。初学者往往会发现，有一半的会计分录（特别是现金的变动）相对明显，而另一半的分录（特别是留存收益）却不明显。我们建议先记录那些显而易见的账目（看是借项还是贷项），然后再分析那些不怎么明显的账目。

如“校园宿舍寻找者”的会计师在7月发生业务时会编制如下分录：

■ 链接第三章导入案例

（1）7月1日，史密斯在大学附近租赁一间办公室，租金每月400元，房租按月支付。

借：主营业务成本　　400

　贷：库存现金　　400

（2）7月1日，史密斯赊购一套价值350元的办公用具和一台价值2 000元的电脑。办公用具预计使用2年，电脑预计使用5年。

借：固定资产——办公用具　　350

　　　　　——电脑　　2 000

　贷：应付账款——××公司　　2 350

（3）7月5日，史密斯迎来第一批顾客，为顾客寻找公寓，收取现金1 900元。

借：库存现金　　1 900

　贷：主营业务收入　　1 900

（4）7月25日，史密斯支付办公室使用的水电费100元。

借：管理费用　　100

　贷：库存现金　　100

（5）7月28日，史密斯迎来第二批顾客，收取服务费用2 280元，款项尚未收到。

借：应收账款——×××　　2 280

　贷：主营业务收入　　2 280

（6）7月31日，史密斯提款2 000元为自己发放月工资。

借：主营业务成本　　2 000

　贷：库存现金　　2 000

（7）7月31日，按税法规定，“校园宿舍寻找者”应依法缴纳流转税费209元。

借：税金及附加　　209

贷：应交税费 209

二、调整分录

会计师在进行交易或事项处理时，大部分情况下是依据经济业务发生时取得的原始凭证进行的，但有一些事项也会对信息产生影响，却没有显而易见的凭证证明它们存在。这些事项的影响需要在会计期末通过调整会计分录的方法予以记录。调整分录的目的是调整账户的余额，使它们能公允反映会计期末的财务状况。

调整分录的类型一般有两大类：一是基于会计基础的调整；二是基于信息质量要求的调整。

1.基于会计基础的调整

基于会计基础的期末调整事项，主要是针对权责发生制基础下需要调整的非现金账项，即调整那些收支期与归属期不一致的收入和费用，主要包括应计项目、递延项目和成本分配项目三种类型。

（1）应计项目的调整，是由于收入或费用的归属期先于其款项收支期所引起的，包括应计收入和应计费用两种。

（2）递延项目的调整，是由于收入或费用的收付先于其归属期所引起的，包括递延收入和递延费用。

（3）成本分配项目的调整，是指会计期末将与取得当期收入有关的资产耗费，按系统、合理方法摊配为当期费用。典型的成本分配项目主要有固定资产折旧、无形资产摊销等。

如“校园宿舍寻找者”的会计师除对有交易记录的业务进行处理之外，在7月底还需做以下调整分录：

■ **链接第三章导入案例**

7月31日，对购入的电脑和办公用具等固定资产计提折旧。

（8）借：管理费用 48

贷：累计折旧 48

2.基于信息质量要求的调整

正如前述，会计师编制财务报告的目的就是向财务报告使用者提供决策有用信息。由于会计师在对取得资产进行初始计量时通常以最初取得时支付的价格——历史成本入账，而决策者更加关心的是资产的实际价值而非历史成本。会计师为了满足决策者对决策信息的相关性要求，资产负债表日，在不影响信息可靠性的基础上，通常会对历史成本进行修正处理（再计量）。

按照我国现行企业会计准则的规定，资产负债表日对基于历史成本原则产生的会计信息进行修正处理主要包括两种情况：一是根据公允价值对资产价值进行再计量；二是根据资产减值情况对资产价值进行再计量。

知识拓展5-3　资产再计量的主要项目

资产再计量的主要项目见表5-7。

表5-7　资产再计量的主要项目

项　目	修正前 ①	修正的金额 ②	列报金额 ③
以公允价值计量且其变动计入当期损益的金融资产	初始计量的金额	公允价值变动损益*	③=①±②
应收账款	初始计量的金额	坏账准备	③=①-②
存货	初始计量的金额	存货跌价准备	③=①-②
可供出售金融资产	初始计量的金额	公允价值变动损益**	③=①±②
持有至到期投资	初始计量的金额	持有至到期投资减值准备	③=①-②
长期股权投资	初始计量的金额	长期股权投资减值准备	③=①-②
固定资产	初始计量的金额	固定资产减值准备	③=①-②
无形资产	初始计量的金额	无形资产减值准备	③=①-②
商誉	初始计量的金额	商誉减值准备	③=①-②

注:*公允价值变动损益直接计入当期损益;

**公允价值变动损益直接计入所有者权益(其他综合收益)。

三、分类整理

会计师在对经济业务进行初始计量和再计量时所编制的会计分录，往往只记录了一笔交易或事项对资金变化的影响。实际工作中，并不是在每笔交易（或事项）发生后就需要（也没有必要）编制新的财务报表，而是先在分类设置的账户中逐笔记录交易的影响数，再定期根据一笔一笔累积影响数据进行加工、汇总编制财务报表。

如“校园宿舍寻找者”的会计师在根据7月发生的每笔业务编制会计分录后，还需进一步登记账户，分类反映经营活动引起会计要素发生变化的过程和结果。下面以T形账户的形式对“校园宿舍寻找者”的逐笔交易记录进行分类整理。

■ 链接第三章导入案例

借方　库存现金　贷方

借方		贷方	
期初余额	35 000		
(3)	1 900	(1)	400
		(4)	100
		(6)	2 000
本期发生额合计	1 900	本期发生额合计	2 500
期末余额	34 400		

借方 主营业务成本 贷方

(1)	400		
(6)	2 000		
本期发生额合计	2400	本期发生额合计	0
期末余额	2 400*		

借方 管理费用 贷方

(4)	100		
(8)	48		
本期发生额合计	148	本期发生额合计	0
期末余额	148*		

借方 固定资产 贷方

(2)	2 350		
本期发生额合计	2 350	本期发生额合计	0
期末余额	2 350		

借方 应付账款 贷方

		(2)	2 350
本期发生额合计	0	本期发生额合计	2 350
		期末余额	2 350

借方 主营业务收入 贷方

		(3)	1 900
		(5)	2 280
本期发生额合计	0	本期发生额合计	4 180
		期末余额	4 180*

借方 应收账款 贷方

(5)	2 280		
本期发生额合计	2 280	本期发生额合计	0
期末余额	2 280		

借方 税金及附加 贷方

(7)	209		
本期发生额合计	209	本期发生额合计	0
期末余额	209*		

借方 应交税费 贷方

		(7)	209
本期发生额合计	0	本期发生额合计	209
		期末余额	209

注:*损益类账户一般结转后无余额,相关内容将在以后章节学习。

四、试算平衡

为了检查账户在一笔一笔交易记录过程中是否出现了差错，保证调整分录过账后会计记录的正确性，也为编制当期财务报表奠定基础，会计师在编制财务报表之前，往往会对账户记录进行试算平衡。

如“校园宿舍寻找者”的会计师在7月末编制报表前，需要对账户记录进行试算平衡。

■ 链接第三章导入案例

总分类账户试算平衡表见表5-8。

表5-8　总分类账户试算平衡表*

2016年7月　单位：元

账户名称	期初余额		本期发生额		期末余额	
	借方	贷方	借方	贷方	借方	贷方
库存现金	35 000		1 900	2 500	34 400	
应收账款			2 280		2 280	
固定资产			2 350		2 350	
累计折旧				48		48
应付账款				2 350		2 350
应交税费				209		209
实收资本		35 000				35 000
主营业务收入				4 180		4 180
主营业务成本			2 400		2 400	
税金及附加			209		209	
管理费用			148		148	
合计	35 000	35 000	9 287	9 287	41 787	41 787

注:*在实际工作中,会计师一般在交易记录完成后编制当期发生额试算平衡表;在确定交易记录正确的基础上,编制期末调整分录并结算账户余额,再进行余额试算平衡;在确定所有账户记录正确的基础上,根据账户余额编制财务报表。

五、编制财务报表

“校园宿舍寻找者”的会计师在7月末试算平衡后，根据账户余额和发生额分别编制资产负债表、利润表。详见本书第二章和第三章。

以上五个环节概括起来就是财务信息的生成过程，我们将在最后一章具体介绍。

本章小结

实际工作中，会计师并非在发生每笔交易或事项（会计主体由于经营活动引起资金变化）后都编制新的财务报表，而是对经济业务引起的会计要素的变化，运用设置账户、复式记账等专门方法，遵循公认的会计准则先进行会计确认、计量，再按照特定程序对资金变化过程及结果进行记录，并适时以财务报表的形式提供财务信息。

所谓账户，就是会计主体为了序时、连续、系统地记录由经济活动引起的会计要素发生增减变动过程而根据会计科目设置的，并适时提供各种财务信息的工具。设置账户是一种会计核算方法。所谓会计科目，就是在将会计对象划分为会计要素的基础上，对会计要素的具体内容做进一步分类的项目名称。

会计科目是账户的名称，同时也是各单位设置账户的一个重要依据。从理论上来讲，会计科目和账户在会计学中是两个不同的概念，它们之间既有联系又有区别。

借贷记账法是以“借”和“贷”作为记账符号，以“有借必有贷，借贷必相等”为记账规则的一种复式记账法。

会计分录是会计师对每笔交易（或事项）引起会计要素变化的方向、金额进行初始信息加工的一种记录形式。根据每笔交易（或事项）引起会计要素增减变动的数量，会计分录一般包括简单分录和复合分录。

一些事项会对信息产生影响却没有显而易见的资料证明它们存在，需要在会计期末通过编制调整会计分录的方法予以记录。调整分录一般有两大类：一是基于会计基础的调整；二是基于信息质量要求的调整。

试算平衡是会计师用以检查账簿记录是否正确的方法。

思考与练习

■ 思考题

1.什么是账户？账户与会计科目有什么区别与联系？

2.财务报表与账户、复式记账之间有何关系？

3.什么是借贷记账法？借贷记账法下账户的基本结构是怎样的？

4.借贷记账法的记账规则是什么？借贷记账法下如何进行试算平衡？

5.什么是会计分录？

■ 练习题

一、单项选择题

1.账户结构通常分为（　　）。

A.左右两方　　B.上下两部分

C.发生额、余额两部分　　D.前后两部分

2.会计科目是（　　）。

A.会计要素的名称　　B.会计报表的项目名称

C.账簿的名称　　D.会计账户的名称

3.按经济内容分类，“资本公积”账户属于（　　）账户。

A.资本类　　B.资产类

C.所有者权益类　　D.负债类

4.复式记账法要求对每项经济业务都以相等的金额在（　　）进行登记。

A.一个账户　　B.两个账户

C.全部账户　　D.两个或两个以上账户

5.通过复式记账可以了解每一项经济业务的（　　）。

A.合理性　　B.合法性

C.来龙去脉　　D.经济业务类型

6.在借贷记账法下，账户的借方登记（　　）。

A.资产的增加　　B.资产的减少

C.负债的增加　　D.收入的增加

7.某一账户期初余额在借方，期末余额在贷方，表明（　　）。

A.该账户的性质未变

B.该账户已从期初的资产变为期末的负债

C.该账户已从期初的负债变为期末的资产

D.该账户既不属于资产类，也不属于负债类

8.资产类账户的期末余额应在（　　）。

A.账户的借方　　B.账户的贷方

C.有时在借方，有时在贷方　　D.以上答案都对

9.对于收入类账户，下列说法中正确的是（　　）。

A.借方登记收入的减少数　　B.借方登记收入的增加数

C.如有余额在借方，属于资产　　D.如有余额在贷方，属于负债

10.标明某项经济业务应借、应贷账户名称及其金额的记录形式称为（　　）。

A.记账凭证　　B.记账方法

C.会计分录　　D.会计方法

11.下列账户中，（　　）属于虚账户。

A.应付账款　　B.固定资产

C.管理费用　　D.短期借款

12.在借贷记账法下，发生额试算平衡法试算平衡的依据是（　　）。

A.会计等式　　B.借贷记账规则

C.业务变化类型　　D.借贷账户结构

二、多项选择题

1.账户的基本结构，一般应包括（　　）。

A.账户名称　　B.日期和摘要

C.凭证种类和号数　　D.增加、减少的金额及余额

2.下列符合我国会计准则统一规定会计科目名称的是（　　）。

A.库存现金　　B.固定资产

C.存货　　D.专利权

3.按用途和结构分类，下列账户中属于盘存账户的有（　　）。

A.原材料　　B.库存商品

C.实收资本　　D.生产成本

4.按经济内容分类，下列账户属于损益类账户的是（　　）。

A.主营业务收入　　B.投资收益

C.本年利润　　D.其他业务收入

5.会计账户按提供财务信息详细程度可分为（　　）。

A.总分类账户　　B.明细分类账户

C.资产类账户　　D.调整类账户

6.按用途和结构分类的账户有（　　）。

A.结算类账户　　B.成本计算类账户

C.跨期摊配类账户　　D.调整类账户

7.下列账户中，属于调整账户的有（　　）。

A.固定资产　　B.累计折旧

C.利润分配　　D.坏账准备

8.下列属于债权结算账户的有（　　）。

A.应收账款　　B.应付账款

C.预付账款　　D.其他应收款

9.在借贷记账法下，账户的借方登记（　　）。

A.资产的增加　　B.费用的增加

C.收入的增加　　D.所有者权益的增加

10.在借贷记账法下，期末结账后一般有余额的账户有（　　）。

A.资产类账户　　B.负债类账户

C.所有者权益类账户　　D.收入类账户

11.编制会计分录时，必须考虑（　　）。

A.经济业务发生涉及的会计要素是增加还是减少

B.在账簿中登记借方还是贷方

C.登记在哪些账户的借方或贷方

D.账户的余额是在贷方还是在借方

12.复合会计分录有（　　）。

A.一借多贷　　B.一贷多借

C.多借多贷　　D.一借一贷

13.下列有关借贷记账法试算平衡公式中正确的有（　　）。

A.资产类账户借方发生额合计=负债类账户贷方发生额合计

B.全部账户本期借方发生额合计=全部账户本期贷方发生额合计

C.全部账户借方期末余额合计=全部账户贷方期末余额合计

D.资产类账户借方发生额合计=资产类账户贷方发生额合计

14.下列错误中，不能通过试算平衡发现的有（　　）。

A.某项经济业务未登记入账

B.只登记借方金额，未登记贷方金额

C.应借应贷账户中借贷方向相反

D.借贷双方同时多记或少记了相等的金额

15.借贷记账法的基本内容包括（　　）。

A.记账符号　　B.记账规则

C.账户结构　　D.试算平衡

16.会计分录必须具备的要素包括（　　）。

A.记账方向　　B.记账时间

C.账户名称　　D.记账金额

17.复式记账法的优点有（　　）。

A.设置完整的账户体系，全面反映经济业务内容

B.账户对应关系清楚，能清晰地反映经济业务的来龙去脉

C.便于进行试算平衡，以检查账户记录是否正确

D.比单式记账法简单而完整

18.下列账户内部关系中，正确的有（　　）。

A.资产类账户期末借方余额=借方期初余额+本期借方发生额-本期贷方发生额

B.资产类账户期末借方余额=借方期初余额+本期贷方发生额-本期借方发生额

C.负债类和所有者权益类账户期末贷方余额=贷方期初余额+本期贷方发生额-本期借方发生额

D.负债类和所有者权益类账户期末贷方余额=贷方期初余额+本期借方发生额-本期贷方发生额

三、业务题

（一）根据要求完成表格

1.（1）资料：甲公司在2016年12月31日的资产、负债和所有者权益项目的余额见表5-9。

表5-9　**项目余额表**　单位：元

序号	项目	余额	序号	项目	余额
1	库存现金	3 500	7	机器设备	50 000
2	银行存款	69 700	8	实收资本	200 000
3	原材料	46 000	9	应付购货款	38 700
4	应收销货款	58 000	10	应付职工薪酬	65 000
5	厂房	200 000	11	向银行借入短期借款	90 000
6	预收销货款	6 000	12	应交税费	27 500

（2）要求：

①分析上述项目分别属于资产、负债或所有者权益的哪一类，并将各项内容的

具体账户名称和金额填入表5-10。

表5-10　　**账户分类**　　单位：元

序号	资产类账户名称	金额	负债类账户名称	金额	所有者权益类账户名称	金额
1						
2						
3						
4						
5						
6						
7						
8						
9						
10						
11						
12						

②将上述各项内容按照类别填入表5-11，并分别计算资产、负债和所有者权益的总额，检验其总额是否平衡。

表5-11　　**资产负债表**　　单位：元

资产	金额	负债和所有者权益	金额
		负债：	
		所有者权益：	
资产总计		负债和所有者权益总计	

2.（1）资料：乙公司2016年12月部分账户资料见表5-12。

表5-12 **账户资料表** 单位：元

序号	账户名称	期初余额	本期借方发生额	本期贷方发生额	期末余额	余额方向
1	应收账款		4 850	5 370	1 400	
2	实收资本	35 000		3 800	32 500	
3	应付职工薪酬	6 700	5 900		7 540	
4	原材料	8 950	7 350		6 440	
5	银行存款	16 800	2 670	8 470		
6	固定资产	28 400		12 000	31 500	
7	应付账款	13 400		9 790	9 990	
8	短期借款		50 000	45 000	38 000	

（2）要求：

①根据借贷记账法各类账户的结构原理，完成表5-12，在空格中填入适当金额。

②分别说明表5-12中各个账户期初、期末余额方向。

3.分析会计账户的名称及其所归属的会计要素。

（1）资料：丙公司2016年6月30日有关财务内容见表5-13。

表5-13 **有关财务内容** 单位：元

财务内容	资产类账户名称	金额	负债和所有者权益类账户名称	金额
由出纳人员保管的款项500元				
存放在银行里的款项140 000元				
向银行借入6个月的款项180 000元				
仓库中存放的材料80 000元				
仓库中存放的已完工产品60 000元				
正在加工中在产品75 000元				
向银行借入2年期限的借款720 000元				
房屋及建筑物2 400 000元				
所有者投入的资本2 360 000元				
机器设备750 000元				
应收外单位的货款125 000元				
应付给外单位的材料款120 000元				
以前年度积累的未分配利润20 000元				
欠交的税金60 000元				
采购员预借的差旅费4 500元				
本月实现的利润140 000元				
运输部门运货用的卡车80 000元				
专利权一项220 000元				
客户预付的购货款15 000元				
应付给投资者的利润200 000元				
以前年度提取的盈余公积120 000元				
合 计	—		—	

（2）要求：
①判断上述各财务事项所属的会计要素并将其账户名称和金额填入表5-13。
②计算该公司的资产总额、负债总额和所有者权益总额。
（二）练习借贷记账法
1.资料：丁公司2016年7月发生下列经济业务：
（1）以银行存款支付本月办公用房屋租金2 000元；
（2）向银行借入半年期限的借款100 000元，存入银行存款账户；
（3）收到国家投资200 000元存入银行存款账户；
（4）赊购设备一台370 000元；
（5）偿还上月所欠部分货款58 000元；
（6）从银行存款账户中提取现金20 000元，作为备用金；
（7）用银行存款购入材料一批66 700元，材料已入库；
（8）本月销售产品取得收入共计294 560元，销售款已存入银行；
（9）用银行存款支付本月水电费2 300元；
（10）支付短期银行借款利息2 600元；
（11）收到客户偿还上月所欠货款54 000元存入银行；
（12）以库存现金发放职工工资96 750元；
（13）计提本月行政办公用设备折旧费500元；
（14）签发支票支付本月电话费700元；
（15）以银行存款上缴所得税费用5 000元。
2.要求：根据上列资料编制会计分录。
（三）练习试算平衡
1.资料一：大华公司2016年5月各账户余额见表5-14。

表5-14 **账户余额表** 单位：元

资　产	金　额	负债和所有者权益	金　额
库存现金	500	负债：	
银行存款	150 000	短期借款	20 000
应收账款	20 000	应付账款	31 000
其他应收款	500	所有者权益：	
固定资产	800 000	实收资本	920 000
合　计	971 000		971 000

资料二：大华公司2016年6月发生业务如下：
（1）用银行存款归还短期借款20 000元。
（2）购入机器一台，价值5 000元，货款暂欠。
（3）某外商投入资金10 000元，存入银行。
（4）厂部管理人员预借差旅费400元，以现金支付。
（5）收到应收账款10 000元，存入银行。

2.要求：(1）根据资料一，开设“T”形账户，登记期初余额；

(2）根据资料二，编制会计分录，并登记账户；

(3）结算账户余额，并编制大华公司6月末总分类账试算平衡表。

案例分析

PC商店[1]

PC商店是一个经销个人计算机和手持型计算器的零售商店，专门经销各种产品系列的国内品牌。商店于9月初开业，业主是芭芭拉，她是一位青年靓女，以前在一个全国性的专门经营商用计算机的公司从事直销工作。

芭芭拉知道会计记录必须准确、完整，因此，她最初的决策之一就是雇用会计师查理帮助她建立簿记系统。查理整理了商店开业前的财务业务，并进行了会计处理（见表5-15)。芭芭拉将9月发生的交易和事项的原始资料（见表5-16）也交给了查理，便于他适时进行会计处理。

表5-15 查理根据PC商店9月前发生的业务所做的会计分录*

(1）借：库存现金 165 000	(5）借：管理费用——开办费（广告费）
贷：实收资本 100 000	1 320
长期借款 65 000	贷：库存现金 1 320
(2）借：预付账款——9月租金 1 485	(6）借：管理费用——开办费（工资费） 935
贷：库存现金 1 485	贷：库存现金 935
(3）借：库存商品 137 500	(7）借：管理费用——开办费（办公用具）
贷：应付账款 137 500	1 100
(4）借：固定资产——办公用具	贷：库存现金 1 100
15 500	(8）借：管理费用——开办费（管理费） 275
贷：库存现金 15 500	贷：库存现金 275

注：*实际工作中，会计分录是写在会计凭证中的（详见第九章“会计循环与会计核算组织形式”)。

表5-16 PC商店9月发生的业务

(1）本月现销收入38 000元；
(2）本月赊销收入14 850元；
(3）收回赊销货款3 614元；
(4）支付商品供应商的账款96 196元；
(5）从供应商处赊购新商品49 940元；
(6）芭芭拉确认的已售商品成本为38 140元；
(7）支付雇员薪金688元；
(8）结转9月应付职工工资费用688元；
(9）预付10月租金1 485元；
(10）支付一年的保险费（9月1日至次年8月31日）2 310元；
(11）花费1 760元购买广告标牌，本月支付660元现金，余款于12月支付

① 资料来源：安索尼，里斯，赫特斯坦.会计学［M]. 9版.骆珣，等，译.北京：北京大学出版社，2000：100.

案例分析与讨论：

1.对表5-15所列开业前事项进行解释，并根据查理所做的交易记录编制期初余额试算平衡表。

2.设置“T”形账户，并登入期初余额。

3.分析表5-16中PC商店9月所列的交易，编制会计分录，并登入“T”形账户。

4.编制期末调整分录，并登入“T”形账户（提示：开业前发生的“开办费”一次计入当期“管理费用”；办公用具从本月开始计提折旧，预计使用年限为10年，不考虑残值；摊销本月应承担的保险费用、广告费）。

5.结计各账户期末余额，并进行试算平衡。

6.编制9月份的利润表和9月30日的资产负债表（注意“净利润”与“未分配利润”的关系）。

第六章

企业经营活动对财务报表的影响

导入案例

2016年暑假，王红为了积累更多经济学方面的感性认识，也为了挣点零花钱，在社区服务社租了一个摊点并摆了一个冰柜卖冷饮，主要经营酸奶、雪碧、可乐、矿泉水和雪糕零售。

一个月经营下来，王红一共卖了40瓶酸奶，每瓶1.5元；20瓶雪碧，每瓶2.5元；30瓶可乐，每瓶2.5元；50瓶矿泉水，每瓶1元；100支雪糕，平均单价每支1.5元；总共收到现金308元，另外77元产品是王红的邻居和朋友赊账吃喝了，但他们都承诺会付款。

请问：

1. 王红经营的这个月销售收入一共是多少？什么时候在她的账簿里记录收入？
2. 销售收入与货币资金是何关系？赚取的净利润等于货币资金的增加额吗？
3. 如果是你来经营，你喜欢别人赊账吗？为什么？为什么存在赊账销售？
4. 如果王红销售的商品是每天批发来的，每批批发价相同，那么王红在确认销售收入的同时配比确认的销售成本是多少？每批批发价如果不同，那么销售成本是多少？
5. 除购进商品的支出外，王红为取得销售收入还会发生哪些支出？
6. 如果假设酸奶、雪碧、可乐、矿泉水和雪糕的平均毛利率分别为15%、20%、20%、10%和20%，你能估算出王红一个月的营业利润吗？

学习目标

在本章中，你将学到：

(1) 什么是收入，何时确认收入，如何确认收入。
(2) 不同类型的公司如何计算销售成本。
(3) 什么是存货，存货与销售成本是何关系。
(4) 会计师是如何确认与计量企业经营活动所发生的交易或事项的。
(5) 不同的存货的计价方法对资产负债表和利润表产生怎样的影响。
(6) 如何通过阅读财务报表中与收入、费用及相关的资产项目揭示企业经营质量。

正如我们在前面章节所述，随着企业日常经营活动的开展，企业的资金一定会发生双向变化：其一就是收入的取得，而伴随着收入的取得，一定会引起企业资产的增加或负债的减少；其二各项收入的取得过程，也是资源消耗即费用的发生过程，而伴随着费用的发生，一定会引起企业资产的减少或负债的增加。本章将重点讲述会计师是如何确认与计量资金这一双向变化的秘密。

第一节 收入与货币性资产

一、收入

（一）收入的定义

收入，是指企业在日常活动中形成的、会导致所有者权益增加的、与所有者投入资本无关的经济利益的总流入，包括销售商品收入、提供劳务收入和让渡资产使用权收入。

“日常活动”，是指企业为完成其经营目标所从事的经常性活动以及与之相关的活动。比如，制造业企业制造并销售产品、商品流通企业销售商品、保险公司签发保单、咨询公司提供咨询服务、软件企业为客户开发软件、安装公司提供安装服务、商业银行对外贷款、租赁公司出租资产等，均属于企业为完成其经营目标所从事的经常性活动，由此产生的经济利益的总流入构成收入。制造业企业转让无形资产使用权、出售不需用原材料等，属于与经常性活动相关的活动，由此产生的经济利益的总流入也构成收入。

请思考：企业销售闲置的固定资产所取得的收益是否属于企业的“收入”?

（二）收入的实现

依据公认会计准则，企业日常经营活动发生的经济利益流入，只有在满足准则规定的收入实现条件时，会计师才能确认收入。

例如，企业销售商品，必须同时满足以下五个条件，才能确认为收入：

（1）企业已将商品所有权上的主要风险和报酬转移给购货方。

（2）企业既没有保留通常与所有权相联系的继续管理权，也没有对已售出的商品实施有效控制。

（3）收入的金额能够可靠地计量。

（4）相关的经济利益很可能流入企业。

（5）相关的已发生或将发生的成本能够可靠地计量。

二、货币性资产

货币性资产，是指企业持有的货币资金和将以固定或可确定的金额收取的资产，即企业在销售商品、提供劳务等日常经营活动过程中获取的货币资金或取得的索取一定货款的权利。

资产负债表中货币性资产项目主要包括：货币资金、应收票据、应收账款等。一般来说，企业在确认收入的同时会伴随着货币资金、应收票据、应收账款等货币性资产的增加。

货币资金指在企业生产经营过程中处于货币形态的经营资金，在我国企业会计工作中，根据货币资金的存放地点以及使用上是否受约定限制，一般将其分为现金、银行存款、其他货币资金等。需要说明的是，本章所讲的现金是狭义的概念，即企业的库存现金；一般经济活动中所言现金是广义的概念，也就是货币资金，即包括了企业的库存现金、银行存款和其他货币资金。企业的资产负债表上一般只列示“货币资金”项目，总括反映企业货币资金的基本情况，不再按货币资金的各个组成项目单独列示。

应收票据是指企业持有的还没有到期、尚未兑现的商业汇票。商业汇票是一种由出票人签发的，委托付款人在指定日期无条件支付确定金额给收款人或持票人的票据。商业汇票的付款期限，最长不得超过6个月。符合条件的商业汇票的持票人，可以持未到期的商业汇票连同贴现凭证向银行申请贴现。商业汇票按承兑人不同，分为商业承兑汇票和银行承兑汇票。商业承兑汇票是指由付款人签发并承兑，或由收款人签发交由付款人承兑的汇票。银行承兑汇票是指由在承兑银行开立存款账户的存款人（这里也是出票人）签发，由承兑银行承兑的票据。

应收账款是指企业在日常经营活动中，由于销售商品或提供劳务等而应向购货或接受劳务单位收取的款项，主要包括企业出售商品、材料、提供劳务等应向有关债务人收取的价款及代购货方垫付的运杂费等。应收账款应于收入实现时确认。

第二节 营业成本与存货

一、营业成本

（一）营业成本的确认

利润表中的营业成本是指不同类型公司为取得营业收入所发生的直接经营耗费，它与营业收入同期配比确认。我国《企业会计准则第1号——存货》规定企业应当将已售存货的成本结转为当期损益，计入营业成本，即企业在确认存货销售收入的当期，应当将已经销售存货的成本结转为当期营业成本。

根据企业从事业务类型不同，常把企业分为商品流通企业、制造业企业和服务性企业等。

商品流通企业是从事批发、零售及分销等业务的经济实体。商品流通企业的存货主要是购入以备出售的库存商品。利润表中的营业成本就是已实现销售的商品购置成本，而未实现销售的商品购置成本则在资产负债表中的存货项目列示。

制造业企业是从事加工制造等经营活动或相关劳务活动的经济组织。制造业企业的存货主要包括储存以备耗用或出售的原材料、在产品和产成品。制造业企业与商品流通企业最大的区别是它有产品加工过程，要将购入的原材料和零部件转换成产品再出售。利润表中的营业成本就是已经实现销售的产品生产成本，而未实现销售的产品生产成本则在资产负债表中的存货项目列示。

服务性企业是以增值为目的提供服务产品的部门和企业集合。它提供的是无形服务而非有形产品，包括金融、建筑、运输、咨询等。服务业公司也有有形的存货，如餐馆的餐具、旅馆的床上用品、办公用品等。服务性企业的生产与销售是同步完成、不能分割的，其营业成本就是与取得当期营业收入直接相关的资源耗费。

相对于制造业企业，商品流通企业和服务性企业没有产品的加工、制造过程。

（二）营业成本的计量

商品流通企业和制造业企业的营业成本都是结转已实现销售的存货购置或生产成本，即：

$$营业成本 = \sum(已售存货数量 \times 单价或单位生产成本)$$

1.已售存货数量的确定

企业已售存货的数量需要通过盘存来确定，常用的存货数量盘存方法主要有实地盘存制和永续盘存制两种存货盘存制度。

（1）实地盘存制

实地盘存制也称定期盘存制，指会计期末通过对全部存货进行实地盘点，以确定期末存货的结存数量，然后分别乘以各项存货的盘存单价，计算出期末存货的总金额，记入各有关存货账户，倒轧本期已耗用或已销售存货的成本。采用这种方法，平时对有关存货账户只记借方、不记贷方，每一期末，通过实地盘点确定存货数量，据以计算期末存货成本，然后计算出当期耗用或销货成本，记入有关存货账户的贷方。这一方法用于制造业，称为“以存计耗”或“盘存计耗”；用于商品流通企业，称为“以存计销”或“盘存计销”。

（2）永续盘存制

永续盘存制也称账面盘存制，指对存货项目设置经常性的库存记录，即按照品名、规格设置存货明细账，逐笔或逐日地登记收入发出的存货，并随时登记结存数。

通过会计账簿资料，就可以完整地反映存货的收入、发出和结存情况。在没有发生丢失和被盗的情况下，存货账户的余额应当与实际库存相符。采用永续盘存制，并不排除对存货的实物盘点。为了核对存货账面记录，加强对存货的管理，每年至少应对存货进行一次全面盘点，具体盘点次数视企业内部控制要求而定。

（3）实地盘存制与永续盘存制的比较

实地盘存制和永续盘存制作为确定存货数量的两种方法，各有其优缺点和实用性。

实地盘存制的主要优点是简化存货的日常核算工作，但加大了期末的工作量。实地盘存制的主要缺点还有：一是不能随时反映存货收入、发出和结存的动态，不便于管理人员掌握情况；二是容易掩盖存货管理中存在的自然和人为的损失，由于“以存计销”和“以存计耗”倒挤成本，从而使非正常销售或耗用的存货损失、差错甚至偷盗等原因所引起的短缺，全部挤入耗用或销货成本之内，掩盖了仓库管理上存在的问题，削弱了对存货的控制；三是采用这种方法只能到期末盘点时结转耗用或销货成本，而不能随时结转成本，所以，实地盘存制的实用性较差，仅适用于那些自然消耗大、数量不稳定的鲜活商品等。

永续盘存制的优点是有利于加强对存货的管理。在各种存货明细记录中，可以随时反映每一存货收入、发出和结存的状态。通过账簿记录中的账面结存数，结合不定期的实地盘点，将实际盘存数与账存数相核对，可以查明溢余或短缺的原因；通过账簿记录还可以随时观察存货是否过多或不足，以便及时合理地组织货源，加速资金周转。永续盘存制的缺点是存货明细记录的工作量较大，对于存货品种、规格繁多的企业更是如此。

企业可根据存货类别和管理要求，对一些存货实行永续盘存制，而对另一些存货实行实地盘存制。但实务中，除商品流通企业经营果蔬等鲜活商品可以使用实地盘存制“以存计销”外，其他存货核算一般均采用永续盘存制度。

2.已售存货的单价或单位成本的确定

企业的存货是不断流动的，有流入也有流出，流入与流出相抵后的结余即为期末存货，本期期末存货结转到下期，即为下期的期初存货，下期继续流动，就形成了生产经营过程中的存货流转。

存货流转包括实物流转和成本流转两个方面。在理论上，存货的成本流转与实物流转应当一致，也就是说，购置存货时所确定的成本应当随着该项存货的销售或耗用而结转，商品的成本流转与实物流转是一致的，但在实际工作中，这种一致的情况非常少见。这是因为，企业的存货进出量很大，存货的品种繁多，存货的单位成本多变，难以保证各种存货的成本流转与实物流转相一致。由于同一种存货尽管单价不同，但均能满足销售或生产的需要，在存货被销售或耗用后，无须逐一辨别哪一批实物被发出，哪一批实物留作库存，成本的流转顺序和实物的流转顺序可以分离，只要按照不同的成本流转程序确定已发出存货的成本和库存存货的成本即可。这样，就出现了存货成本的流转假设。

采用某种存货成本流转的假设，在期末存货与发出存货之间分配成本，就产生了不同的确定发出存货成本的方法，即发出存货的计价方法。按照《企业会计准则第1号——存货》的规定，企业应当采用先进先出法、加权平均法（包括移动平均法和月末一次加权平均法）或者个别计价法确定发出存货的实际成本。对于性质和用途相似的存货，应当采用相同的成本计算方法确定发出存货的成本。对于不能替代使用的存货、为特定项目专门购入或制造的存货以及提供劳务的成本，通常采用个别计价法确定发出存货的成本。对于已售存货，应当将其成本结转为当期损益，相应的存货跌价准备也应当予以结转。

（1）先进先出法

先进先出法是以先购入的存货先发出这样一种存货实物流转假设为前提，对发出存货进行计价的一种方法。采用这种方法，先购入的存货成本在后购入的存货成本之前转出，据此确定发出存货和期末存货的成本。每次发出存货，按先入库存货实际单价为发出存货的实际单价：如果发出存货的数量在第一批入库数量以内，则以第一批入库存货的实际成本计算；如果发出存货的数量超过第一批入库的数量，其超出部分按第二批入库存货实际单价计算，依此类推。

（2）月末一次加权平均法

月末一次加权平均法是在计算存货的单价时，以期初存货数量和本期各批收入的数量作为权数的计价方法。平时收入时按数量、单价、金额登记，但每次不确定其结存单价，而是在期终时一次计算其本期的加权平均单价；本期耗用或出售的存货，平时只登记数量，不登记单价和金额，到期终时，再按此加权平均单价确定其金额。其计算公式如下：

$$加权平均单价=\frac{期初结存金额+本期收入金额}{期初结存数量+本期收入数量}$$

本期发出存货金额=本期发出存货数量×加权平均单价

期末结存金额=期末结存数量×加权平均单价

（3）移动加权平均法

移动加权平均法是在每次购入（或增加）存货以后，根据库存数量以及库存金额计算出新的平均单价，再将随后发出存货的数量按这一平均单价算出发出存货的金额，即每收入一次存货就计算一次平均单价。其计算公式如下：

$$移动加权平均单价=\frac{本次收入存货前结存金额+本期收入金额}{本次收入存货前结存数量+本期收入数量}$$

发出存货金额=本次发出存货数量×当前移动加权平均单价

期末结存金额=期末结存数量×当前移动加权平均单价

（4）个别计价法

个别计价法，又称个别认定法、具体辨认法、分批实际法。采用这一方法是假设存货的成本流转与实物流转相一致，按照各种存货，逐一辨认各批发出存货和期末存货所属的购进批别或生产批别，分别按其购入或生产时所确定的单位成本作为计算各批发出存货和期末存货成本的方法。采用这种方法，计算发出存货的成本和期末存货的成本比较合理、准确，但这种方法的前提是需要对发出和结存存货的批次进行具体认定，以辨别其所属的收入批次，所以实务操作的工作量繁重，困难较大。

个别计价法适用于容易识别、存货品种和数量不多、单位成本较高的存货计价，如房产、船舶、飞机、重型设备、珠宝、名画等贵重物品。

【例6-1】假设M公司2016年1月库存商品的流转见表6-1，那么M公司2016年1月利润表中营业成本是多少？资产负债表期末存货中包含的库存商品价值又是多少呢？

表6-1　M公司2016年1月库存商品的流转情况

经济业务	数量（吨）	单价（元/吨）	总价（元）
期初结存：1月1日	0	0	0
1月5日，入库	50	4 000	200 000
1月12日，入库	50	3 920	196 000
1月15日，出售	80	?	?
1月20日，入库	80	4 050	324 000
1月25日，入库	60	4 020	241 200
1月28日，出售	120	?	?

（1）先进先出法下：

1月15日出售80吨商品金额=50×4 000+30×3 920=317 600（元）

1月28日出售120吨商品金额=20×3 920+80×4 050+20×4 020=482 800（元）

1月31日期末结存商品数量=50+50−80+80+60−120=40（吨）

本期营业成本=（50×4 000+30×3 920）+（20×3 920+80×4 050+20×4 020）

=800 400（元）

期末结存库存商品金额=40×4 020=160 800（元）

（2）月末一次加权平均法下：

本月库存商品加权平均单价=（200 000+196 000+324 000+241 200）÷（50+50+80+60）

=4 005（元/吨）

本期营业成本=（80+120）×4 005

=801 000（元）

期末结存库存商品金额=40×4 005=160 200（元）

（3）移动加权平均法下：

1月12日库存商品加权平均单价=（200 000+196 000）÷（50+50）=3 960（元/吨）

1月15日出售80吨商品金额=80×3 960=316 800（元）

1月20日库存商品加权平均单价=（20×3 960+324 000）÷（20+80）=4 032（元/吨）

1月25日库存商品加权平均单价=（100×4 032+241 200）÷（100+60）=4 027.5（元/吨）

1月28日出售120吨商品金额=120×4 027.5=483 300（元）

本期营业成本=80×3 960+120×4 027.5

=800 100（元）

期末结存库存商品金额=40×4 027.5=161 100（元）

请思考：根据【例6−1】的计算结果说明发出存货计价方法是如何影响企业财务状况和经营成果的。不同的存货计价方法是如何影响企业应纳税额的？M公司发出存货计价可以采用个别认定法吗？如果可以，怎样使用？

发出存货计价方法的不同，对企业财务状况、盈亏情况会产生不同的影响，主要表现在以下三个方面：

第一，存货计价对企业损益的计算有直接影响，表现在：①期末存货计价（估价）如果过低，当期的收益可能相应减少；②期末存货计价（估价）如果过高，当期的收益可能相应增加；③期初存货计价如果过低，当期的收益可能相应增加；④期初存货计价如果过高，当期的收益可能相应减少。

第二，存货计价对于资产负债表有关项目数额的计算有直接影响，包括流动资产总额、所有者权益等项目。

第三，存货计价方法的选择对计算缴纳所得税的数额有一定的影响。这是因为不同的计价方法下所结转当期销售成本的数额会有所不同，从而影响企业当期应税所得额的确定。

二、存货

（一）存货的定义与特征

1.存货的定义

根据我国《企业会计准则第1号——存货》的规定，存货是指企业在日常活动中持有以备出售的产成品或商品、处在生产过程中的在产品、在生产过程或提供劳务过程中耗用的材料、物料等。存货区别于固定资产等非流动资产的最基本的特征是，企业持有存货的最终目的是出售。存货包括可供直接销售的产成品、商品，以及需经过进一步加工后出售的原材料等。存货属于企业的流动资产。

2.存货的特征

存货具有如下主要特征：

（1）存货是一种具有物质实体的有形资产。存货包括原材料、在产品、产成品及商品、周转材料等各类具有物质实体的材料物资，因而有别于金融资产、无形资产等没有实物形态的资产。

（2）存货属于流动资产，具有较大的流动性。存货通常都将在一年或超过一年的一个营业周期内被销售或耗用，并不断地被重置，因而属于一项流动资产，具有较强的变现能力和较大的流动性，明显不同于固定资产、在建工程等具有物质实体的非流动资产。

（3）存货以在正常生产经营过程中被销售或耗用为目的而取得。企业持有存货的目的在于准备在正常经营过程中予以出售，如商品、产成品以及准备直接出售的半成品等；或者仍处在生产过程中，待制成产成品后再予以出售，如在产品、半成品等；或者将在生产过程或提供劳务过程中被耗用，如材料和物料、周转材料等。

（4）存货属于非货币性资产，存在价值减损的可能性。存货通常能够在正常生产经营过程中被销售或耗用，并最终转换为货币资金。但由于存货的价值易受市场价格以及其他因素变动的影响，其能够转换的货币资金数额不是固定的，具有较大的不确定性。当存货长期不能销售或耗用时，就有可能变为积压物资或者需要降价销售，给企业带来损失。

（二）存货的确认与计量

1.存货的确认条件

企业在确认某项资产是否作为存货时，首先要视其是否符合存货的概念，在此前提下，应当同时满足存货确认的以下两个条件，才能加以确认：

（1）与该存货有关的经济利益很可能流入企业；

（2）存货的成本能够可靠地计量。

2.存货的初始计量

会计师对存货的取得进行处理，主要就是对从不同来源取得存货的初始入账金额进行确定。存货的初始计量，是指企业在取得存货时，对其入账价值的确定。存货的初始计量应以取得存货的实际成本为基础，实际成本包括采购成本、加工成本和使存货达到目前场所和状态发生的其他成本。由于存货的取得方式是多种多样的，而在不同的取得方式下，存货成本的具体构成内容并不完全相同，因此，存货的实际成本应结合存货的取得方式分别确定存货入账的依据。

（1）外购存货的成本

外购存货的成本是指存货从采购到入库前所发生的全部支出，即采购成本，一般包括购买价款、相关税费、运输费、装卸费、保险费以及其他可归属于存货采购成本的费用。其中，购买价款，是指所购货物发票账单上列明的价款，但不包括按规定可予抵扣的增值税进项税额；相关税费，是指进口关税、购买存货发生的消费税以及不能从增值税销项税额中抵扣的进项税额等；其他可归属于存货采购成本的费用，是指存货采购过程中发生的除上述各项费用以外的仓储费、包装费、运输途中的合理损耗、大宗物资的市内运杂费、入库前的挑选整理费用等可直接归属于存货采购成本的费用。

应当注意的是，市内零星货物运杂费、采购人员的差旅费、采购部门的经费以及供应部门的经费等，一般不计入存货的采购成本中。

商品流通企业在采购商品过程中发生的运输费、装卸费、保险费以及其他可归属于存货采购成本的费用等进货费用，应计入所购商品成本。在实务中，企业也可以将发生的运输费、装卸费、保险费以及其他可归属于存货采购成本的费用等进货费用先进行归集，期末按照所购商品的存销情况进行分摊。对于已售商品的进货费用，计入营业成本；对于未售商品的进货费用，计入期末存货成本。商品流通企业采购商品的进货费用金额较小的，可以在发生时直接计入当期销售费用。

（2）自制存货的成本

企业自制存货的成本主要由采购成本和加工成本构成，某些存货还包括使存货达到目前场所和状态所发生的其他成本。

采购成本是由自制存货所使用或消耗的原材料采购成本转移而来的，因此，自制存货成本计量的重点是确定存货的加工成本。

加工成本是指存货制造过程中发生的直接人工和制造费用。其中：直接人工是指企业在生产产品过程中，向直接从事产品生产的工人支付的职工薪酬；制造费用是指企业为生产产品而发生的各项间接费用，包括企业生产部门（如生产车间）管理人员的职工薪酬、折旧费、办公费、水电费、机物料消耗、劳动保护费、季节性和修理期间的停工损失等。

其他成本是指除采购成本、加工成本以外，使存货达到目前场所和状态所发生的其他支出。例如，为特定客户设计产品所发生的、可直接确定的设计费用、可直接归属于符合资本化条件的存货、应当予以资本化的借款费用等。其中，符合资本化条件的存货，是指需要经过相当长时间的生产活动才能达到预定可销售状态的存货。企业发生的一般产品设计费用以及不符合资本化条件的借款费用，应当计入当期损益。

（3）委托加工存货的成本

委托加工存货的成本，一般包括加工过程中实际耗用的原材料或半成品成本、加工费、运输费、装卸费等，以及按规定应计入加工成本的税金。

三、期间费用

期间费用是指企业本期发生的、不能直接或间接归入某种产品成本的、直接计入损益的各种费用，包括销售费用、管理费用和财务费用。这些费用与当期产品销售、产品制造过程没有直接因果关系，但也是企业为取得营业收入发生的各项耗费，一般直接计入费用发生当期的损益。

（一）销售费用

销售费用是指企业在销售产品、自制半成品和提供劳务等日常经营过程中发生的各项费用以及专设销售机构的各项经费，包括运输费、装卸费、包装费、保险费、委托代销手续费、广告费、展览费、租赁费（不含融资租赁费）以及专设的销售机构的职工薪酬、差旅费、办公费、折旧费、修理费、物料消耗和其他费用。

（二）管理费用

管理费用是指企业的董事会和行政管理部门为组织和管理生产经营活动所发生的各项费用，包括应由企业统一负担的公司经费（包括行政管理部门职工薪酬、物料消耗、低值易耗品摊销、折旧费、办公费和差旅费）等。

（三）财务费用

财务费用是指企业筹集生产经营所需资金而发生的各项费用，包括：（1）利息支出（减利息收入），包括流动负债利息支出、长期借款利息支出和其他长期负债利息支出；（2）汇兑净损失（减汇兑收益）；（3）金融机构手续费用，包括发行债券等金融业务所需支付的应计入损益的手续费、银行结算手续费等；（4）筹集生产经营资金发生的其他费用等。

知识拓展6-1　　费用与成本

费用是指企业在日常活动中发生的、会导致所有者权益减少的、与向所有者分配利润无关的经济利益的总流出。也就是说，费用是每个会计期间企业日常经营活动所耗费的各项经济资源，其中所消耗资源可能表现为本期或以前期间取得的资产减少，也可能表现为以后期间的资产减少（本期表现为负债的增加）。

生产费用是制造企业每个会计期间发生的与生产经营相关的各项资源耗费，其中为加工一定数量和质量的产品所发生的生产费用形成生产成本（制造成本），即对象化的生产费用；而不能对象化的生产费用即为每个会计期间的期间费用。企业每个会计期间，制造成本并不一定等于生产费用，当期发生的对象化的生产费用也不一定计入当期的制造成本，可能会计入以后期间的制造成本，同时，计入当期制造成本的生产费用也不一定是当期发生的生产费用。例如，某化工厂5月领用防毒用具6 000元，每6个月更换一次（每次领用的防毒用品受益期为6个月），这个月领用的6 000元防毒用具费用虽然是当月发生可对象化的生产费用，但不能全部直接进入当月的制造成本，依据权责发生制，应该由当月和以后5个月的产品分别承担1 000元的制造成本。

产品达到可销售状态所发生的制造成本即为产成品成本。产成品成本在生产产品的报告期内不一定会转化为费用，而只有在销售产品的报告期内才能确认为费用。也就是说，产品的生产成本在产品没有销售之前，只是一种资产（在制品或产成品），只有产品销售以后才能作为产品销售成本，转化为当期费用。成本和费用的关系可以通过下面两个式子加以说明：

期初在产品成本	期初产成品成本
加：本期生产费用	加：本期完工产品成本
减：期末在产品成本	减：期末产成品成本
本期完工产品成本	本期销售产品成本（本期费用）

由此可以看出，本期为生产产品而支付或消耗的资产，首先形成在产品成本，待产品完工后形成产成品成本，只有产品销售后才形成当期费用。费用是相对于收入而言的，当这些支出和耗费与当期收入相配比时，即计入当期损益时，才成为当期的费用。

第三节　企业经营活动的会计处理

本教材以正大公司为例，介绍会计师是如何具体对企业日常经营活动所发生的交易或事项进行确认、计量的。

一、取得收入的处理

收入的会计处理，就是会计师依据《企业会计准则第14号——收入》对企业日常经营活动所发生的与取得收入相关的交易或事项进行的会计确认与计量。

（一）设置的总账账户

根据《企业会计准则——应用指南》，企业确认与计量日常活动中取得收入需要设置的总账账户主要包括“主营业务收入”“库存现金”“银行存款”“应收票据”“应收账款”“预收账款”“应交税费”等。

1.“主营业务收入”账户

该账户的性质是损益类，其贷方登记企业实现的主营业务收入，借方登记会计期末结转“本年利润”账户的本期实现主营业务收入净额，结转后该账户一般无余额。

借方　　**主营业务收入**　　贷方

借方	贷方
结转“本年利润”	本期实现的营业收入
	年末无余额

2.“其他业务收入”账户

该账户的性质是损益类，其贷方登记企业实现的其他业务收入，借方登记会计期末结转“本年利润”账户的本期实现其他业务收入净额，结转后该账户一般无余额。

其他业务收入

借方	贷方
结转“本年利润”	本期实现的营业收入
	年末无余额

3.“应收票据”账户

该账户的性质是资产类，用来核算企业因销售商品等而收到的商业汇票。借方登记取得的应收票据的面值，贷方登记到期收回票款或到期前向银行贴现的应收票据的票面余额，期末余额在借方，反映企业持有的商业汇票的票面金额。

应收票据

借方	贷方
期初余额 取得的应收票据的面值	（1）到期收回票款； （2）到期前向银行贴现的应收票据的票面余额（符合终止确认条件）
期末余额：持有的商业汇票的票面金额	

4.“应收账款”账户

该账户的性质是资产类，用来核算企业因销售商品、提供劳务等经营活动应收取的款项增减变动及结余情况。借方登记由于销售商品以及提供劳务等而发生的应收账款（应收账款的增加），包括应收取的价款、税款和代垫款等，贷方登记已经收回的应收账款（应收账款的减少）。期末余额如在借方，表示企业尚未收回的应收账款；如在贷方，表示企业预收的账款。

应收账款

借方	贷方
期初余额 销售取得的应收账款	收回的账款、发生的坏账等应收账款减少
期末余额：预收的账款	

5.“预收账款”账户

该账户的性质是负债类，用来核算企业按照合同的规定预收购货单位订货款的增减变动及结余情况。其贷方登记预收购货单位订货款的增加，借方登记销售实现时冲减的预收货款。期末余额如在贷方，表示企业预收款的结余额；如在借方，表示购货单位应补付给本企业的款项（应列入资产负债表“应收账款”项目）。

预收账款

借方	贷方
销售实现时冲减的预收款	期初余额 预收购货单位订货款
期末余额：应收账款	期末余额：预收款的结余额

6.“应交税费”账户

该账户的性质是负债类，用来核算企业按税法规定应缴纳的各种税费的计算与实际缴纳情况。其贷方登记计算出的各种应交未交税费的增加，包括计算出的增值税、消费税、城市维护建设税、所得税、资源税、房产税、城镇土地使用税、车船税、教育费附加、矿产资源补偿费等，借方登记实际缴纳的各种税费，包括支付的增值税进项税额。期末余额方向不固定，如在贷方，表示应交未交税费的结余额；如在借方，表示多交的税费或留抵的进项税额。

借方 **应交税费** 贷方

	期初余额
实际缴纳的各种税费	计算出的各种应交未交税费的增加
期末余额：多交的税额或留抵的进项税额	期末余额：应交未交税费的结余额

知识拓展6-2 **增值税**

增值税是对在中华人民共和国境内销售货物或者提供加工、修理修配等应税劳务和应税服务，以及进口货物的单位和个人的增值额征收的一种税。根据纳税人的经营规模和会计核算的健全程度不同，增值税的纳税人分为一般纳税人和小规模纳税人。

一般纳税人实行税款抵扣制度，按增值额计算征收应缴税额（目前在中华人民共和国境内销售货物基本税率为17%），即：

当期应交增值税税额=当期销项税额-当期准予抵扣的进项税额

当期销项税额=不含税销售额×税率

当期准予抵扣的进项税额，是指纳税人当期购进货物或者应税劳务已承担的、经税务认证符合抵扣条件的增值税税额。

小规模纳税人采取简易计征办法，不实行税款抵扣制度，按不含税销售额乘以征收率直接计算应缴税额，即：

当期应交增值税税额=不含税销售额×征收率

（二）一般商品销售的会计处理

企业发生的一般商品销售业务，在同时满足收入确认的五个条件时，按已收或应收的合同或协议价款和应收取的增值税销项税额，借记“银行存款”“应收账款”“应收票据”等账户，按确定的收入金额，贷记“主营业务收入”等账户，按应收取的增值税销项税额，贷记“应交税费——应交增值税（销项税额）”账户。

【例6-2】新希望公司2016年1月8日销售70吨产品给A公司，货已发出，新希望公司开具的增值税专用发票上注明的商品价款为560 000元，增值税销项税额为95 200元。A公司已按合同约定将货款于1月8日付清。该批产品销售符合会计准则规定的收入确认条件。

1月8日销售成立时：

借：银行存款　　655 200

　贷：主营业务收入　　560 000

　　　应交税费——应交增值税（销项税额）　　95 200

【例6-3】新希望公司2016年1月10日赊销50吨产品给正大化工公司，货已发出，新希望公司开具的增值税专用发票上注明的商品价款为400 000元，增值税销项税额为68 000元。合同约定2月10日前付清货款。该批产品销售符合会计准则规定的收入确认条件。

1月10日销售成立时：

借：应收账款——正大化工公司　468 000

　贷：主营业务收入　400 000

　　　应交税费——应交增值税（销项税额）　68 000

2月10日收回销售货款时：

借：银行存款　468 000

　贷：应收账款——正大化工公司　468 000

【例6-4】新希望公司2016年1月28日与A公司签订购销合同，合同总价800 000元（不含增值税）。合同约定A公司应于1月28日前预付20%货款，新希望公司于2月28日前发出商品并开具增值税专用发票。

1月28日收到预收款：

借：银行存款　160 000

　贷：预收账款——A公司　160 000

2月28日销售成立时：

借：预收账款——A公司　936 000

　贷：主营业务收入　800 000

　　　应交税费——应交增值税（销项税额）　136 000

收回余款：

借：银行存款　776 000

　贷：预收账款——A公司　776 000

（三）收入的确认与计量对财务报表的影响

会计师确认与计量“收入”的结果，既会引起资产负债表相关项目发生变化，也会引起利润表、现金流量表和所有者权益变动表的相关项目发生变化。

正如我们在第三章收入的特征中所说的，企业收入的取得过程，就是资产的增加，或者负债的减少，或者两者兼而有之的过程；同时，收入的取得最终会导致企业所有者权益增加。

企业取得营业收入的过程，会引起企业资产负债表的“货币性资产”中“货币资金”、“应收票据”或“应收账款”等项目增加，也可能引起“流动负债”中“预收账款”项目减少；与此同时，引起利润表“营业收入”项目增加。当然，资产项目增加、负债项目减少、收入项目增加，最终会使企业所有者权益中“留存收益”项目增加。

二、发生费用的处理

（一）设置的总账账户

根据《企业会计准则——应用指南》，企业确认与计量日常活动中为取得收入同期配比确认费用、成本需要设置的总账账户主要包括：“主营业务成本”“其他业务成本”“税金及附加”“销售费用”“管理费用”“库存商品”“生产成本”“在途物资”“原材料”等。

1.“主营业务成本”账户

“主营业务成本”账户，用来核算企业经营主营业务而发生的实际成本及其结转情况，该账户的性质是损益类。其借方登记企业已实现销售的商品或提供劳务的成本，贷方登记期末转入“本年利润”账户的本期已实现销售的商品或提供劳务的成本。经过结转之后，该账户期末一般没有余额。

借方 **主营业务成本** 贷方

结转已实现销售的商品或提供劳务的成本	结转“本年利润”
年末无余额	

2.“其他业务成本”账户

“其他业务成本”账户，用来核算企业经营其他业务而发生的实际成本及其结转情况，该账户的性质是损益类。其借方登记企业已实现销售的其他成本，贷方登记期末转入“本年利润”账户的本期已实现销售的其他业务成本。经过结转之后，该账户期末一般没有余额。

借方 **其他业务成本** 贷方

结转已实现销售的商品或提供劳务的成本	结转“本年利润”
年末无余额	

3.“税金及附加”账户

“税金及附加”账户，用来核算企业主营业务负担的各种税金、附加的计算、结转情况，该账户的性质是损益类。其借方登记按照有关的计税依据计算出的各种税金及附加额，贷方登记期末转入“本年利润”账户的税金及附加额。经过结转之后，该账户期末没有余额。

借方 **税金及附加** 贷方

登记按照有关的计税依据计算出的各种税金及附加额	结转“本年利润”
年末无余额	

4.“销售费用”账户

“销售费用”账户，用来核算企业在销售商品过程中发生的各项销售费用及其结转情况，该账户的性质是损益类。其借方登记发生的各项销售费用，贷方登记期末转入“本年利润”账户的销售费用额。经过结转之后，该账户期末没有余额。

借方 **销售费用** 贷方

登记发生的各项销售费用	结转“本年利润”
年末无余额	

5.“管理费用”账户

“管理费用”账户，用来核算企业行政管理部门为组织和管理企业的生产经营活动而发生的各项费用，该账户的性质是损益类。其借方登记发生的各项管理费用，贷方登记期末转入“本年利润”账户的管理费用。经过结转之后，该账户期末没有余额。

借方　　　　**管理费用**　　　　贷方

登记发生的各项管理费用	结转“本年利润”
年末无余额	

6.“库存商品”账户

“库存商品”账户，用来核算企业库存的外购商品、自制产品、自制半成品、存放在门市部准备出售的商品、发出展览的商品以及寄存在外的商品等的实际成本（或计划成本）的增减变动及结余情况，该账户的性质是资产类。其借方登记验收入库商品成本的增加，包括外购、自制、委托加工等；贷方登记库存商品成本的减少（发出）。期末余额在借方，表示库存商品成本的期末结余额。

借方　　　　**库存商品**　　　　贷方

期初余额 登记验收入库商品成本	结转发出商品成本
期末余额：库存商品成本	

7.“生产成本”账户

“生产成本”账户，用来归集和分配企业进行工业性生产所发生的各项生产费用，以正确地计算产品生产成本，该账户的性质属于成本类。其借方登记应计入产品生产成本的各项费用，包括直接计入产品生产成本的直接材料、直接人工和期末按照一定的方法分配计入产品生产成本的制造费用；贷方登记结转完工入库产成品的生产成本。期末余额在借方，表示尚未完工产品（在产品）的成本。

借方　　　　**生产成本**　　　　贷方

期初余额 登记应计入产品生产成本的各项费用	结转完工入库产成品的生产成本
期末余额：在产品成本	

8.“制造费用”账户

“制造费用”账户，用来归集和分配企业进行工业性生产所发生的各项间接生产费用，该账户的性质属于成本类。制造费用主要包括企业生产部门为组织和管理生产所发生的生产单位管理人员工资、职工福利费、生产单位房屋建筑物及机器设备等的折旧费、修理费、机物料消耗、低值易耗品、水电费、办公费、劳动保护费、季节性及修理期间的停工损失以及其他制造费用。“制造费用”账户借方登记制造费用的发生数，贷方登记制造费用的分配数。制造费用是各种产品共同发生的一般费用，在一般情况下，期末需要采用一定标准将全部费用分配计入各种产品成本，在分配时，应从该账户的贷方转入“生产成本”账户的借方，结转后本账户无期末余额。

借方 **制造费用** 贷方

借方	贷方
期初余额 登记生产部门为制造产品发生的各项间接费用	结转“生产成本”账户的金额
期末余额：一般无余额	

9.“在途物资”账户

“在途物资”账户，用来核算企业外购材料的买价和各种采购费用，据以计算、确定购入材料的实际采购成本，该账户的性质属于资产类。其借方登记购入材料的买价和采购费用（实际采购成本），贷方登记结转完成采购过程、验收入库材料的实际采购成本。期末余额在借方，表示尚未运达企业或者已经运达企业但尚未验收入库的在途材料的成本。

借方 **在途物资** 贷方

借方	贷方
期初余额 登记购入材料的买价和采购费用	结转入库材料的实际成本
期末余额：在途材料成本	

10.“原材料”账户

“原材料”账户，用来核算企业库存材料实际成本的增减变动及结存情况，该账户的性质属于资产类。其借方登记已验收入库材料实际成本的增加，贷方登记发出材料的实际成本（即库存材料成本）的减少。期末余额在借方，表示库存材料实际成本的期末结余额。

借方 **原材料** 贷方

借方	贷方
期初余额 登记入库材料的实际成本	结转发出材料的实际成本
期末余额：库存材料实际成本	

（二）营业成本的处理

1.结转已售商品成本

我国《企业会计准则第1号——存货》准则规定，企业应当将已售存货的成本结转为当期损益，计入营业成本，即企业在确认存货销售收入的当期，应当将已经销售存货的成本结转为当期营业成本。企业销售商品应缴纳的消费税、资源税、城市维护建设税、教育费附加等相关税费，应在销售商品的同时或在资产负债表日，按相关税费的金额，计入税金及附加。

■ **链接【例6-2】、【例6-3】、【例6-4】**

【例6-5】结转新希望公司本月已销售商品成本。

2016年1月31日结转本月销售商品成本见表6-2。

表6-2 **销售成本表**

日期	销售量（吨）	单位成本（元/吨）	销售成本（元）
1月8日	70	—	—
1月10日	50	—	—
合计	120	6 675	801 000

1月31日结转销售成本时：

借：主营业务成本　　801 000

　贷：库存商品　　801 000

结转销售税金时：

借：税金及附加　　16 320

　贷：应交税费——应交城市维护建设税　　11 424*

　　　　　　——应交教育费附加　　4 896**

注：*、**分别为当月应交增值税额163 200元的7%和3%。

2.取得存货

（1）外购

企业外购的存货，由于距离采购地点远近不同、货款结算方式不同等原因，可能造成存货验收入库和货款结算并不能总是同步完成。此外，外购存货还可能采用预付款购货方式、赊购方式等。因此，企业外购的存货应根据具体情况，分别进行会计处理。

①存货验收入库和货款结算同时完成

在存货验收入库和货款结算同时完成的情况下，企业应于支付货款或开出并承兑商业汇票，并且存货验收入库后，按发票账单等结算凭证确定的存货成本，借记“原材料”“周转材料”“库存商品”等存货账户，按增值税专用发票上注明的增值税进项税额，借记“应交税费——应交增值税（进项税额）”账户，按实际支付的款项或应付票据面值，贷记“银行存款”“应付票据”等账户。

【例6-6】新希望公司2016年1月1日从甲公司购入原料100吨，增值税专用发票上注明的原材料价款为200 000元，增值税进项税额为34 000元。销货方代垫运杂费3 200元。货款及运杂费已通过银行转账支付，原材料也已验收入库。

1月1日购入材料时：

借：原材料——原料　　203 200

　　应交税费——应交增值税（进项税额）　　34 000

　贷：银行存款　　237 200

②货款已结算但存货尚在运输途中

在已经支付货款或开出并承兑商业汇票，但存货尚在运输途中或虽已运达但尚未验收入库的情况下，企业应于支付货款或开出并承兑商业汇票时，按发票账单等结算凭证确定的存货成本，借记“在途物资”账户，按增值税专用发票上注明的增值税进项税额，借记“应交税费——应交增值税（进项税额）”账户，按实际支付的款项或应付票据面值，贷记“银行存款”“应付票据”等账户；待存货运达企业并验收入库后，再根据有关验货凭证，贷记“原材料”“周转材料”“库存商品”等存货账户，贷记“在途物资”账户。

【例6-7】新希望公司2016年1月5日从乙公司购入一批原料100吨，增值税专用发票上注明的原材料价款为205 000元，增值税进项税额为34 850元；开出商业承兑汇票一张，原材料尚在运输途中。

1月5日，支付货款，原材料尚在运输途中。

借：在途物资 205 000

应交税费——应交增值税（进项税额） 34 850

贷：应付票据——商业承兑汇票 239 850

原材料运达企业，验收入库。

借：原材料——原料 205 000

贷：在途物资 205 000

③存货已验收入库但货款尚未结算

在存货已运达企业并验收入库，但发票账单等结算凭证尚未到达、货款尚未结算的情况下，企业在收到存货时可先不进行会计处理。如果在本月内结算凭证能够到达企业，则应在支付货款或开出并承兑商业汇票后，按发票账单等结算凭证确定的存货成本，借记“原材料”“周转材料”“库存商品”等存货账户，按增值税专用发票上注明的增值税进项税额，借记“应交税费——应交增值税（进项税额）”账户，按实际支付的款项或应付票据面值，贷记“银行存款”“应付票据”等账户。如果月末时结算凭证仍未到达，为全面反映资产及负债情况，应对收到的存货按暂估价值入账，借记“原材料”“周转材料”“库存商品”等存货账户，贷记“应付账款——暂估应付账款”账户，下月初，再编制相同的红字记账凭证予以冲回；待结算凭证到达，企业付款或开出并承兑商业汇票后，按发票账单等结算凭证确定的存货成本，借记“原材料”“周转材料”“库存商品”等存货账户，按增值税专用发票上注明的增值税进项税额，借记“应交税费——应交增值税（进项税额）”账户，按实际支付的款项或应付票据面值，贷记“银行存款”“应付票据”等账户。

【例6-8】新希望公司2016年1月25日从甲公司购入一批原料20吨，材料已运达企业并已验收入库，但发票账单等结算凭证尚未到达。月末时，该批货物的结算凭证仍未到达，新希望公司对该批材料估价40 000元入账。2月3日，结算凭证到达企业，增值税专用发票上注明的原材料价款为39 600元，增值税进项税额为6 732元，货款通过银行转账支付。

1月25日，材料运达企业并验收入库，暂不作会计处理。

1月31日，结算凭证仍未到达，对该批材料按暂估价值入账。

借：原材料——原料 40 000

贷：应付账款——甲公司 40 000

2月1日，编制红字记账凭证冲回估价入账分录。

借：原材料——原料　　40 000

　贷：应付账款——甲公司　　40 000

2月3日，收到结算凭证并支付货款。

借：原材料——原料　　39 600

　　应交税费——应交增值税（进项税额）　　6 732

　贷：银行存款　　46 332

④采用预付货款方式购入存货。

在采用预付货款方式购入存货的情况下，企业应在预付货款时，按照实际预付的金额，借记“预付账款”账户，贷记“银行存款”账户；购入的存货验收入库时，按发票账单等结算凭证确定的存货成本，借记“原材料”“周转材料”“库存商品”等存货账户，按增值税专用发票上注明的增值税进项税额，借记“应交税费——应交增值税（进项税额）”账户，按存货成本与增值税进项税额之和，贷记“预付账款”账户。预付的货款不足、需补付货款时，按照补付的金额，借记“预付账款”账户，贷记“银行存款”账户；供货方退回多付的货款时，借记“银行存款”账户，贷记“预付账款”账户。

【例6-9】新希望公司2016年1月8日从旺达公司购入包装材料一批。新希望公司向旺达公司预付货款20 000元。旺达公司于1月12日交付所购材料，并开来增值税专用发票，材料价款为62 000元，增值税进项税额为10 540元。1月12日，新希望公司将应补付的货款52 540元通过银行转账支付。

1月8日，预付货款。

借：预付账款——旺达公司　　20 000

　贷：银行存款　　20 000

1月12日，材料验收入库。

借：原材料——包装材料　　62 000

　　应交税费——应交增值税（进项税额）　　10 540

　贷：预付账款——旺达公司　　72 540

1月12日，补付货款。

借：预付账款——旺达公司　　52 540

　贷：银行存款　　52 540

⑤采用赊购方式购入存货。

在采用赊购方式购入存货的情况下，企业应于存货验收入库后，按发票账单等结算凭证确定的存货成本，借记“原材料”“周转材料”“库存商品”等存货账户，按增值税专用发票上注明的增值税进项税额，借记“应交税费——应交增值税（进项税额）”账户，按应付未付的货款，贷记“应付账款”账户；待支付款项或开出并承兑商业汇票后，再根据实际支付的货款金额或应付票据面值，借记“应付账款”账户，贷记“银行存款”“应付票据”等账户。

【例6-10】新希望公司2016年1月15日从乙公司购入一批原料50吨，增值税专用发票上注明的材料价款为105 000元，增值税进项税额为17 850元。根据购货合同约定，新希望公司应于2月15日之前支付货款。

原材料验收入库。

借：原材料——原料 105 000

应交税费——应交增值税（进项税额） 17 850

贷：应付账款——乙公司 122 850

2月15日，支付货款。

借：应付账款——乙公司 122 850

贷：银行存款 122 850

（2）自制

企业自制并已验收入库的存货，应按系统的制造成本计算确定的实际成本，借记“周转材料”“库存商品”等存货账户，贷记“生产成本”账户。

系统的制造成本的计算内容将在专业后续课程《成本会计》中讲述，本教材仅介绍简单的制造成本计算过程。制造成本计算的简单流程如下：

①确定成本计算对象（本教材仅指产品品种）；

②归集和分配本期为制造产品发生的各项直接（生产成本——某产品）和间接生产费用（制造费用——某车间）；

③将按部门归集的制造费用分配计入产品成本；

④归集直接和间接计入的为制造某产品所发生的全部费用，在完工和未完工产品间分配，计算完工产品成本。

【例6-11】Y企业本月发生材料费用见表6-3。

表6-3 **发出材料汇总表** 单位：元

应借账户	领用单位	原材料	周转材料	合　计
生产成本	甲产品	300 000		300 000
	乙产品	270 000		270 000
	小计	570 000		570 000
制造费用	一车间	2 500	7 220	9 720
管理费用	厂部	200	450	650
合　计		572 700	7 670	580 370

根据表6-3中的有关数字编制会计分录：

（1）借：生产成本——甲产品（直接材料） 300 000

——乙产品（直接材料） 270 000

制造费用——一车间（材料费） 9 720

管理费用——材料费 650

贷：原材料 572 700

周转材料 7 670

【例6-12】Y企业“工资结算汇总表”见表6-4。

表6-4 **工资费用分配表** 单位：元

应借账户		员工工资	员工福利	社会保险	住房公积金	工会经费	职工教育经费	合计
生产成本	甲产品	156 080	21 851	15 608	31 216	3 122	2 341	230 218
	乙产品	152 920	21 409	15 292	30 584	3 058	2 294	225 557
制造费用	一车间	15 000	2 100	1 500	3 000	300	225	22 125
管理费用		43 100	6 034	4 310	8 620	862	647	63 573
合计		367 100	51 394	36 710	73 420	7 342	5 507	541 473

根据表6-4分配工资费用时，应作如下会计分录：

借：生产成本——甲产品（直接人工） 230 218
　　　　　　——乙产品（直接人工） 225 557
　　制造费用——一车间（人工费） 22 125
　　管理费用——人工费 63 573
　贷：应付职工薪酬——员工工资 367 100
　　　　　　　　　——员工福利 51 394
　　　　　　　　　——社会保险 36 710
　　　　　　　　　——住房公积金 73 420
　　　　　　　　　——工会经费 7 342
　　　　　　　　　——职工教育经费 5 507

【例6-13】Y企业一车间本月还计提固定资产折旧费36 080元，以银行存款支付办公费1 000元。

借：制造费用——一车间（折旧费） 36 080
　　　　　　——一车间（办公费） 1 000
　贷：累计折旧 36 080
　　　银行存款 1 000

【例6-14】承【例6-11】至【例6-13】，Y企业一车间本月制造费用归集为表6-5。

表6-5 **制造费用——一车间** 单位：元

材料费用	9 720	分配费用	68 925
人工费用	22 125		
折旧费用	36 080		
办公费用	1 000		
本月借方发生额合计	68 925	本月贷方发生额合计	68 925

制造费用在甲、乙两种产品间按生产工人工资比率分配。详见“制造费用分配表”（见表6-6）。

表6-6 **制造费用分配表**

应借账户	分配标准（元）	分配率	应分配金额（元）
生产成本：			
甲产品	156 080	0.22306	34 815
乙产品	152 920		34 110
合　计	309 000		68 925

根据表6-6分配制造费用时，应作如下会计分录：

借：生产成本——甲产品（制造费用）　　34 815

　　　　　　——乙产品（制造费用）　　34 110

　贷：制造费用——一车间　　68 925

【例6-15】承【例6-11】至【例6-14】，假设Y企业一车间无期初、期末在产品。本月Y企业甲、乙两种产品制造成本计算详见“成本计算单”（见表6-7）。

表6-7 **成本计算单** 金额单位：元

成本项目	直接材料	直接人工	制造费用	总成本	单位成本（元/件）
甲产品（完工1 000件）	300 000	230 218	34 815	565 033	565.03
乙产品（完工500件）	270 000	225 557	34 110	529 667	1 059.33
合　计	570 000	455 775	68 925	1 094 700	1 624.37

根据完工产品入库单和成本计算单，在产品入库时，应作如下会计分录：

借：库存商品——甲产品　　565 033

　　　　　　——乙产品　　529 667

　贷：生产成本——甲产品　　565 033

　　　　　　　——乙产品　　529 667

【例6-16】新希望公司2016年1月共加工完成产品120吨，按系统的制造成本计算方法，产品单位实际成本为每吨6 675元。1月31日根据产品入库单结转本月验收入库的完工产品成本。

借：库存商品　　801 000

　贷：生产成本　　801 000

（三）营业费用的处理

1.销售费用

企业发生的销售费用在“销售费用”账户中核算，发生的各项销售费用借记“销售费用”账户，贷记“库存现金”“银行存款”“应付职工薪酬”等账户；月终，将借方归集的销售费用全部由本账户的贷方转入“本年利润”账户的借方，计入当期损益。结转销售费用后，“销售费用”账户期末无余额。

【例6-17】新希望公司2016年1月份发生以下销售费用：以银行存款支付广告费50 000元；以现金支付应由公司负担的销售产品的运输费800元。

根据上述资料，应作账务处理如下：

（1）支付广告费时：

借：销售费用——广告费 50 000

　贷：银行存款 50 000

（2）支付运输费时：

借：销售费用——运输费 800

　贷：库存现金 800

2.管理费用

企业应设置“管理费用”账户，发生的管理费用在“管理费用”账户中核算，并按费用项目设置明细账进行明细核算。企业发生的各项管理费用借记“管理费用”账户，贷记“库存现金”“银行存款”“原材料”“应付职工薪酬”“累计折旧”“累计摊销”“研发支出”“应交税费”等账户；期末，将本账户借方归集的管理费用全部由本账户的贷方转入“本年利润”账户的借方，计入当期损益。结转管理费用后，“管理费用”账户期末无余额。

【例6-18】新希望公司2016年1月发生以下管理费用：以银行存款支付业务招待费7 200元；计提管理部门使用的固定资产折旧费8 000元；分配管理人员工资费用12 000元；摊销无形资产2 000元。

根据上述资料，新希望公司在发生各项管理费用时应做如下处理：

（1）支付业务招待费：

借：管理费用——业务招待费 7 200

　贷：银行存款 7 200

（2）计提折旧费：

借：管理费用——折旧费 8 000

　贷：累计折旧 8 000

（3）分配工资费用：

借：管理费用——工资费 12 000

　贷：应付职工薪酬——员工工资 12 000

（4）摊销无形资产：

借：管理费用——无形资产摊销 2 000

　贷：累计摊销 2 000

第四节 企业经营活动的财务报表解读

一、收入背后的故事

对于企业日常经营活动引起的资金双向变化，会计师在确认与计量收入的同时，一定以相等的金额确认与计量资产的增加或负债的减少，因此，资产负债表中货币性资产项目与利润表中“营业收入”项目以及现金流量表中“经营活动产生的现金流量——销售商品、提供劳务收到的现金”项目产生严密的逻辑关系。通过对这种客观存在的逻辑关系进行深刻剖析，就能够讲述一个有关企业经营质量的生动故事。

（一）营业收入解读

在阅读与分析利润表时，我们除了需要关注表中营业收入的总额及其变化趋势外，更需要对其进行深入解读。对于经营者来说，我们应该要求会计师提供更加具体的有关营业收入的信息；而对于外部决策者而言，我们在阅读利润表表内信息的同时需要关注报表附注和管理层评述与分析报告。

1.营业收入的构成

营业收入的构成，就是指企业利润表营业收入的具体来源，例如，百事可乐公司营业收入来自三个不同的产品线，其中饮料占34%、甜点占29%、餐馆占37%，而在百事可乐餐馆收入中必胜客占43%、肯德基占25%、塔可钟占32%。通过企业收入的构成，我们可以了解该企业属于多元化经营还是单一化经营。对多元化经营的公司来说，了解其营业收入的构成更加重要，因为每个市场或产品线的成长方式、获利能力及未来潜力可能存在较大差异，而这些差异可能会对企业未来营业收入产生较大影响。再如，苏宁电器主要的营业收入来自空调和黑色电器的销售，约占总营业收入的45%；其次为数码产品及IT设备，约占15%。另外，如果分地区来看苏宁电器的营业收入，华东就占了总营业收入的约54%，显示苏宁的主要经营区域是在江苏及附近的一级城市，例如南京和上海。

假设你是银行行长，正在考虑两家公司的贷款请求。对两家公司财务报表的分析显示了相似的风险和回报特征，而且两者都是勉强够格的申请者。在与资深贷款经理探讨这些情况时，她指出，一家公司的收益来自10个行业，而另一家则集中于一个行业。这一信息将如何影响你的贷款决策？它影响你对两家公司的比较了吗？

额外的行业信息有助于重新估计风险和报酬特性。公司的利润来自10个行业这一事实，通常意味着较低的风险。这是因为，一个行业的萎缩对整个公司利润的影响较少。相反，对单一行业公司来说，行业的经济性萎缩会给公司带来严重的负面结果。在两家公司均勉强够格，且贷款人不愿再承担额外风险的情况下，营业收入构成的信息尤其重要。所以，对两家公司进行比较的结果是收益来自10个行业的公司将获得青睐。

事实上，在企业发展战略的选择上，多元化和单一化究竟谁优谁劣，理论界也众说纷纭。无论是多元化还是单一化，企业做到专业化都是非常重要的。我们应该在了解营业收入构成的同时，了解公司在每一行业所占的市场份额，即专业化程度，关注行业的成长方式和未来潜力。

2.营业收入的持续性

企业营业收入的行业市场份额，反映了企业现有的竞争能力。但是，着重分析企业利润表中的营业收入及其持续性，对于分析企业未来的获利能力更加重要。关注行业的成长方式和未来潜力，可以让我们了解不同行业的未来市场总规模。了解企业收入的持续性，可以让我们了解公司未来的获利能力。趋势百分比分析和管理层评述与分析报告，是分析营业收入持续性的两个常用工具。

（1）趋势百分比分析

趋势百分比分析就是根据企业连续几年或几个时期的分析资料，运用百分比的计算，确定分析期各有关项目的变动情况和趋势的一种财务分析方法。运用营业收入趋势百分比分析，可以更加直接地了解企业营业收入的趋势变化。将分行业的营业收入变化趋势与行业一般水平或竞争对手进行对比分析，可以了解企业的竞争能力，揭示企业的成长方式和未来潜力。

沃尔玛的竞争力主要来自营业收入获利的持续增长，在维持旧店营业收入获利合理增长的同时，随着快速拓展，沃尔玛的营业收入急剧增加，由1971年的4 400万美元增加到2006年的3 157亿美元；沃尔玛的获利也从1971年的200万美元增加到2006年的116亿美元。自1996年至2006年，沃尔玛的平均销售增长率约为13.4%。长期稳定的营业收入及获利增长是企业竞争力最具体的表现。

在分析企业营业收入持续性时，应该关注如下因素：①现有市场环境下的行业市场需求规模；②预计新的或改进产品和服务的需求能力；③客户分析——集中程度、依赖性及稳定性；④企业营业收入的集中程度或对单个行业的依赖性；⑤营业收入对销售人员的依赖性；⑥市场在地理上的分散程度；⑦行业的集中度等。

（2）管理层评述与分析报告

管理层对公司财务状况和经营结果的评述和分析（管理层评述与分析报告），对收入持续性分析很有用。美国证券交易委员会要求企业披露若干条对管理层评述与分析报告进行理解或解释的信息，包括影响营业收益的非经常事项、影响或可能影响经营的趋势或不确定性，以及收入和费用即将发生的变化，如原材料或劳动力成本的上升。这一信息有助于我们理解和评估包括收入在内的财务报表账户从一个期间到另一期间的变化。管理层还必须披露，他们是否将收入增长归因于价格、销量、通货膨胀或新产品引入。管理层应当描述财务结果，披露前瞻性信息，详述财务报表难以体现的潜在趋势。美国证券交易委员会声明，管理层评述与分析报告通过评估现金流的数量和不确定性，提供了有助于分析财务状况和经营成果的信息。

有关管理层评述与分析报告编制方面的准则非常少。管理层在提供相关信息时十分谨慎。美国证券交易委员会这样要求的目的在于，使管理层以叙述形式进行有意义的披露，并提供那些在财务报表中通常不可获得的有用信息。是否能成功地达到这一目的，取决于管理层的态度和动机。尽管我们利用的管理层评述与分析报告信息很可能是“软信息”，但我们必须记住，由于受美国证券交易委员会的监督，管理层不会随意披露信息或提供虚假信息，因此，我们的分析经常受益于这些信息。这些有用的信息反映了管理层的看法，而且一般不能轻易从其他渠道获取。我们能够将报告提供的信息（特别是独立的、被证实的信息）作为分析的补充资料，也可将其作为对管理层战略计划和行动洞察的分析性补充。

（二）营业收入与资产负债表相关项目之间的关系

营业收入与应收账款之间以及与存货之间的关系，常常对经营结果的评估提供重要线索。在预测未来业绩方面往往有较高的参考价值。

1. 营业收入与应收账款

迫于竞争压力，企业往往选择赊销方式销售，因而产生应收账款。赊销会刺激营业收入增长，同时也会扩大应收账款的规模。在企业信用政策相对稳定的情况下，应收账款规模应该与营业收入保持一定的相关性。值得注意的是，如果企业应收账款的增加速度超过营业收入的增加速度，出现非正常增长，很可能是企业放宽信用政策的结果，从而很可能使企业未来面临更大的坏账风险。

案例6-1　TL公司营业收入与应收账款的关系（见表6-8）

表6-8　营业收入与应收账款的关系

项　目	第1年	第2年	第3年	第4年	第5年
营业收入（千美元）	290	198	175	227	199
变动百分比（%）	—	-31.7	-11.6	29.7	-12.3
应收账款（千美元）	338	276	190	225	271
变动百分比（%）	—	-18.3	-31.2	18.4	20.4

TL公司第1年至第4年中，营业收入与应收账款表现出同方向的增减变化，保持一定的相关性。而在第5年，这种相关性被打破，应收账款增长了20.4%，收入却下降了12.3%，营业收入与应收账款之间出现异常的反方向变化。这种异常变化应该特别引起我们关注和分析。

2. 营业收入与存货

存货构成分析给未来营业收入和经营活动的揭示提供了有价值的线索。正常情况下，存货规模与营业收入也应该保持一定的相关性。值得注意的是，库存商品的增加伴随着原材料和半成品数量的减少，预示未来生产的缩减；存货的增加（尤其是库存商品的增加）伴随着营业收入的下降，预示企业生产与销售未能保持一致变化，很可能企业竞争能力下降，或者行业萎缩。

1992年，《亨兹维尔时报》刊登大字标题——“康普尼克斯公司解雇总经理，原因是财务舞弊”。3年前，这家报纸曾刊登康普尼克斯公司的销售和收益记录。康普尼克斯公司是一家电子公司，1984年设立，1988年其股票上市，1992年其股票升至每股22.75美元。康普尼克斯公司利用不当的会计方法夸大利润的消息一经披露，股价跌至每股3.75美元。

解雇的3名经理被指控合谋策划财务舞弊。康普尼克斯公司虚增利润是通过在资产负债表上不当地记录资产和在利润表上夸大销售收入及压低销售成本来达到的，以高估存货、低计成本来达到夸大利润的目的。你能详细说明其财务造假是如何被发现的吗？

（三）营业收入与经营现金流量之间的关系

观察企业营业收入与经营活动产生的现金流量，特别是销售商品、提供劳务收到现金之间的关系，是直接揭示企业生命力与竞争力的基础。经营活动现金流入量的主要项目"销售商品、提供劳务收到的现金"的金额主要取决于利润表中的营业收入的金额，以及资产负债表中的商业债权项目（应收账款与应收票据之和）期初、期末金额的变化。正常情况下，销售商品、提供劳务收到的现金，营业收入与商业债权项目的金额也应该保持一定的相关性。企业销售商品、提供劳务收到的现金金额与利润表中营业收入金额越相吻合、资产负债表的商业债权项目金额的增加幅度越小（或者减少幅度越大），说明企业销售回款越顺畅，现金流入量越充沛，也说明企业收益质量越好；否则，销售回款就可能存在问题。另外，我们需要注意，资产负债表中预收账款项目的金额增加，会导致本期现金流入量扩大，也意味着未来提供商品或劳务的义务增加。

如果有一个企业利润表中的营业收入为300万元，而现金流量表中"销售商品、提供劳务收到的现金"仅为50万元，你认为正常吗？如果不正常，你认为可能存在哪些问题？

二、资源消耗的秘密

对于企业日常经营活动引起的资金双向变化，会计师在确认与计量营业收入的同时配比确认与计量相关营业费用。在确认费用的同时，也一定以相等的金额确认与计量资产的减少或负债的增加，这使得资产负债表中"存货"项目与利润表中"营业成本""税金及附加""销售费用"等项目以及现金流量表中"经营活动现金流量——购进商品、接受劳务支付的现金""经营活动现金流量——支付给职工和为职工支付的现金""经营活动现金流量——支付各项税费""经营活动现金流量——支付其他与经营活动有关的现金"等经营活动现金流出项目存在严密的逻辑关系。通过对这种客观存在的逻辑关系进行深刻剖析，就能够揭示一个企业资源消耗状况的秘密。

（一）营业成本解读

营业成本是指与营业收入相关的、已经确定了归属期和归属对象的成本。不同类型的企业其营业成本有不同的表现形式：制造业企业的营业成本表现为已销售产品的生产成本；商品流通企业的营业成本表现为已销商品的采购成本。营业成本的分析侧重营业成本与营业收入的相关性、营业成本变动的影响因素。

1.营业成本与营业收入的相关性

一般情况下，营业成本与营业收入保持同向的变动趋势，只有在营业收入的增幅大于营业成本的增幅，或营业收入的降幅小于营业成本的降幅时，企业的毛利空间才会增大。

2.营业成本变动的影响因素

营业成本水平的高低，既受企业不可控因素的影响（市场因素引起的原材料或商品的价格波动），也受企业可控因素的影响（在市场价格相对稳定的情况下，企业可以通过选择供货渠道、采购批量等来控制成本水平），还受企业会计核算方法选择的影响。为此，对营业成本变动的分析，应尽可能全面考虑各种可能的影响因素，其中可控因素是体现企业成本管理水平的关键，不可控因素能帮助我们了解企业未来的盈亏趋势，而会计核算方法的选择则有助于我们判断盈利的质量。

3.毛利的分析

毛利是指营业收入减去营业成本后的余额。企业有了毛利，才可能有核心利润。因此，追求一定规模的毛利和持续增长的毛利率是企业的普遍心态，也是会计信息使用者的普遍心理期望。

（1）毛利率较高的原因分析

第一，企业所从事的产品经营活动具有垄断地位。在此情况下，企业会长期拥有较高的毛利率。为此，我们应该关注的是企业所拥有的垄断地位的持久性。

第二，企业所从事的产品经营活动具有较强的核心竞争力。在此情况下，企业会比同类企业拥有较高的毛利率。此时我们应该关注企业长期保持其核心竞争力的能力。

第三，企业所从事的产品经营活动由于行业周期性波动而出现暂时的毛利率走高。在此情况下，我们应该关注企业所处的行业周期的变化规律。

第四，企业由于产大于销、存货积压而导致毛利率升高。在此情况下，我们应该分析企业的产品生产决策是否符合市场的需求。

第五，企业在会计处理上故意选择调高毛利率的会计处理方式。在此情况下，我们应该关注注册会计师出具的审计报告的意见类型与措辞，以判断企业是否存在人为的操纵行为。

（2）毛利率较低的原因分析

第一，企业所生产的产品生命周期已经到达衰退期。此时，通常会伴随着全行业的毛利率下滑。在此情况下，我们应该关注企业在产品转型、新产品开发方面的投入状况，借以判断企业未来盈利的前景。

第二，企业所生产的产品的品牌、质量、成本和价格等在市场上没有竞争力。在此情况下，我们应该关注企业的核心竞争力到底体现在哪些方面，企业有无未来发展前景。

第三，企业会计处理不当，故意选择调低毛利率的方式。在此情况下，我们同样应该通过注册会计师出具的审计报告的意见类型与措辞来判断企业是否存在操纵行为。

无论是哪种情况造成的毛利率下滑，都意味着企业产品的盈利能力在下降。

案例6-2　　宝山钢铁营业收入与营业成本分析

2007年宝山钢铁主要钢铁产品营业收入、营业成本情况见表6-9。

表6-9　**2007年宝山钢铁主要钢铁产品营业收入、营业成本情况**　金额单位：亿元

产　品	营业收入	营业成本	毛利率	营业收入比上年增减	营业成本比上年增减	毛利率比上年增减
冷轧碳钢板卷	324.54	252.01	22.35%	6.84%	6.32%	0.38%
热轧碳钢板卷	423.41	321.95	23.96%	39.23%	38.21%	0.56%
宽厚板	79.37	52.83	33.44%	59.21%	35.79%	11.48%
不锈钢板卷	205.82	217.71	−5.78%	5.40%	25.99%	−17.29%
特种钢	105.61	107.56	−1.85%	1.41%	32.07%	8.22%
其他钢铁产品	144.81	114.49	20.93%	−11.62%	−10.45%	−1.04%
小　计	1 283.57	1 066.55	16.91%	16.28%	19.71%	−2.38%

根据上述资料以及宝山钢铁2007年财务报告和其他相关资料分析，宝山钢铁2007年营业收入增长的主要原因是销量的增加和钢铁产品价格的增长。宝山钢铁2007年营业利润主要来源于钢铁业务，钢铁业务是宝山钢铁的支柱业务和主要利润增长点。其钢铁产品中冷轧碳钢板卷和热轧碳钢板卷是其利润的主要来源，2007年热轧碳钢板卷和宽厚板产品的营业收入增幅较大；虽然不锈钢板卷和特种钢产品的营业收入都有不同程度的增长，但由于营业成本的增幅更大，导致这两种产品出现亏损；其他钢铁产品的营业收入则趋向于萎缩。

营业成本方面，与上年相比，不同业务的营业成本都超过了营业收入的增幅。2007年材料价格波动较大，使营业成本受到较大的影响。2007年该公司主要钢铁产品的营业成本的增幅超过了营业收入的增幅，而不锈钢板卷和特种钢甚至出现了营业成本高于营业收入的情况。其不锈钢业务亏损的主要原因就是相关产品的价格跌幅大于其成本跌幅。同时，由于该公司在相关产品的生产、技术、质量等方面存在经验较少、质量控制和攻关能力不足等问题，也制约了产品毛利水平。

该公司应当及时调整产品结构，加强成本控制，优化技术经济指标，同时

加大市场开拓力度，努力保持稳定的产销规模，以降低相关产品的成本及经营风险。

（二）期间费用分析

1.销售费用

从销售费用的基本构成来看，有的与企业的业务活动规模有关（如运输费、装卸费、整理费、包装费、保险费、销售佣金、差旅费、展览费、委托代销手续费、检验费等），有的与企业从事销售活动人员的待遇有关（如营销人员的工资和福利费），也有的与企业的未来发展、开拓市场、扩大企业品牌的知名度等有关（如广告费）。管理层可以减少广告费、营销人员的工资和福利费等或者对其严加控制。但是，在业务处于发展态势的情况下，企业的销售费用不应当被缩减，片面追求在一定时期内减少销售费用，有可能对企业的长期发展不利，也可能影响销售人员的积极性。

2.管理费用

与销售费用一样，尽管管理层可以减少业务招待费、研究费用、董事会会费、职工教育经费、涉外费、租赁费、咨询费、审计费、诉讼费、修理费、管理人员工资及福利费等管理费用或者对其严加控制，但是，此类措施对企业的长期发展不利，并且可能会影响相关员工的积极性。

折旧费、摊销费等是企业以前各个会计期间已经支出的费用，不存在控制其支出规模的问题。对这类费用的处理更多地受企业会计政策的影响。

3.财务费用

财务费用是指企业在资金筹集和运用中发生的各项费用。其内容主要包括企业生产经营期间发生的利息净支出（减利息收入）、汇兑净损失、金融机构手续费以及筹资发生的其他财务费用等。其中，经营期间发生的贷款利息支出构成了企业财务费用的主体。

我们知道，企业贷款利息水平的高低，主要取决于贷款规模、贷款利息率和贷款期限。

（1）贷款规模

概括地说，如果因贷款规模降低而导致列入利润表的财务费用下降，则企业会因此而改善盈利能力，但是企业的发展可能会因贷款规模的降低而受限。

（2）贷款利息率和贷款期限

从企业融资的角度来看，贷款利息率的具体水平主要取决于一定时期资本市场的供求关系、贷款规模、贷款的担保条件以及贷款企业的信誉等。在利率的选择上，可以采用固定利率、变动利率或浮动利率等。可见，贷款利率的影响因素中，既有不可控制的因素，也有可以控制的因素。在不考虑贷款规模和贷款期限的条件下，企业的利息费用将随着利率水平而波动。而贷款期限对企业财务费用的影响，也主要体现在利率因素上。

当企业的财务费用由于受贷款利率的影响而发生较大的变化时，分析人员需要甄别引起贷款利率变化的主要因素是可控因素还是不可控因素。如果是可控因素，还应进一步探究这些因素的变化是否暗示了企业的财务状况的改变。

■ 案例6-3　　宝山钢铁期间费用分析

宝山钢铁2006年、2007年期间费用变动情况见表6-10。

表6-10　　宝山钢铁2006年、2007年期间费用变动情况　　金额单位：亿元

项　目	2007年	2006年	对比差异	差异比
销售费用	20.18	22.18	-2.00	-9.0%
管理费用	52.20	53.78	-1.58	-2.9%
财务费用	9.55	10.18	-0.63	-6.2%
其中：利息收入	-0.81	-0.63	-0.18	27.8%
利息支出	18.78	14.09	4.69	33.3%
汇兑损益	-8.89	-3.83	-5.06	132.4%
其他	0.47	0.55	-0.08	-14.7%

2007年度，宝山钢铁销售费用、管理费用、财务费用较去年同期均有所下降。在营业收入增长的条件下，销售费用和管理费用的下降很可能是由于公司重点推进包括产销研一体化、集中采购、集中销售、技术推广和移植、管理技术推广、管理一体化、信息化建设等7大类43个一体化协同项目所带来的成效。

财务费用方面，利息支出比上年增加了4.69亿元。该公司付息债务规模同比显著增长及央行2007年6次加息影响，使利息支出比上年增加了33.3%。本年度整体财务费用比上年下降了0.63亿元，其主要原因是该公司把握人民币加速升值的契机，主动扩大美元融资规模，使汇兑收益同比大幅增加5.06亿元。

分析过程中我们需要注意的是，一些企业可能会通过调整营业成本及期间费用以达到降低或提高利润的目的。企业可能采取的调整营业成本及期间费用的方法有：调整应计费用的入账时间；调节资产转化为费用的时间，如推迟或提前确认资产减值准备；推迟企业的已经完工的固定资产由"在建工程"转为"固定资产"，从而推迟开始计提折旧的时间；选择较为长久的固定资产折旧期，以延缓固定资产账面价值的减少速度；通过成本会计系统的处理，降低产成品的成本含量，增大在产品的成本含量等。

（三）营业成本与资产负债表相关项目之间的关系

企业，特别是制造业企业，其存货销售后转换为营业成本。而存货，特别是库存商品，是由固定资产生产出来的，在企业产能没有发生较大变化时，企业销售规模相对是确定的。营业收入的增长主要来自于销售价格，而充分竞争的环境下，销售价格的变动也是有限的。在合理的范围内，企业同等的产品能以更高的价格出售

也是企业竞争力的有力表现。由于营业成本、存货、固定资产存在以上逻辑关系，所以，资产负债表存货项目、固定资产项目和利润表营业收入、营业成本也应该保持一定的相关性，营业收入与营业成本应该保持同向的变化趋势，而营业成本与存货、固定资产也应该保持相关的变化趋势。

企业固定资产的快速增长如果没有带来相应的营业收入增长，说明企业产能过剩或产品积压，其结果都会降低企业收益质量。

（四）营业费用与经营现金流量之间的关系

存货销售后转换为营业成本，存货的成本构成主要包括制造过程中所消耗的材料费、人工费和固定资产折旧、无形资产摊销等费用。而经营现金各流出项目主要表现为企业本期为取得营业收入而消耗的资源中直接付现的材料费、人工费、税费及间接费用等。因此，营业成本及相关费用与经营现金各流出项目也应该保持一定相关性。

$$\text{购买商品、接受劳务支付的现金} = \text{营业成本} + \text{存货增加} + \text{应付账款减少} + \text{应付票据减少} + \text{预付账款增加}$$

企业付款出现不利于现金流量表中经营活动产生的现金流量净额增加的变化。我们可以通过比较企业利润表本年度与上年度的营业成本数字，资产负债表年末与年初应付账款、应付票据与预付账款的规模变化，以及现金流量表中“购买商品、接受劳务支付的现金”的情况来判断企业付款是否出现了不利于经营活动产生的现金流量净额增加。企业也可能存在不恰当的资金运作行为。如某些企业的“支付的其他与经营活动有关的现金流量”金额巨大，“其他”活动成了主流活动。

本章小结

企业生产经营的过程，既是各项收入的取得过程，也是资源消耗即费用发生过程。伴随着收入的取得，一定引起企业资产的增加或负债的减少。在确认商品销售收入的当期，应当将已经销售存货的成本结转为当期营业成本。

尽管公司持续获得收入，但是会计上却只是在收入实现时才确认收入。企业销售商品，必须同时满足五个条件，才能确认为收入。

货币性资产，是指企业持有的货币资金和将以固定或可确定的金额收取的资产，即企业在销售商品、提供劳务等日常经营活动过程中获取的货币资金或取得的索取一定货款的权利。资产负债表中货币性资产项目主要包括货币资金、应收票据、应收账款等。

存货是指企业在日常活动中持有以备出售的产成品或商品、处在生产过程中的在产品、在生产过程或提供劳务过程中耗用的材料、物料等。存货区别于固定资产等非流动资产的最基本的特征是，企业持有存货的最终目的是出售。存货包括可供直接销售的产成品、商品，以及需经过进一步加工后出售的原材料等。存货属于企业的流动资产。

一般情况下，存货以其取得成本计量。在商品流通企业中，成本实质上就是为取得货物所支付的费用。在制造业企业中，产品成本除原材料成本外，还包括人工成本以及在将原材料转化为产成品的过程中发生的其他生产费用。在各类企业中，不能对象化的费用称为期间费用，主要包括管理费用、销售费用、财务费用。

存货日常核算制度包括定期盘存制和永续盘存制。发出存货的计量方法主要包括个别认定法、加权平均法、先进先出法。

会计师在确认与计量收入的同时，一定以相等的金额确认与计量资产的增加或负债的减少，双向资金变化的会计处理使得资产负债表中货币性资产项目与利润表中"营业收入"项目以及现金流量表中"经营活动产生的现金流量——销售商品、提供劳务收到的现金"项目存在严密的逻辑关系。通过对这种客观存在的逻辑关系进行深刻剖析，就能够深刻揭示企业经营质量。

会计师在确认与计量营业收入的同时还要同期配比确认与计量营业成本和期间费用，同时也一定以相等的金额确认与计量资产的减少或负债的增加。这种资金双向变化处理的结果使得资产负债表中"存货"等项目与利润表中"营业成本"及相关经营费用项目以及经营现金流出各项目间产生了一定的相关性。通过对这种客观存在的逻辑关系进行深刻剖析，就能够揭示一个企业的资源消耗状况，并进一步反映企业经营质量和市场竞争能力。

思考与练习

■ 思考题

1. 依据我国企业会计准则，说明什么是收入，其包括哪些内容，具有哪些特征。

2. 销售商品收入的确认有哪些条件？

3. 依据我国企业会计准则，说明什么是费用，其包括哪些内容，具有哪些特征。

4. 什么是营业成本？如何确认与计量？

5. 发出存货的计价方法主要有哪些？发出存货的计价方法对企业财务状况和经营成果有何影响？

6. 什么是存货？有何特征？

7. 存货的确认应具备哪些条件？

8. 什么是期间费用？通常包括哪些内容？

9. 利润表中的"营业收入"与现金流量表中"经营活动产生的现金流量——销售商品、提供劳务收到的现金"是何关系？

10. 说说收入背后有哪些故事，资源消耗有哪些秘密。

■ 练习题

一、单项选择题

1.下列各项中，符合收入会计要素定义，可以确认收入的是（　　）。

A.出售无形资产的价款　　B.出售固定资产的价款

C.出售原材料的价款　　D.出售长期股权投资的价款

2.企业销售商品时代垫的运费应记入（　　）账户。

A.应收账款　　B.预付账款

C.财务费用　　D.销售费用

3.企业因销售商品、提供劳务等，应向购货单位或接受劳务单位收取的款项是（　　）。

A.应收票据　　B.应收账款

C.其他应收款　　D.预付账款

4.下列业务中属于银行存款增加的业务是（　　）。

A.从银行提取库存现金　　B.从银行取得短期借款

C.支付前欠货款　　D.销售商品收到商业汇票一张

5.存货计价采用先进先出法，在存货价格上涨的情况下，将会使企业（　　）。

A.期末存货升高、当期利润减少　　B.期末存货升高、当期利润增加

C.期末存货减少、当期利润减少　　D.期末存货减少、当期利润增加

6.企业下列账户的期末余额不应列示于资产负债表"存货"项目下的是（　　）。

A.在途物资　　B.工程物资

C.委托加工物资　　D.生产成本

7.企业外购存货发生的下列支出中，通常不计入采购成本的是（　　）。

A.运输途中的保险费　　B.运输途中的合理损耗

C.入库前的挑选整理费用　　D.市内零星货物运杂费

8.制造企业购进存货支付的运杂费，一般应当计入（　　）。

A.销售费用　　B.管理费用

C.其他业务成本　　D.存货成本

9.企业为扩大销售市场发生的业务招待费，应当计入（　　）。

A.管理费用　　B.营业外支出

C.销售费用　　D.其他业务成本

10.下列各项中，属于费用确认的基础原则有（　　）。

A.及时性原则　　B.明晰性原则

C.历史成本原则　　D.配比原则

11.企业发生的产品促销费用，应当计入（　　）。

A.制造费用　　B.销售费用

C.管理费用　　D.财务费用

12.企业生产车间领用管理用周转材料，其成本应计入（　　）。

A.制造费用　　B.销售费用

C.管理费用　　D.其他业务成本

二、多项选择题

1.收入的特征表现为（　　）。

A.收入表现为所收取的全部款项　　B.收入是日常活动中产生的

C.收入可能表现为资产的增加　　D.收入可能表现为所有者权益的增加

E.收入可能表现为负债的减少

2.企业日常经营活动中取得的收入包括（　　）。

A.销售商品的收入　　B.提供劳务的收入

C.销售固定资产所取得的价款　　D.让渡资产使用权的收入

E.接受捐赠

3.销售商品收入确认的条件包括（　　）。

A.企业已将商品所有权上的主要风险和报酬转移给购货方

B.企业既没有保留通常与所有权相联系的继续管理权，也没有对已售出的商品实施控制

C.收入的金额能够可靠地计量

D.与交易相关的经济利益很可能流入企业

E.相关的已发生或将发生的成本能够可靠地计量

4.费用的特征有（　　）。

A.费用表现为所支付的全部款项　　B.费用是日常活动中产生的

C.费用可能表现为资产的减少　　D.费用可能表现为所有者权益的减少

E.费用可能表现为负债的增加

5.期间费用主要包括（　　）。

A.制造费用　　B.所得税费用

C.管理费用　　D.财务费用

E.销售费用

6.下列费用中，属于管理费用开支范围的有（　　）。

A.车船税　　B.技术转让费

C.研究费用　　D.排污费

E.法律顾问费

7.下列应计入销售费用的项目有（　　）。

A.广告费　　B.利息支出

C.汇兑损失　　D.展览费

E.现金折扣

8.下列有关永续盘存制的表述中，正确的有（　　）。

A.能够随时反映存货的增减变动和结存情况

B.平时在存货的明细账中只记增加不记减少

C.能够简化存货的日常核算工作

D.有利于加强对存货的管理和控制

E.通过期末存货盘点结果来确定存货结存数量

三、业务题

1. CC公司2016年7月发生下列销售业务：

（1）销售给五羊公司甲产品40件，单位售价450元，乙产品10件，单位售价390元，增值税税额3 723元，货款及增值税已存入银行；

（2）以银行存款支付销售甲、乙两种产品运费500元；

（3）销售给铁一公司乙产品20件，单位售价390元，增值税1 326元，用银行存款代垫运杂费180元，货款、增值税及运费均未收到；

（4）预收M建公司购买甲产品款8 700元存入银行；

（5）计算本月应交已售产品消费税1 600元；

（6）以银行存款600元支付产品广告费；

（7）结转本月已售甲、乙两种产品的成本，甲产品单位成本280.75元，乙产品单位成本265元。

2.CC公司2016年7月份发生下列商品采购业务：

（1）CC公司向达成工厂购入A商品8 000千克，单价12元/千克；收到达成工厂开来的增值税专用发票，价款96 000元，增值税16 320元，货款及增值税均以商业承兑汇票结算。

（2）CC公司用银行存款支付上述购入A商品的运费2 000元。

（3）CC公司向创新工厂购入B商品4 000千克，单价5元/千克，C商品1 000千克，单价15元/千克；收到创新工厂开来的增值税专用发票，货款35 000元，增值税5 950元，货款及增值税均未支付。

（4）CC公司以银行存款支付上述B、C两种商品的运费300元（运费按商品重量比例分配）。

（5）CC公司以银行存款偿还前欠新兴工厂货款31 080元。

（6）CC公司根据合同规定向龙强工厂预付购买D商品款31 590元。

（7）CC公司收到龙强工厂发来预付款购买的D商品3 000千克，单价9元/千克，增值税4 590元。

（8）计算并结转已验收入库商品的实际采购成本。

（9）CC公司本月销售A商品5 000千克，B商品2 000千克，C商品500千克，D商品500千克，试结转本月已销商品销售成本。

要求：根据上述经济业务编制会计分录。

3.CC公司2016年7月份发生下列业务：

（1）企业人力资源部职工赵明出差归来，报销差旅费3 500元，其预借的差旅费为5 000元，多余的现金1 500元已退回财务部。

（2）购入办公用品一批，以银行存款支付全部价款12 000元。

（3）按规定计提本月企业行政管理部门的固定资产折旧30 000元。

（4）按税法规定计算出本月应缴纳的房产税为50 000元，应缴纳的车船税为6 000元。

（5）以现金支付招待客户的费用1 800元。

（6）分配本月的职工薪酬，其中，应付企业行政管理部门职工的工资200 000元、福利费28 000元，应付专设销售机构职工的工资40 000元，职工福利费5 600元。

（7）本月以银行存款支付产品的广告费60 000元。

（8）接到开户银行通知，已从企业存款户扣收本月办理各种结算业务的手续费8 000元。

（9）按规定计提本月的短期借款利息5 000元。

（10）月末，将本月期间费用结转“本年利润”。

要求：根据上述经济业务编制会计分录。

4.CC公司2016年生产甲、乙两种产品，7月初在产品成本资料见表6-11。

表6-11 **月初在产品成本资料** 金额单位：元

名称	数量（件）	直接材料	直接人工	制造费用	合计
甲产品	200	7 417	3 090	2 420	12 927
乙产品	75	4 726	1 610	1 288	7 624
合计		12 143	4 700	3 708	20 551

CC公司7月份发生下列生产业务：

（1）生产甲产品领用A材料500千克，单价12.25元/千克，领用B材料3 300千克，单价5.06元/千克，仓库已发料；

（2）用银行存款支付生产车间办公费500元；

（3）用银行存款2 400元支付第三季度车间房租，并相应摊销本月负担的部分；

（4）生产车间领用D材料200千克，单价9元/千克，用于生产设备维修，仓库已发料；

（5）开出转账支票支付本月生产车间水电费900元；

（6）生产乙产品领用C材料6 500千克，单价15.6元/千克，仓库已发料；

（7）月末，计算本月应付职工工资16 800元，其中，甲产品生产工人工资8 000元，乙产品生产工人工资6 000元，车间管理人员工资1 800元，厂部管理人员工资1 000元；

（8）月末，依据职工工资总额的14%计提职工福利费；

（9）月末，计提本月固定资产折旧费，其中，车间固定资产折旧费628元，厂部固定资产折旧费342元；

（10）月末，将本月发生的制造费用按生产工人的工资比例分配转入生产成本；

（11）月末，甲产品120件、乙产品100件全部完工验收入库，均无期末在产品，计算并结转完工产品的实际生产成本。

要求：

（1）编制上述经济业务的会计分录。

（2）设置并登记“生产成本明细账”。

（3）编制“产品成本计算单”。

案例分析

案例6-4 华兴公司[①]

华兴公司主要从事电子设备的生产、设计和安装业务。该公司系增值税一般纳税企业，适用的增值税税率为17%。注册会计师在对该公司2016年度会计报表进行审计的过程中发现以下事实：

（1）2016年9月20日，该公司与甲企业签订产品委托代销合同。合同规定，采用视同买断方式进行代销，甲企业代销A电子设备100台，每台销售价格（不含增值税价格，下同）为50万元。至12月31日，该公司向甲企业发出80台A电子设备，收到甲企业寄来的代销清单上注明已销售40台A电子设备。该公司在2016年度确认销售80台A电子设备的销售收入，并结转了相应成本。

（2）2016年10月10日，该公司向其全资子公司乙企业销售B电子设备60台，每台销售价格为400万元。B电子设备每台的销售成本为250万元。该公司已将60台发送到乙企业。乙企业在对该B电子设备进行验收后已如数将货款通过银行汇至该公司。该公司在2016年度以每台400万元的价格确认销售收入，并相应结转销售成本。B电子设备全部通过乙企业对外销售，不向其他公司销售。

（3）2016年10月15日，该公司与丙企业签订销售、安装B设备1台的合同，合同总价款为800万元。合同规定，该公司向丙企业销售B设备1台并承担安装调试任务。丙企业在合同签订的次日预付了价款700万元。B设备安装调试并试运行正常，且经丙企业验收合格后一次性支付余款100万元。至12月31日，该公司已将B设备运抵丙企业，安装工作尚未开始。B设备的销售成本为每台500万元。该公司在2015年度按800万元确认销售B设备的销售收入，并按500万元结转销售成本。

（4）2016年12月20日，该公司与W企业签订销售合同。合同规定，该公司向W企业销售D电子设备50台，每台销售价格为400万元。12月22日，该公司又与W企业就D电子设备签订补充合同。补充合同规定，该公司应在2016年3月20日前以每台408万元的价格将D电子设备全部购回。该公司已于12月25日收到D电子设备的销售价款，2016年度已按每台400万元的销售价格确认相应的销售收入，并相应结转成本。

---

① 资料来源：殷枫.会计学案例［M］.上海：上海财经大学出版社，2010：115.

案例分析与讨论：

判断华兴公司上述收入的确认是否正确，并说明理由。

案例6-5　　莫根公司与伍德制造公司①

查理是莫根公司的CEO，他正着手评价公司的业绩。作为一名CEO，他最关心的是公司营运方面的状况。在莫根公司，毛利率被认为是衡量经营业绩的主要指标。表6-13列出了莫根公司2016年的利润表和资产负债表。根据这些数据，查理计算出莫根公司的毛利率（44.5%）。查理认为莫根公司最近做出了重大改进，公司业绩一定超过了其主要竞争对手伍德公司，这将会在财务报表中得到体现。但当他看到伍德公司2016年的财务报表时，他很失望。尽管两个公司的毛利率相近，但他推断，伍德公司的业绩可能会好一些。

表6-12　**莫根公司和伍德公司财务报表**　单位：万美元

项　目	莫根公司		伍德公司	
	2015年	2016年	2015年	2016年
利润表：				
营业收入	150 000	200 000	150 000	200 000
营业成本	81 000	111 000	80 000	110 000
毛利	69 000	89 000	70 000	90 000
销售和管理费用	45 000	60 000	45 000	60 000
税前利润	24 000	29 000	25 000	30 000
所得税费用	9 600	11 600	10 000	12 000
净利润	14 400	17 400	15 000	18 000
资产负债表：				
货币资金	10 000	14 000	10 000	14 000
应收账款	25 000	35 000	25 000	35 000
存货	12 000	10 000	14 000	17 000
固定资产	138 500	158 000	138 500	158 000
资产总计	185 500	217 000	187 500	224 000
流动负债	25 000	32 500	25 000	33 000
非流动负债	50 000	67 500	50 000	67 500
实收资本	40 000	40 000	40 000	40 000
留存收益	70 500	77 000	72 500	83 500
负债和所有者权益总计	185 500	217 000	187 500	224 000

① 资料来源：安索尼，里斯，赫特斯坦.会计学［M］. 9版.骆珣，等，译.北京：北京大学出版社，2000：163.

查理有点心烦意乱，他向会计主管杰瑞咨询：“我知道我们的运营比伍德公司要好，可伍德公司的业绩为什么会比我们好呢？”杰瑞回答：“我不敢肯定两个公司的业绩谁好谁坏，但我知道，我们与伍德公司采用的发出存货计价方法不同，您考虑过这些因素吗？”查理说：“没有。”杰瑞接着说：“我们采用加权平均法，伍德公司采用的是先进先出法。两种不同的计量方法导致2015年和2016年的存货余额差异为1 000万美元和7 000万美元。”

查理不知道如何调整报告的结果，以便在可比的基础上进行比较。

案例分析与讨论：

1.伍德公司的毛利率为多少？

2.利润表或资产负债表上哪个项目和财务指标受不同的存货计量方法的影响？试解释不同存货计量方法的选择如何影响人们直接比较两家公司业绩的能力？

3.运用表中信息，调整2016年结果，以便能通过毛利率比较两家公司的业绩。

4.你认为两家公司中哪一家的业绩好一些？为什么？

第七章

企业投融资活动对财务报表的影响

导入案例

2016年秋，范里创建了一个名为“新希望”的塑料瓶粉碎工厂。新希望公司开业前需要购买一辆卡车、一辆拖斗车来运输瓶子，需要两台粉碎机粉碎废旧塑料瓶，同时还需购买运行和维护机器所需的一些备品备件。范里又找到一个价值282 000元的非常适合改造为工厂的仓库。

取得以上资产一共需要资金500 000元，而范里的全部积蓄只有200 000元，如果“新希望”公司能够顺利开业，范里需要再融资300 000元。

范里首先找了他的妹妹和哥哥，希望他们能够把他们的积蓄借给他。虽然范里的妹妹和哥哥也非常看好此项目，但只愿意给范里投资而不愿意借钱给他，最后范里同意他们入伙，他们每人向新希望公司投资了100 000元。范里又以仓库抵押，向银行借款200 000元。这样范里就取得了确保新希望公司顺利开业所需的全部资金而且留有一定的流动资金确保日常开支和招募员工。范里顺利地开启了实现梦想的旅程。

试问：

（1）新希望公司顺利开业所需的资本主要来源渠道有哪些？

（2）范里的哥哥和妹妹为什么不愿意借钱给范里，而只愿意给新希望公司投资？如果是你，你将怎样选择？你认为新希望公司的股东持股比例如何确定才比较合理？

（3）新希望公司在正式开展经营活动前，做了哪些准备工作？

（4）新希望公司在正式开展经营活动前，购厂房、买设备属于哪类营利性活动？

（5）企业筹资活动与投资是何关系？

学习目标

在本章中，你将学到：

（1）固定资产和无形资产的概念及其内容。

（2）固定资产和无形资产初始确认与计量。

（3）企业筹资渠道有哪些？负债和所有者权益的具体内容主要包括哪些？

（4）固定资产和无形资产的会计处理。

（5）负债和所有者权益的会计处理。

（6）企业对内投资活动、筹资活动对财务状况、经营状况的影响。

企业是以营利为目的的经济组织，任何一个企业要完成所设立的目标，必须具备物质基础（如需要经营场所、设备等资产）和在激烈的竞争中取胜的能力（如拥有核心技术、独特经营模式等），即企业要想盈利必须取得可以在未来时期给企业带来收益的资产。取得这些资产发生的业务就是企业开展的投资活动，而筹集取得资产所需资金发生的业务即是企业开展的筹资活动。投资活动是指企业购置或处置非流动资产所发生的交易或事项，包括对外投资活动和对内投资活动。考虑到初学者的接受程度，本章只讨论基本的长期资产的购置、购置成本向费用的转化（折旧与摊销）、当这些资产不能再提供服务后的清理处置等方面的会计处理，企业基本筹资业务的会计处理，以及企业对内投资活动、筹资活动对财务报表的影响。

第一节　固定资产与无形资产

企业对内投资活动主要是指企业购置或处置生产经营所需的固定资产、无形资产等长期资产而发生的交易或事项。

一、长期资产的性质和类型

当一个经济实体发生一笔支出时，它从所购商品或劳务中取得的收益要么在当期获得，要么预期在未来期间获得。如果收益在当期获得，商品或劳务的成本称为费用，会计上称之为收益性支出；如果预期在未来期间受益，那么当期的购入成本形成资产，发生的支出就是取得资产的成本，会计上称之为资本性支出。

长期资产的性质类似于预付保险费或其他预付费用。它一开始作为资产记录下来，然后在将来一个或更多的期间内转化为费用。不同之处在于绝大多数长期资产的使用期间比预付费用的使用期间长。

图7-1用T形账户表明了支出如何在当期费用化（期间成本），或资本化计入一个资产账户然后在以后期间内摊销。值得注意的是，所有的成本最终都会计入费用，只不过资产的成本在一个长达几年的期间内计入费用，而期间成本在发生期间计入费用。

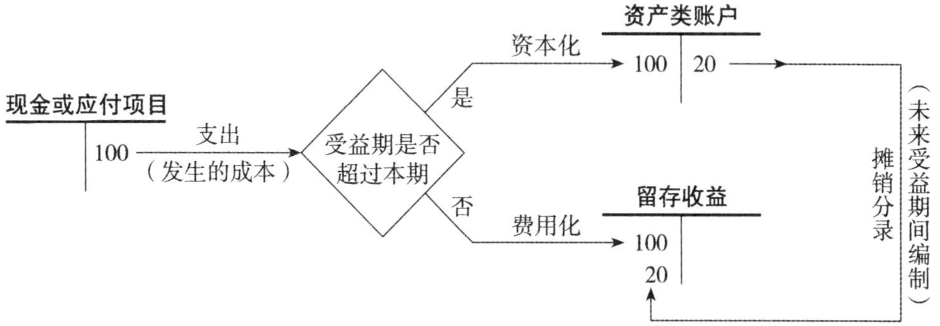

图7-1　支出的费用化或资本化

为满足重要性原则，那些低单位成本的资产项目（如计算器、手工用具等）直接列入取得当前费用，而不论它们是否会被使用很长时间。每个公司都会对能够资本化的资产项目设定自己的标准。一般来说，标准往往以资产取得成本为依据划分，成本低于标准线的资产项目就在当期费用化了。

资本性支出与费用性支出的界限有时并不十分清晰，如资产改良支出、资产改造支出等，请大家在以后的学习和工作中注意。

我国《企业会计准则第30号——财务报表列报》对于一般企业的资产负债表要求报告的长期资产主要包括两类非流动资产：第一类为对外投资资产，如可供出售金融资产、持有至到期投资、长期应收款和长期股权投资等；第二类为对内投资资产，如投资性房地产、固定资产、在建工程、无形资产等。本章将主要讨论固定资产、无形资产及其费用化的处理。

【例7-1】程鑫是一名刚毕业的会计本科生，在华宇公司财务部谋得了一份薪水比较理想的财务工作。公司的总会计师安排他负责固定资产的核算工作。工作的第一个月，恰逢华宇公司购入10台新笔记本电脑，总值为8.8万元。程鑫按其所掌握的财务知识，将该批电脑按成本借记了“固定资产”账户，但华宇公司的经理吴理要求程鑫将购买的笔记本电脑的按成本借记“管理费用”账户。请思考，程鑫该怎么做?

有关华宇公司购入总值8.8万元笔记本电脑的会计处理，程鑫与经理吴理的分歧就在于资本性支出与费用性支出划分。

程鑫认为该支出属于资本性支出，应该确认为“固定资产”，而经理吴理则要求程鑫将该支出作为费用性支出处理。

二、固定资产

（一）固定资产的定义与分类

企业经营中持有的以服务于自身经营使用为目的，而不是以出售为目的长期资产可进一步分为固定资产和无形资产。固定资产是一种长期资产，其特点是可供企业在生产经营活动及其他活动中长期使用，并保持其原有的物质形态不变。具体地说，固定资产是指同时具有下列三个特征的资产：（1）为生产商品、提供劳务、出租或经营管理而持有；（2）使用寿命超过一个会计年度；（3）固定资产为有形资产。

企业的固定资产种类繁多、规格不一，对固定资产进行合理的分类，是合理组织固定资产核算和进行固定资产管理的重要条件。企业的固定资产依据不同的管理需要和核算要求以及不同的分类标准，可以进行不同的分类。

按经济用途和使用情况，固定资产分为：生产用固定资产、非生产用固定资产、租出固定资产、融资租入固定资产等类型。

按来源渠道，固定资产可分为：外购取得的固定资产、自行建造取得的固定资产、接受投资取得的固定资产、融资租入取得的固定资产、接受捐赠取得的固定资产、非货币性资产交换取得的固定资产、债务重组取得的固定资产等类型。

（二）固定资产的确认与计量

1.固定资产的初始确认

要将一项资产确认为企业的固定资产，除需要符合固定资产的定义外，还必须同时满足以下两个条件：

（1）该固定资产包含的经济利益很可能流入企业

固定资产包含的经济利益是指通过固定资产的使用预期会给企业带来的经济利益，具体是指直接或者间接导致现金和现金等价物流入企业的潜力。比如，企业用来生产产品的机器设备，有助于企业产品的形成，等生产出来的产品在市场上销售以后，很可能给企业带来现金的流入。

（2）该固定资产的成本能够可靠计量

固定资产的成本主要是指企业取得固定资产时所发生的必要支出。例如，企业外购某一固定资产时，所支付的购买价款、进口关税和其他税费，以及使固定资产在达到预定可使用状态前所发生的可归属于该项资产的场地整理费、运输费、装卸费、安装费和专业人员服务费等，都属于企业取得该项资产所发生的支出，应全部计入该固定资产的成本。但这些成本的计入必须以发票、运输费单据、装卸安装费用单据等作为可靠依据。自行建造固定资产的成本，由建造该项资产达到预定可使用状态前所发生的必要支出构成。如自行建造一栋房屋用于企业经营，会发生建筑材料费、施工人员费和机械使用费等。如果该项目的资金来自于银行长期借款，还会发生长期借款利息支出，这些必要支出都要依据有关凭证计入所建房屋的成本。

【例 7-2】沿【例 7-1】，有关华宇公司购入总值8.8万元的笔记本电脑的支出应该如何确认？

因为，华宇公司购入的笔记本电脑：单位价值8 800元/台，使用年限超过1年，购入目的是以服务企业经营使用而非出售。

所以，华宇公司购入笔记本符合“固定资产”定义。

又因为华宇公司取得笔记本的目的是通过使用给企业带来经济利益，其取得成本明确。

所以华宇公司购入笔记本符合“固定资产”确认条件。

因此，程鑫认为，该支出属于资本性支出，应该确认为“固定资产”的判断是较为合理的，而吴理的要求无理。

2.固定资产的初始计量

固定资产的计量是指将固定资产登记入账并列入财务报告的金额。固定资产的计量包括初始计量和后续计量两个方面。

固定资产的初始计量是指企业在以不同方式取得固定资产时，对固定资产初始成本的确认和计算。固定资产成本是指企业取得某项固定资产达到预定可使用状态前所发生的一切合理、必要的支出扣除可以抵扣的税费。

由于企业的固定资产来源方式不同，其初始成本的组成内容也不尽相同。

外购固定资产的成本，包括购买价款、不能抵扣的税费、使固定资产达到预定可使用状态前所发生的可归属于该项资产的运输费、装卸费、安装费和专业人员服务费等。

投资者投入固定资产的成本，应当按照投资合同或协议约定的价值确定，但合同或协议约定价值不公允的除外。

其他渠道取得的固定资产成本确定将在后续课程中学习。

知识拓展7-1　　固定资产的计价标准

为正确衡量固定资产价值，常使用的固定资产价值标准主要有以下三种：

1.固定资产的原始价值。固定资产的原始价值简称原价或原值，也称为历史成本。它是指企业在购置、建造等来源取得某项固定资产并使其达到预定可使用状态前所发生的一切支出扣除可以抵扣的税费，包括固定资产的购进原价及由本企业负担的装卸费、保险费、运杂费和安装成本等有关费用。按这种方法计算的价值，均是实际发生并有支付凭据的支出。由于它具有客观性和可验证性，原值成为固定资产的基本计价标准。在我国会计实务中，固定资产的计价均采用原始价值。

2.固定资产的重置价值。固定资产的重置价值，是指在当时的生产条件下，重新购建同样的固定资产所需要的全部支出。

3.固定资产的折余价值。固定资产的折余价值，也称固定资产净值，是指固定资产原始价值或重置完全价值减去已提折旧后的净额。用折余价值对固定资产计价的优点在于可以反映企业实际占用固定资产的数额和固定资产的新旧程度；缺点在于不能反映固定资产原始投资数额。这种方法主要用于计算盘盈、盘亏、毁损固定资产的溢余或损失等。

3.固定资产的后续计量

固定资产的后续计量主要包括固定资产折旧的计提、减值损失确定，以及后续支出的计量。本章只讨论固定资产折旧的计提，其他内容将在后续课程学习。

（1）折旧的概念与计提范围

企业购置和取得各种固定资产的目的，在于它们具有潜在的服务能力，使其在有效使用期内能带来营业收入。固定资产的这种服务潜力随着其在生产经营活动中的被利用会逐渐衰减或消逝。这部分已消逝的服务潜力与企业的收益密切相关。企业作为一个自主经营法人，具有资本保全的责任，只有在保证投入资本完整无缺的条件下，才能真实地确定收益的多少。因此，在确定企业的收益时，应将固定资产的取得成本，依照已经损耗的价值占原有价值的比例，逐期计入生产经营成本，使之与收益相配比。

在固定资产使用过程中，由于发生损耗而逐渐地、部分地转移到产品成本和有关费用中去的那部分价值，称为折旧。固定资产折旧计入生产成本的过程，即固定资产随着价值的转移，以折旧的形式从营业收入中得到补偿，并转化为货币资金的过程。从本质上来讲，固定资产也是一种费用，是非付现的预付费用，因为这种费用是前期已经发生的支出，而支出的收益在资产投入使用后的有效使用期内实现，属于资本性支出。所以，无论是从权责发生制的原则讲，还是从收入与费用配比的原则讲，计提折旧是正确计算企业的成本费用、确定损益的前提。

固定资产使用过程中产生的磨损和损耗，按其形式和原因，可分为有形损耗和无形损耗。前者是由于使用固定资产和自然力作用造成的损耗；后者是由于科技进步和生产效率提高，生产同样的固定资产所需要的社会必要劳动时间减少，造成固定资产的相对贬值，或者由于科技进步，新的效能更高的生产设备取代原有的生产设备，使得固定资产提前退出生产领域所造成的贬值。由于固定资产的折旧与该项资产能否得到充分、足额的补偿密切相关，并且关系到企业的资产使用效率，企业应当按照固定资产的性质和使用方式，合理确定固定资产的使用寿命和预计净残值，并根据科技进步、环境和其他因素，选择合理的固定资产折旧方法。

计提固定资产折旧范围的大小，在一定时期，不仅是能否充分、足额补偿固定资产磨损和损耗价值的问题，而且直接影响企业的费用、成本、损益和税金，甚至影响国家的财政收入状况。除下列情况外，企业应对所有固定资产计提折旧：已提足折旧仍继续使用的固定资产；单独作价作为固定资产入账的土地。

在实际工作中，企业一般按月计提折旧。当月增加的固定资产，当月不计提折旧，从下月起计提折旧；当月减少的固定资产，当月仍计提折旧，从下月起停止计提折旧；提前报废的固定资产不再补提折旧。在确定固定资产折旧范围时，要明确一个问题：折旧并不意味着企业将现金单独保存，并在资产提足折旧时对其进行更新。累计折旧是固定资产成本中已作为费用记录的部分，并不代表现金额的增长。

（2）固定资产折旧的计算方法

企业应当根据固定资产所含经济利益的预期实现方式选择折旧方法，可选择的方法包括平均年限法、工作量法、双倍余额递减法和年数总和法。不管选用何种方法，影响固定资产折旧的因素或计算固定资产折旧的依据有三：固定资产原值、固定资产的净残值和固定资产的使用年限。

我国企业所得税法规定，固定资产计算折旧的最低年限为：房屋、建筑物20年；飞机、火车、轮船、机器、机械和其他生产设备10年；与生产经营活动有关的器具、工具、家具等5年；飞机、火车、轮船以外的运输工具4年；电子设备3年。

折旧的计算方法与折旧的依据紧密相关。折旧方法一经选定，不得随意变更。如需变更，应当在会计报表附注中予以说明。

①平均年限法

平均年限法又称为直线法，是将固定资产的折旧基数按照折旧年限平均分配的方法。根据这一方法，每年应计提的固定资产折旧额等于原值减去预计净残值后的余额除以确定的折旧年限，这样计算出的每期折旧额是等额的。其计算方法如下：

固定资产年折旧额=（固定资产原值-预计净残值）÷预计使用年限

=（固定资产原值-预计残值收入+预计清理费用）÷预计使用年限

固定资产月折旧额=固定资产年折旧额÷12

也可以通过折旧率计算：

固定资产年折旧率=（1-预计净残值率）÷预计使用年限

月折旧率=年折旧率÷12

固定资产月折旧额=固定资产原值×月折旧率

固定资产各期的负荷程度相同，各期应分摊相同的折旧费，这时采用平均年限法是合理的。但是，若固定资产各期负荷不同，采用此种方法则不能反映固定资产的实际使用情况，提取的折旧数与固定资产的损耗程度也不符。为弥补这一缺点，工作量法便应运而生。

【例 7-3】2016 年 12 月 28 日，新希望公司购入的一台需要安装的破碎机，取得的增值税专用发票上注明的设备买价为 50 000 元，增值税税额为 8 500 元，支付的运输费为 1 000 元，安装设备时，领用生产用材料价值 1 600 元，支付安装人工费 4 000 元。预计破碎机使用年限为 5 年，预计净残值率为 5%。

破碎机的初始成本=50 000+1 000+1 600+4 000=56 600（元）

若采用平均年限法，则月折旧额为：

56 600×（1-5%）÷5÷12=896.17（元）

②工作量法

工作量法是根据实际工作量计提折旧额的一种方法，它弥补了平均年限法只注重使用时间、不考虑使用强度的缺点，其计算公式为：

每一工作量折旧额=固定资产原值×（1-预计净残值率）÷预计总工作量

某项固定资产月折旧额=该项固定资产当月工作量×每一工作量折旧额

【例 7-4】新希望公司购入的卡车采用工作量法计提折旧，原值为 75 000 元，预计总行程为 50 万千米，其报废时的净残值率为 5%，本月行驶 5 000 千米。该辆卡车的月折旧额计算如下：

单位里程折旧额=75 000×（1-5%）÷500 000=0.1425（元/千米）

本月折旧额=5 000×0.1425=712.5（元）

③双倍余额递减法

双倍余额递减法是在不考虑固定资产残值的情况下，根据每期期初固定资产账面余额和双倍的直线折旧率计算固定资产折旧的一种方法。计算公式为：

年折旧率=2÷预计折旧年限

月折旧率=年折旧率÷12

月折旧额=固定资产账面净值×月折旧率

因为双倍余额递减法不考虑固定资产的残值收入，所以不能使固定资产的账面净值降低到预计残值收入以下。即实行双倍余额递减法计提折旧的固定资产，应当在其折旧年限到期前两年内，将固定资产净值扣除预计净残值后的余额平均摊销。

【例 7-5】沿【例 7-3】，若采用双倍余额递减法，折旧额计算见表 7-1。

表 7-1　**采用双倍余额递减法计算折旧额**　单位：元

年份	固定资产余值	折旧率	年折旧额	月折旧额
1	56 600	2/5	22 640	1 886.67
2	33 960	2/5	13 584	1 132
3	20 376	2/5	8 150.4	679.2
4	9 395.6*	1/2	4 697.8	391.48
5	9 395.6	1/2	4 697.8	391.48
	合计	—	53 770	—

注：*56 600-22 640-13 584-8 150.4-56 600×5%=9 395.6（元）

从第 4 年开始，改用平均年限法：

年折旧额=9 395.6÷2=4 697.8（元）

④年数总和法

年数总和法，是将固定资产原值减去预计净残值后的净额乘以一个逐年递减的分数计算每年的折旧额，这个分数的分子代表固定资产尚可使用的年数，分母代表使用年数的逐年数字总和。计算公式为：

年折旧率=尚可使用年数÷预计使用年限的年数总和

月折旧率=年折旧率÷12

月折旧额=（固定资产原值-预计净残值）×月折旧率

双倍余额递减法和年数总和法都是在固定资产使用早期计提的折旧额比较多，而随着时间的推移，每期计提的折旧费用逐渐减少，因而也被称为加速折旧法或递减折旧费用法。其特点是使固定资产的取得成本在其折旧年限中加快得到补偿。

【例7-6】沿【例7-3】，若采用年数总和法，折旧额计算见表7-2。

表7-2　**采用年数总和法计算折旧额**　单位：元

年份	累计折旧总额*	折旧率	年折旧额	月折旧额
1	53 770	5/15**	17 923.33	1 493.61
2	53 770	4/15	14 338.67	1 194.89
3	53 770	3/15	10 754	896.17
4	53 770	2/15	7 169.33	597.44
5	53 770	1/15	3 584.67	298.72
	合计	—	53 770	—

注：*累计折旧总额为固定资产原值扣除净残值。

**折旧年数总和=5+4+3+2+1=5×（5+1）÷2=15（年）。

（三）固定资产的会计处理

企业为了反映固定资产的增减变动情况，应设置“固定资产”账户。该账户为资产类账户，用来核算企业持有固定资产的原始价值，总括反映企业固定资产的增减变动和结存情况。其借方发生额反映由于各种原因增加的固定资产的原始价值，贷方发生额反映由于各种原因减少的固定资产的原始价值，余额在借方，表示现有固定资产原始价值的总额。

企业进行的固定资产基本建设工程，包括新建、改建和扩建工程以及购入需要安装的固定资产，应通过“在建工程”账户核算。该账户的借方反映其工程发生的实际支出，贷方反映经验收交付使用固定资产的实际成本，余额表示未完工程支出的或尚未交付使用的已完工程的实际成本。

1. 固定资产增加的处理

（1）外购

购入不需安装的固定资产按实际支付的全部价款加上包装费、运杂费等支出，借记“固定资产”账户，贷记“银行存款”等账户。

【例 7-7】新希望公司购入一台拖斗车，取得的增值税专用发票上注明的买价为30 000元，增值税税额为5 100元，支付的运输费为1 000元，以银行存款转账支付。有关会计处理如下：

借：固定资产——拖斗车　　31 000

　　应交税费——应交增值税（进项税额）　　5 100

　贷：银行存款　　36 100

企业购入需安装的固定资产通过“在建工程”账户核算。企业购入固定资产时，按实际支付的价款（包括买价、支付的不可抵扣的税金、包装费、运输费等），借记“在建工程”账户，贷记“银行存款”账户；按发生的安装费用、专业人员服务费等，借记“在建工程”账户，贷记“银行存款”等账户；安装完毕达到预定可使用状态时，按其实际成本，借记“固定资产”账户，贷记“在建工程”账户。

【例 7-8】沿【例 7-3】，新希望购入破碎机有关会计处理如下：

（1）支付设备价款、税金、运输费合计59 500元：

借：在建工程——破碎机安装工程　　51 000

　　应交税费——应交增值税（进项税额）　　8 500

　贷：银行存款　　59 500

（2）领用安装材料，支付安装费用：

借：在建工程——破碎机安装工程　　5 600

　贷：原材料　　1 600

　　　银行存款　　4 000

（3）设备安装完毕交付使用：

固定资产的价值=51 000+5 600=56 600（元）

借：固定资产——设备　　56 600

　贷：在建工程——破碎机安装工程　　56 600

（2）接受投资

企业对投资者投资转入的机器设备等固定资产，一方面反映本企业固定资产的增加，另一方面反映投资者投资额的增加。投资者投入固定资产的成本，应当按照投资合同或协议约定的价值，借记“固定资产”账户，按投资各方确认的价值在其注册资本中所占的份额，贷记“实收资本”或“股本”账户，按投资各方确认的价值与确认为实收资本或股本的差额，确认为资本公积，贷记“资本公积——资本（股本）溢价”账户。

【例 7-9】2017年1月5日，新希望公司与T公司达成受资协议，接受T公司以一台机器设备进行投资。该台设备的原价为120 000元，已计提折旧25 000元，双方协议约定设备价值为100 000元，T公司占新希望公司总股份的15%（接受T公司投资后，新希望公司总资本达到500 000元）。假定不考虑其他相关税费。新希望公司的账务处理为：

借：固定资产　　100 000

　贷：股本——T公司　　75 000

　　　资本公积——股本溢价　　25 000

2.固定资产折旧的处理

企业应当按月计提折旧，并根据固定资产的用途，计入相关资产的成本或者当期损益。生产车间使用的固定资产，计提的折旧计入制造费用，并最终计入所生产的产品成本；管理部门使用的固定资产，计提的折旧计入管理费用；专设销售机构使用的固定资产，计提的折旧计入销售费用等。按月计提的折旧额应根据企业所采用的折旧计提方法，利用“固定资产折旧计算表”计算确定。

企业应设置“累计折旧”账户，用来核算企业对固定资产计提的累计折旧。企业按月计提的固定资产折旧记入该账户的贷方。由于出售、报废、对外投资、盘亏等各种原因减少固定资产时，与原值一并转销的已提的折旧额记入该账户的借方。本账户期末贷方余额，反映企业现有固定资产的累计折旧额。

【例7-10】新希望公司本月计提固定资产折旧15 500元。其中企业生产部门使用的固定资产提取折旧12 000元；企业管理部门使用的固定资产提取折旧3 500元。其账务处理如下：

借：制造费用——×生产部门（折旧费）　　12 000

　　管理费用——折旧费　　3 500

　贷：累计折旧　　15 500

3.固定资产处置的处理

固定资产处置，包括固定资产的出售、转让、报废和毁损、对外投资、非货币性资产交换、债务重组等。固定资产满足下列条件之一的应当予以终止确认：一是该固定资产处于处置状态；二是该固定资产预期通过使用或处置不能产生经济利益。

出售、报废、毁损、对外投资、非货币性资产交换、债务重组等原因转出的固定资产价值以及在清理过程中发生的费用等，均应通过设置“固定资产清理”账户进行核算。该账户核算企业因出售、报废和毁损等原因转入清理的固定资产净值及其在清理过程中所发生的清理费用和收入。本账户借方反映转入清理的固定资产的净值以及发生的清理费用，贷方反映出售固定资产的价款、残料价值和变价收入以及由保险公司或过失人赔偿的损失。

（1）出售、报废、毁损转入清理的固定资产

固定资产经过长时间的使用后，会由于某些原因发生报废或毁损，如使用期满丧失生产能力、遭受意外或责任事故以及由于技术进步必须由先进设备代替等。报废的固定资产，要经技术部门鉴定，并填制“固定资产报废单”，报经有关部门批准后进行清理。

固定资产出售、报废、毁损的账务处理一般要经过以下步骤：

转入清理时，注销出售、报废、毁损固定资产的原值和已提折旧额，按固定资

产净值借记“固定资产清理”账户，按已提折旧，借记“累计折旧”账户，按已提减值准备，借记“固定资产减值准备”账户，按固定资产原价，贷记“固定资产”账户。

支付清理费用。按发生的清理费用和应交税费，借记“固定资产清理”账户，贷记“银行存款”“应交税费”等账户。

结转残料价值和变价收入。按收回的残料价值和变价收入，借记“银行存款”“原材料”等账户，贷记“固定资产清理”账户。

应由保险公司或过失人赔偿的损失，借记“其他应收款”或“银行存款”等账户，贷记“固定资产清理”账户。

结转清理后的净收益或净损失。固定资产清理后的净收益，属于生产经营期间的，计入损益，借记“固定资产清理”账户，贷记“营业外收入——处置非流动资产利得”账户；固定资产清理后的净损失，属于生产经营期间由于自然灾害等非正常原因造成的损失，借记“营业外支出——非常损失”账户，贷记“固定资产清理”账户；属于生产经营期间正常的处理损失，借记“营业外支出——处置非流动资产损失”账户，贷记“固定资产清理”账户。

企业将多余、闲置不用的固定资产出售给其他单位，业务发生时，首先应注销被出售固定资产的原值和已提折旧额。按固定资产净值借记“固定资产清理”账户，按已提折旧额借记“累计折旧”账户，按固定资产原值，贷记“固定资产”账户；出售固定资产所获得的实际收入，借记“银行存款”等账户，贷记“固定资产清理”账户，有关税金借记“固定资产清理”账户，贷记“应交税费”账户；如果为收益，借记“固定资产清理”账户，贷记“营业外收入——处置非流动资产利得”账户；如果为损失，应借记“营业外支出——处置非流动资产损失”账户，贷记“固定资产清理”账户。

【例7-11】沿【例7-3】，2017年10月25日将新希望公司2015年12月28日购入的原值为56 600元的破碎机出售，售价18 000元，增值税税率为17%，支付清理费用180元，处置完毕结转损益。有关资产处置的会计处理如下：

10月25日资产交付清理时：

待出售破碎机累计已提折旧额=896.17×22=19 715.74（元）

资产账面净值=56 600−19 715.74 = 36 884.26（元）

借：固定资产清理	36 884.26	
累计折旧	19 715.74	
贷：固定资产——破碎机		56 600

收到变价收入时：

借：银行存款	18 000	
贷：固定资产清理		15 384.62
应交税费——应交增值税（销项税额）		2 615.38

支付清理费用时：

借：固定资产清理 180

  贷：银行存款 180

清理完毕结转损益时：

借：营业外支出——处置非流动资产损失 21 679.64

  贷：固定资产清理 21 679.64

（2）其他转入清理的固定资产处置处理

由于对外投资、非货币性资产交换、债务重组等原因转出的固定资产价值以及在清理过程中发生的费用等，均应通过设置“固定资产清理”账户进行核算。具体处理方法将在后续课程学习。

三、无形资产

无形资产是指企业拥有或者控制的没有实物形态的可辨认非货币性资产，主要包括专利权、非专利技术、商标权、著作权、土地使用权和特许权等。

（一）无形资产的特征

企业的无形资产与企业的其他资产一样，必须符合资产的定义，必须为企业拥有或控制，同时还具有其显著的特征：

1.没有实物形态

无形资产具体表现为企业所拥有的某些权利，是一种获得超额利润的能力。它没有实物形态，但却具有价值，源自合同性的权利或其他法定的权利，无论这些权利是否可以从企业或其他权利和义务中转移或者分离。不具有实物形态是无形资产区别于其他资产的显著标志。

2.具有可辨认性

符合无形资产定义中的可辨认性标准要求无形资产能够从企业中分离或划分出来，并能单独或者与相关合同、资产或负债一起转让。

3.属于一项非流动资产

无形资产能在较长的时期内使企业获得经济利益，因此，企业为取得无形资产所发生的支出，属于资本性支出。

4.持有的目的主要是使用

企业持有无形资产的主要目的是用于生产商品、提供劳务，或为了管理的目的，同时也可以通过出售、转移、授予许可、租赁或者交换获取其经济价值。

（二）无形资产的初始确认

1.外购

同时满足下列条件时，企业取得的无形资产才能予以确认：

（1）与该无形资产有关的经济利益很可能流入企业；

（2）该无形资产的成本能够可靠地计量。

企业在判断无形资产产生的经济利益是否很可能流入时，应对无形资产在预计使用年限内可能存在的各种经济因素做出合理估计，并且应当有明确证据支持，如专利权、非专利技术等应当有国家专利管理机构颁发的鉴定证书，商标权、著作权、土地使用权应有相关部门证明文件等。

2.企业自行研发

企业内部研究开发项目的支出，应当区分研究阶段支出与开发阶段支出。研究是指为获取并理解新的科学或技术知识而进行的具备独创性的有计划调查。开发是指在进行商业性生产或使用前，将研究成果或其他知识应用于某项计划或设计，以生产出新的或具有实质性改进的材料、装置、产品等。研究阶段是探索性的，为进一步开发活动进行收集资料及相关方面的准备，已进行的研究活动将来是否会转入开发、开发后是否会形成无形资产等均具有较大的不确定性。比如，意在获取知识而进行的活动，研究成果或其他知识的应用研究、评价和最终选择，材料、设备、产品、工序、系统或服务替代品的研究，新的或经改进的材料、设备、产品、工序、系统或服务的可能替代品的配制、设计、评价和最终选择等，均属于研究活动。开发阶段应当是已完成研究阶段的工作，在很大程度上具备了形成一项新产品或新技术的基本条件。比如，生产前或使用前的原型和模型的设计、建造和测试，不具有商业性生产经济规模的试生产设施的设计、建造和运营等，均属于开发活动。

企业内部研究开发项目研究阶段的支出，应当于发生时计入当期损益。开发阶段的支出，能够证明下列各项时，应当确认为无形资产：

（1）从技术上来讲，完成该无形资产以使其能够使用或出售具有可行性。

（2）具有完成该无形资产并使用或出售的意图。

（3）无形资产产生未来经济利益的方式，包括能够证明运用该无形资产生产的产品存在市场或无形资产自身存在市场；无形资产将在内部使用时，应当证明其有用性。

（4）有足够的技术、财务资源和其他资源支持，以完成该无形资产的开发，并有能力使用或出售该无形资产。

（5）归属于该无形资产开发阶段的支出能够可靠计量。

需要说明的是，企业自创商誉以及内部产生的品牌、报刊名等，因其成本无法明确区分，不应当确认为无形资产。

【例7-12】程鑫的同学任珍在古度公司财务部从事会计工作，也遇到了一件让她棘手的会计业务。任珍供职的古度公司是2000年上市的网络公司，其经营业务一部分是网络中介服务，每年有大量客户开发与服务支出。对此支出部分，古度公司都采用资本化方法处理，在18个月内摊销。2007年开始有大量其他公司介入网络服务领域。同年，古度公司对客户开发与服务支出决定延长摊销年限至36个月。请思考，古度公司这么做合乎会计准则规定吗？这么做的原因可能是什么？

任珍遇到的也属于“每年发生的大量客户开发与服务支出”是否属于资本性支出，以及如果作为资本性支出，其成本如何转化为费用的问题。

分析：依据《企业会计准则第6号——无形资产》，对于企业发生的研发支出，区分为研究费用和开发费用，其中研究费用全部于发生时直接计入当期损益，即费用化，而开发阶段发生的支出，符合资本化条件的予以资本化，计入无形资产或长期待摊费用。

古度公司“每年发生的大量客户开发与服务支出”应于支出发生时将“客户开发支出”和“客户服务支出”区分开。其中，“客户服务支出”的受益期一般为支出发生的当期，因而应直接计入支出发生当期损益，即予以费用化处理，而“客户开发支出”应判断其受益期，如果受益期超过一个以上会计年度，则应予以资本化处理，计入长期待摊费用，在其受益期内分期摊销，计入各期损益。

在讨论此案例时，我们还需要特别注意一个问题：会计中确认的“资产”与实际经济生活中我们理解的“资产”存在着一定的差异。例如，案例中古度公司大量的“客户开发支出”无疑可以给企业带来新的客户资源或强化老的客户资源。客户资源无疑是企业拥有的最重要的资源之一，但由于其预期给企业带来的经济利益跟人力资源一样难以为企业所控制，企业无法估计与资产相关的经济利益流入企业的可能性，因而不符合“资产”的确认条件，会计上，不能将其确认为一项“无形资产”。

（三）无形资产的初始计量

无形资产的初始计量是指企业在以不同方式取得无形资产时，对无形资产初始成本的确认和计算。

无形资产初始成本是指企业取得某项无形资产达到预定可使用状态前所发生的一切合理、必要的支出扣除可以抵扣的税费。外购无形资产的成本，包括购买价款、不可以抵扣的税费以及直接归属于使该项资产达到预定用途所发生的其他支出。自行开发的无形资产，其成本包括自满足准则规定的相关条件后至达到预定用途前所发生的支出总额，但是对于以前期间已经费用化的支出不再调整。

（四）无形资产的摊销

无形资产能在较长时间内取得效益，但它所具有的价值的权利或特权总会终结或消失，因此企业应当于取得无形资产时分析判断其使用寿命。对于使用寿命有限的无形资产，应当在其使用寿命内系统合理地摊销其金额，其摊销的无形资产价值应当计入相关费用成本。无形资产的摊销方法，一般采用平均年限法。

无形资产的摊销年限，按如下原则确定：（1）合同规定了受益年限但法律没有规定有效年限的，摊销期不应超过受益年限；（2）合同没有规定受益年限但法律规定了有效年限的，摊销期不应超过有效年限；（3）合同规定了受益年限，法律也规定了有效年限的，摊销期不应超过受益年限与有效年限两者之中较短者。

使用寿命不确定的无形资产不应摊销。

【例7-13】沿用【例7-12】资料，任珍面临的另一个棘手的问题是“古度公司在将客户开发与服务支出全部作为资本性支出之后，在市场竞争加剧时，将其摊销期限由18个月延长至36个月”，是否合理。

分析：依据企业会计准则，对于资本性支出摊销期限的确定，判断的依据应当是资产的经济寿命，即资产能够带来“未来经济利益”的能力，而与企业内外部经济环境无直接联系，因此，古度公司“在市场竞争加剧时，将其摊销期限由18个月延长至36个月”的处理缺乏依据。

变更资本性支出的摊销期限的唯一依据应当是“资本性支出带来收益能力发生变化”。一般来说，在市场竞争加剧时，相关资产带来收益的能力随之降低，即古度公司应将其资本性支出摊销期缩短才更合理，而古度公司反其道而行之，原因只有一个——“摊薄费用，增加利润，制造虚假盈利”。

无形资产的应摊销金额为其成本扣除预计残值后的金额，一般采用平均年限法。

采用平均年限法进行无形资产摊销的计算公式为：

无形资产年摊销额=无形资产应摊销金额÷规定（或预计）的使用年限

无形资产月摊销额=无形资产年摊销额÷12

（五）无形资产的会计处理

企业取得无形资产的主要方式有外购、自行研究开发等。取得的方式不同，会计处理也有所差别。

企业通过设置“无形资产”账户来反映企业持有的无形资产成本的变动情况，其借方登记取得的无形资产的成本，贷方登记出售无形资产转出的无形资产账面价值，期末借方余额，反映企业无形资产的成本。

1.无形资产增加处理

（1）外购

外购的无形资产，按应计入无形资产成本的金额，借记“无形资产”账户，按可以抵扣的进项税额，借记“应交税费——应交增值税（进项税额）”，按支出金额，贷记“银行存款”等账户。

【例7-14】新希望公司购入一项专利技术，价款和其他支出共计100 000元，可抵扣进项税额6 000元，用银行存款支付。编制的会计分录为：

借：无形资产——专利权	100 000	
应交税费——应交增值税（进项税额）	6 000	
贷：银行存款		106 000

（2）自行开发

企业自行开发的无形资产，按资产达到预定用途、符合资本化条件的开发支出，借记“无形资产”账户，贷记“研发支出”账户。

【例7-15】新希望公司自行开发一项新产品专利技术。在研究开发过程中，发生材料费20 000元，开发人员工资30 000元，另用银行存款支付其他费用7 000元。其中，费用化支出为20 000元，资本化支出为37 000元。编制的会计分录为：

借：研发支出——费用化支出	20 000	
——资本化支出	37 000	
贷：原材料		20 000
应付职工薪酬		30 000

贷：银行存款　7 000

【例7-16】承【例7-15】将上述研发支出转为企业的费用和无形资产时：

借：管理费用　20 000

　无形资产——专利权　37 000

　贷：研发支出——费用化支出　20 000

　　　　　　——资本化支出　37 000

2.无形资产摊销处理

【例7-17】新希望公司购入管理用软件一套，价值为30 000元，预计可以使用5年，摊销本月应负担的数额。

月摊销额=30 000÷5÷12=500（元）

每月摊销时，会计分录为：

借：管理费用——无形资产摊销　500

　贷：累计摊销　500

3.无形资产处置处理

预期不能为企业带来经济利益的无形资产，企业应当将该无形资产的账面价值予以转销。按已计提的累计摊销，借记“累计摊销”账户；按其账面余额，贷记“无形资产”账户；按其差额，借记“营业外支出”账户。

企业也可以依法处置所拥有的无形资产。其处置方式可分为转让使用权（无形资产出租）和转让所有权（无形资产出售）两种，不同的转让方式下，其会计核算不同。

（1）转让使用权

企业转让无形资产的使用权时，仍保留对所转让的无形资产的所有权，即拥有占有、使用、取得收益及处置的权利，而仅仅是将部分使用权让渡给其他企业。受让人只获得无形资产的使用权，而无所有权。企业转让无形资产使用权获得的收入，作为企业的其他业务收入处理，但仍保留无形资产所有权，故不需在账面上转销无形资产的账面成本，仍按规定分期摊销。

【例7-18】新希望公司出租专利权一项，期限为3年，每年收取专利权使用费为10 000元，增值税税率为6 %，专利权年摊销额为3 000元。新希望公司的会计处理如下：

收取专利权使用费时：

借：银行存款　10 600

　贷：主营业务收入（或“其他业务收入”）　10 000

　　　应交税费——应交增值税（销项税额）　600

无形资产摊销时：

借：主营业务成本（或“其他业务成本”）　3 000

　贷：累计摊销　3 000

（2）转让所有权

企业转让无形资产的所有权时，出让方不再对该项无形资产拥有占有、使用、取得收益和处置的权利，而受让方则取得了该项无形资产的所有权，可按自己的意愿使用或处置该无形资产。企业转让无形资产所有权所获得的收入扣除相关成本费用后，应作为企业取得或发生的处置非流动资产的利得或损失。当企业收到转让无形资产的收入时，应借记“银行存款”账户；按该无形资产计提的减值准备，借记“无形资产减值准备”账户；按无形资产的账面余额，贷记“无形资产”账户；按应支付的相关税费，贷记“银行存款”“应交税费”等账户；按其差额，贷记“营业外收入——处置非流动资产利得”账户或借记“营业外支出——处置非流动资产损失”账户。

【例7-19】新希望公司转让一项专利权，该专利权的账面价值为50 000元，已摊销15 000元，收取转让费60 000元，增值税额3 600元，其会计分录如下：

借：银行存款	60 000	
累计摊销	15 000	
贷：无形资产		50 000
应交税费——应交增值税（销项税额）		3 600
营业外收入——处置非流动资产利得		21 400

第二节 负债与所有者权益

资产负债表的左方表示资产（即企业所拥有或控制的经济资源），而右方表示权益（即企业资产的来源）。虽然企业筹集带来未来经济利益的资源（资产）的渠道有很多，但从提供资源者对资源收益的要求权角度来分只有两个，即负债与所有者权益。负债即为债权人对企业资产的要求权，而所有者权益即为投资者对企业资产的要求权。

确认对新资金的需求并设法取得这些资金是财务管理的一项重要内容。一家公司的财务经理需要具有广泛的关于融资手段和有关融资的法律、税收法规的业务知识。其他管理人员虽然不需要对这些方面的细节问题非常熟悉，但是也需要有一个基本的了解。

一、负债

（一）负债的性质

负债是企业过去的交易或者事项形成的、预期会导致经济利益流出企业的现时义务，其基本特征为：（1）负债是企业承担的现时义务；（2）负债预期会导致经济利益流出企业；（3）负债是由企业过去的交易或者事项形成的。

资产负债表中列示的负债属于“会计意义上的负债”，其并不完全等同于法律意义上的强制性义务，或者说跟我们平时在经济生活中所理解的“负债”概念存在一定的偏差。有时一些会计意义上的负债并不是法律意义上的强制性义务，相反一些法律意义上的强制性义务也不构成会计意义上的负债。

例如，产品质量保证义务，属于会计负债而不属于法律负债，它是由质量保证协议产生的需要在未来支付的预计准备成本，这就是一个在负债得到确认时并无确定义务的例子。当质量保证协议生效时，要在收入得到确认的期间内建立一个负债性质的账户，并按与其对抵的数额借记费用账户，贷记负债账户。而后，当按照质量保证协议进行维修或货物更换时，就借记上述负债账户，贷记“原材料”“应付职工薪酬”等资产或负债账户。

如待履行的合同义务，则属于法律负债而不属于会计负债。买卖双方签订的购销合同，在双方都未开始履行合同前，会计上一般是不确认未履行合同义务的，也就是说，会计上不确认“负债”，但合同一旦签订，买卖双方就产生了履约的法定义务，即产生法律意义上的“负债”，对买方来说需要按约定支付货款，而对卖方来说必须如期交付货物。

（二）负债的确认与计量

依据《企业会计准则第30号——财务报表列报》，我国资产负债表中要求企业列报的负债按负债的流动性划分为流动负债和非流动负债。流动负债主要包括短期借款、交易性金融负债、应付票据、应付账款、预收账款、应付职工薪酬、应交税费、应付利息、应付股利、其他应付款等，而非流动负债（也称长期负债）是指偿还期在一年或超过一年的一个营业周期以上的债务，主要包括长期借款、应付债券、长期应付款、专项应付款、预计负债、递延所得税负债等。这样要求的目的是便于信息使用者分析企业的财务状况和偿债能力。

1.负债的确认

将一项现时义务确认为负债，需要符合负债的定义，还应当同时满足以下两个条件：

（1）与该义务有关的经济利益很可能流出企业

从负债的定义来看，负债预期会导致经济利益流出企业，但是履行义务所需流出的经济利益带有不确定性，尤其是与推定义务相关的经济利益通常需要依赖于大量的估计。因此，负债的确认应当与对经济利益流出的不确定程度的判断结合起来。如果有确凿证据表明，与现时义务有关的经济利益很可能流出企业，就应当将其作为负债予以确认；反之，如果企业承担了现时义务，但是导致经济利益流出企业的可能性已不复存在，就不符合负债的确认条件，不应将其作为负债予以确认。

（2）未来流出的经济利益的金额能够可靠地计量

负债的确认在考虑经济利益流出企业的同时，对于未来流出的经济利益的金额应当能够可靠计量。对于与法定义务有关的经济利益流出金额，通常可以根据合同或者法律规定的金额予以确定，考虑到经济利益流出的金额通常在未来期间，有时未来期间较长，有关金额的计量需要考虑货币时间价值等因素的影响。对于与推定义务有关的经济利益流出金额，企业应当根据履行相关义务所需支出的最佳估计数进行估计，并综合考虑有关货币时间价值、风险等因素的影响。

2.负债的计量

对不同的负债加以分类，是对负债进行计量的基础。负债的偿付期限、金额和偿付方式往往在其发生或成立时已由合同、契约或债券发行条例所规定，具备法律上的约束力。理论上，负债的计量应考虑货币的时间价值，即按其对应的现值记账。在实务操作上，由于流动负债涉及期限较短，往往不考虑时间价值，按照其到期值或面值进行计量。各项流动负债应当按实际发生的金额记账，负债已经发生而金额需要预计确定的，应当合理估计，待实际数额确定后，再进行调整。具体地讲，金额确定的流动负债按其成立时的实际发生价值计价；金额视经营成果而定的流动负债，应将其与有关事项联系起来考虑，按未来应偿付的估计金额计价，待实际数额确定后再作调整；非货币性项目的流动负债，如将来要以特定的实物资产或劳务支付的预收项目等，应按预定或双方认可的金额计价，而不考虑企业以后提供实物资产或服务的相关价格是否发生变化，而非流动负债需要考虑时间价值。长期借款以实际取得的货币资产或其他资产与其使用期间形成的利息之和计价；应付债券以未来偿还金额的现值加上累计偿付利息现值之和计价；长期应付款中的应付引进设备款以引进设备的价款和利息的外币金额折合为记账本位币计价，融资租入固定资产以设备价款、手续费、运输费、途中保险费等之和计价。

（三）负债的会计处理

总体来说，公司筹集债务资本的工具主要有银行借款、发行企业债券或资本租赁等自觉性融资方式。同时，企业在正常的生产经营过程中还会产生大量的自发性资金来源，如应付账款、预收账款、应付职工薪酬、应交税费等。大多数因企业经营活动形成的自发性资金来源项目已在前面章节讲述过，本章只讲述公司通过银行借款方式取得资金的会计处理。

企业通常通过设置“短期借款”“长期借款”“财务费用”等账户来核算企业通过银行借款方式取得的资金。

短期借款，是指企业为了补充流动资金的不足而向银行或其他金融机构借入的，期限在一年或一个营业周期以内的，用于维持企业正常生产经营的各种借款。企业设置“短期借款”账户，核算企业从银行实际取得和归还的短期借款本金，该账户的性质为负债类。

借方	短期借款　　　　贷方
	期初余额
偿还银行或金融机构短期资金本金	从银行或金融机构借入的短期资金本金
	期末余额：尚未偿还的短期借款本金

长期借款，是指企业向银行或其他金融机构借入的、偿还期限超过一年的各种借款。为了核算企业长期借款企业应设置“长期借款”账户，该账户属于负债性质，贷方登记借入的长期借款本金及应计利息；借方登记归还的本金及利息；期末余额在贷方，反映尚未归还的借款本金及利息。

借方	长期借款　贷方
	期初余额
偿还银行或金融机构长期资金本金及利息	从银行或金融机构借入长期资金本金及应计利息
	期末余额：尚未偿还的长期借款本金及利息

企业还应设置“财务费用”账户，核算企业取得借款的利息，该账户为损益类账户。

借方	财务费用　贷方
登记企业因筹集资金发生的各项筹资费用	结转“本年利润”
年末无余额	

一般来说，“短期借款”账户只核算企业从银行或金融机构借入的短期资金本金，期末贷方余额反映企业尚未偿还的短期借款本金。企业取得一项短期借款时，借记“银行存款”等账户，贷记“短期借款”账户；企业偿还一项短期借款时，借记“短期借款”等账户，贷记“银行存款”账户。企业对于取得短期借款的利息，通常应当按照合同规定于每个季度末根据借款本金和合同利率确定的金额支付。根据权责发生制的要求，企业还应当在每个月末计提借款利息，将应付未付的利息确认为一项流动负债，计入应付利息，同时确认当期损益。企业应于短期借款到期日偿还短期借款的本金以及尚未支付的利息，借记“短期借款”“应付利息”“财务费用”等账户，贷记“银行存款”账户。

【例 7-20】新希望公司 2016 年 1 月 1 日从工商银行取得短期借款 100 000 元。借款合同规定，借款利率为 6%，期限为 1 年，到期日为 2016 年 12 月 31 日。假定甲公司每个月末计提利息，每个季度末支付利息。新希望公司对于该项短期借款的有关账务处理如下：

（1）2016 年 1 月 1 日，实际取得短期借款时：

借：银行存款——工商银行　　100 000

　贷：短期借款——工商银行　　100 000

（2）每月末计提借款利息时：

应付利息=100 000×6%÷12=500（元）

借：财务费用——利息支出　　500

　贷：应付利息——工商银行　　500

（3）每季度末付息时：

借：应付利息——工商银行　　1 500

　贷：银行存款——工商银行　　1 500

（4）2016 年 12 月 31 日，负债到期归还本金时：

借：短期借款——工商银行　　100 000

　　贷：银行存款——工商银行　　100 000

企业取得长期借款，必须按照规定的程序进行，一般要经过申请、审批、签订合同和划拨款项等四个步骤。长期借款应按合同规定支付利息。长期借款合同按付息方式主要分为分期付息到期还本、分期偿还本息和到期一次还本付息三种。

长期借款的利息费用，应根据权责发生制的要求按期预提。对长期借款用于所购建的长期工程项目完工之前发生的利息，在符合资本化条件的前提下，应予以资本化计入所购建的资产的成本，借记“在建工程”等账户；在工程完工达到预定可使用状态之后产生的利息支出应停止借款利息资本化，而予以费用化直接计入当期损益，借记“财务费用”等账户。

企业取得长期借款时，应借记“银行存款”账户，贷记“长期借款”账户；计算到期一次还本付息的利息时，应借记“在建工程”“财务费用”等账户，贷记“长期借款”账户；计算分期付息到期还本的利息，应贷记“应付利息”账户；偿还借款、支付利息时应借记“长期借款”账户，贷记“银行存款”账户。

【例7-21】新希望公司为改扩建工厂，于2016年10月1日从建设银行取得期限为3年的人民币借款200 000元，并当即将全部资金投入厂房改扩建工程。该借款年利率为8%，合同规定到期一次还本付息，假设按单利计息。改扩建工程于2016年12月31日完工并交付使用。相关账务处理如下：

（1）2016年10月1日取得借款时：

借：银行存款　　200 000

　　贷：长期借款——建设银行（本金）　　200 000

（2）2016年年末，计算应由该工程负担的借款利息4 000元（200 000×8%÷4）时：

借：在建工程——厂房改扩建工程　　4 000

　　贷：长期借款——建设银行（应计利息）　　4 000

（3）2017年年末、2018年年末，计提借款利息16 000元（200 000×8%）时：

借：财务费用　　16 000

　　贷：长期借款——建设银行（应计利息）　　16 000

（4）2019年9月30日，负债到期还本付息时：

借：财务费用　　12 000

　　长期借款——建设银行（本金）　　200 000

　　　　　　——建设银行（应计利息）　　36 000

　　贷：银行存款　　248 000

知识拓展7-2　　借款费用

借款费用是企业因借入资金所付出的代价，它包括按照实际利率法计算确定的利息费用（包括折价或者溢价的摊销和相关辅助费用）和因外币借款所发生的汇兑差额等。

借款费用的确认是指将每期发生的借款费用资本化（计入相关资产的成本）还是费用化（计入当期损益）。依据《企业会计准则第17号——借款费用》，借款费用确认的基本原则是：企业发生的借款费用，可直接归属于符合资本化条件的资产购建或者生产的，应当予以资本化，计入相关资产成本；其他借款费用，应当在发生时根据其发生额确认为费用，计入当期损益。

符合资本化条件的资产是指需要经过相当长时间的购建或者生产活动才能达到预定可使用或者可销售状态的固定资产、投资性房地产和存货等资产。企业只有对发生在资本化期间内的有关借款费用，才允许资本化。借款费用资本化期间，是指从借款费用开始资本化时点到停止资本化时点的期间，但不包括借款费用暂停资本化的期间。

同时满足以下三个条件的借款费用允许资本化，即资产支出已经发生、借款费用已经发生、为使资产达到预定可使用或者可销售状态所必要的购建或者生产活动已经开始。这三个条件中，只要有一个条件不满足，相关借款费用就不能资本化。购建或者生产符合资本化条件的资产达到预定可使用或者可销售状态时，借款费用应当停止资本化。

二、所有者权益

所有者权益是指企业投资者对企业净资产的所有权，包括企业投资者对企业的投入资本以及形成的资本公积、盈余公积和未分配利润等。在资产负债表上，作为所有者权益列示的金额，是指全部资产扣除全部负债后的余额。所有者权益也可用企业所有者的投入资本，加上企业自开办以来所积累的未分配收益来计算。股份有限公司的所有者权益又称为股东权益。

（一）所有者的性质

我国2006年《企业会计准则——基本准则》第二十六条规定：“所有者权益是指企业资产扣除负债后由所有者享有的剩余权益。公司的所有者权益又称为股东权益。”第二十七条规定：“所有者权益的来源包括所有者投入的资本、直接计入所有者权益的利得和损失、留存收益等。”

所有者权益实质上是所有者在某个企业所享有的一种财产权利（简称产权），包括所有者对投入资产的所有权、使用权、处置权和收益分配权，但是所有者权益只是一种剩余权益，只有负债的要求权得到清偿后，所有者权益才能够被清偿。所有者权益具有以下特征：

第一，所有者权益是一种权利，但这种权利来自于投资者投入的可供企业长期使用的资源。任何企业的设立，都需要有一定的由所有者投入的资本金。根据多数国家公司法的规定，投入的资本在企业终止经营前不得抽回，因此，所有者投入的资本构成了企业长期性（在持续经营假设的前提下，甚至可以假定资本金具有永久性）的资本来源。

第二，所有者权益具有长期特性。投资者投入的资本，通常是不能抽回的，而是供企业长期使用的。所有者权益作为剩余权益，并不存在确切的、约定的偿付期限。

第三，从所有者权益构成要素看，所有者权益包括所有者投入的资本、企业的资产增值及净利润。所有者投入的资本既是企业实收资本的唯一来源，也是企业资本公积（溢价或超面值投入的资本）的最主要来源。作为企业的终极所有者，所有者还是企业资产增值的当然受益者。至于企业的经营利润，根据风险和报酬对应原则，这是所有者承担全部经营风险和投资风险的一种回报。

第四，所有者权益计量的间接性。所有者权益在数量上，除了投资者投入资本时能够直接计量外，在企业存续期内的任一时点，都不是直接计量的，而是通过计量资产和负债来间接计量。

第五，所有者权益的核算与企业组织形式有密切的关系。所有者权益是一个涵盖了任何企业组织形式的净资产的广义概念，具体到某一特定形式的企业组织，所有者权益便以不同形式出现。在独资企业和合伙企业，所有者权益以“业主资本”的形式出现；在有限责任公司和股份有限公司，所有者权益表现为“投入资本（实收资本/股本、资本公积）和“留存收益”（盈余公积、未分配利润）。股份有限公司和有限责任公司的会计处理与独资企业和合伙企业的最主要差异体现在所有者权益方面。

企业是以营利为目的的经济组织，在我国，企业具有不同的所有制性质，如国有企业、集体所有制企业、私营企业等，但企业所有制性质对所有者权益会计核算影响不大，而影响较大的是企业的组织形式。所有者权益会计，要解决不同企业的所有者对企业应承担的风险及其享有的利益等问题。对企业的组织形式，国际通行的做法是按企业资产经营的法律责任，把企业划分为非公司制企业（独资企业、合伙企业）和公司制企业组织形式。

（二）公司制企业的所有者权益内容

所有者权益虽然在不同的企业组织形式中的表现不尽相同，但从构成内容来看，我国的会计准则中规定：“所有者权益的来源包括所有者投入的资本、直接计入所有者权益的利得和损失、留存收益等。”留存收益由盈余公积和未分配利润组成，而直接计入所有者权益的利得和损失属于其他综合收益，因此，可按所有者权益的形成来源，分为投入资本、其他综合收益和留存收益。

1.投入资本

（1）实收资本

实收资本是指投资者实际投入企业经营活动的财产物资和货币资金，是企业所有者权益构成的主体，是企业注册成立的基本条件之一，也是企业正常运行所必需的资金和承担各项责任的财力保证，包括国家、法人、个人及外商等对企业的各种投资。在会计上，有限责任公司将投入资本称作实收资本，股份有限公司将投入资本称作股本。

（2）资本公积

资本公积主要包括资本溢价（股本溢价）和其他资本公积。资本公积的性质属于投入资本范畴，其中资本溢价来源于投资者的额外投入，即投资者投入的资本超过计入“实收资本或股本”部分的金额，而其他资本公积则是企业发行可转换债券或授予员工权益股份等时暂计的项目，待符合条件时再转入“资本溢价”项目的金额。

2.其他综合收益

其他综合收益，是企业根据会计准则规定直接计入所有者权益的各项利得和损失扣除所得税影响后的净额。主要包括以下内容：

（1）可供出售金融资产的公允价值变动、减值及处置导致的其他综合收益的增加或减少。

（2）持有至到期投资重分类为可供出售金融资产时，重分类日公允价值与账面余额的差额部分。

（3）按照权益法后续计量的长期股权投资，在被投资单位其他综合收益中所享有的份额导致的其他综合收益的增加或减少。

（4）自用房地产或存货转换为采用公允价值模式计量的投资性房地产，转换日公允价值大于原账面价值的差额部分。

3.留存收益

（1）盈余公积

盈余公积是指企业按规定从净利润中提取的积累资金，包括法定盈余公积和任意盈余公积。法定盈余公积和任意盈余公积的区别就在于其各自计提的依据不同。前者以国家的法律或行政规章为依据提取，后者则由企业自行决定提取。

①法定盈余公积

法定盈余公积是指企业按规定从净利润中提取的积累资金。法定，意味着提取时由国家法规强制规定。企业必须提取法定盈余公积，目的是确保企业不断积累资本，固本培元，自我壮大实力。我国《公司法》规定，公司制企业的法定盈余公积是按照税后利润的10%提取，法定盈余公积累计额已达注册资本的50%时可以不再提取。

②任意盈余公积

任意盈余公积是指公司出于实际需要或采取审慎经营策略，从税后利润中提取的一部分留存利润。任意是出于自愿，而非外力强制，但也非随心所欲。如果公司有优先股，必须在支付了优先股股利之后，才可提取任意盈余公积。由于任意盈余公积是企业自愿拨定的留存利益，其数额也视实际情况而定。

企业提取任意盈余公积的原因是多样的，如可能需要偿还一笔长期负债，也可能是为了控制本期股利的分派不至于过高等。可见，任意盈余公积一经拨定就不能再供本期发放股利之用，所以提取任意盈余公积本身，就是压低当年股利的一种手段，是企业管理层对发放股利施加的限制。

（2）未分配利润

未分配利润是指企业留待以后年度进行分配的结存利润，也是企业股东权益的组成部分。相对于股东权益的其他部分来说，企业对于未分配利润的使用分配有较大的自主权。从数量来说，未分配利润是期初未分配利润加上本期实现的税后利润，减去提取的各种盈余公积和分出利润后的余额。未分配利润有两层含义：一是留待以后年度处理的利润；二是未指定特定用途的利润。

（三）所有者权益的处理

企业常需设置“实收资本”或“股本”、“资本公积”、“盈余公积”和“利润分配”等账户来核算企业所有者权益。

企业应设置“实收资本”账户，用来核算企业投资者投入资本，其性质属于所有者权益类，贷方登记企业收到的投资者投入归属于该投资者权益部分的资本。依据《公司法》，该账户一般没有借方发生额，期末余额表示企业实收资本总额。

借方　　**实收资本**　　贷方

	期初余额 收到的投资者投入资本
	期末余额：实收资本总额

股份有限公司应设置“股本”账户，用来核算企业股东投入资本，其性质属于所有者权益，贷方登记企业收到股东购入股票的面值。依据公司法，一般无借方发生额。期末余额表示企业股本总额。

借方　　**股本**　　贷方

	期初余额 收到的投资者投入股票面值
	期末余额：股本总额

资本公积，是企业收到的投资者超出其在企业注册资本（或股本）中所占份额的投资。企业应设置“资本公积”账户，其性质属于所有者权益，贷方登记企业收到的投资者超出其在企业注册资本（或股本）中所占份额的投资，借方登记资本公积减少（资本溢价转增资本或其他资本公积转资本溢价）；期末余额反映企业资本公积余额。

借方　　**资本公积**　　贷方

资本公积减少额	期初余额 收到的投资者超出其在企业注册资本（或股本）中所占份额的投资
	期末余额：资本公积余额

为了反映盈余公积的形成及使用情况，企业应设置“盈余公积”账户，它属于所有者权益类账户，贷方登记企业提取的盈余公积，借方登记企业使用的盈余公

积。期末余额表示盈余公积结存额。

借方	盈余公积　　　　贷方
	期初余额
企业使用的盈余公积	企业提取的盈余公积
	期末余额：盈余公积余额

1.投入资本

（1）一般企业投入资本

这里所说的一般企业，是指除股份有限公司以外的企业，如国有企业、有限责任公司和外商投资企业等。投资者投入资本的形式可以有多种，如投资者可以用现金投资，可以用实物资产投资，也可以用无形资产投资。

企业收到投资者以现金投入的资本时，应当以实际收到的或存入企业开户银行的金额作为实收资本入账，借记“银行存款”账户，贷记“实收资本”账户。对于实际收到或者存入企业开户银行的金额超过投资者在企业注册资本中所占份额的部分，应当计入资本公积。

【例7-22】新希望公司收到范里和他的妹妹、哥哥投入的200 000元、100 000元和100 000元货币资金投资时，进行如下会计处理：

借：银行存款——中国银行	400 000	
贷：实收资本——范里		200 000
——范妹		100 000
——范哥		100 000

企业收到投资者以非现金资产投入的资本时，应按投资各方确认的价值作为实收资本入账，在办理完有关产权转移手续后，借记“固定资产”“原材料”“库存商品”“无形资产”等账户，贷记“实收资本”账户。对于投资各方确认的资产价值超过其在注册资本中所占份额的部分，应当计入资本公积。现举例说明如下：

【例7-23】新希望公司经营两年后，范里的同学惜施也非常看好公司的前景，希望加入，最后经过协商，惜施以一台设备价值80 000元和一项专利价值50 000元投资，获取公司20%股权，资本额为100 000元，其余为资本溢价。新希望公司收到投资时，做如下处理：

借：固定资产——设备	80 000	
无形资产——专利权	50 000	
贷：实收资本——惜施		100 000
资本公积——资本溢价		30 000

（2）股份有限公司投入资本

股份有限公司与一般企业相比，其显著特点在于将企业资本划分为等额股份，并通过发行股票的方式来筹集资本。股票的发行价格受发行时资本市场的需求和投资人对公司获利能力的估计的影响，公司发行股票的价格往往与股票的面值不一致。按照我国《公司法》的规定，同次发行的股票，每股的发行条件和价格应当相同，任何单位或者个人所认购的股份，每股应当支付相同价格。股票的发行价格，可以等于票面金额，也可以超过票面金额，但不得低于票面金额。

在发行时，记入“股本”账户的金额必须按照股票的票面金额入账，超过部分作为股票溢价，记入“资本公积——股本溢价”账户。

【例7-24】甲公司发行每股面值为1元的普通股1 000万股，每股面值1元。

假定股票均平价发行（未考虑手续费），则收到股款时的账务处理如下：

借：银行存款　　10 000 000

　贷：股本——普通股　　10 000 000

假定溢价发行（未考虑手续费），若上述普通股每股按1.2元的价格发行，则收到股款时的账务处理如下：

借：银行存款　　12 000 000

　贷：股本——普通股　　10 000 000

　　　资本公积——股本溢价　　2 000 000

除了所有者投入形成实收资本或股本外，企业将资本公积转为实收资本或股本，以及将盈余公积转为实收资本或股本、股份有限公司发放股票股利、可转换公司债券持有人行使转换权利等，会使实收资本或股本增加；企业由于资本过剩或发生重大亏损，会使实收资本或股本减少。

2.留存收益

留存收益是所有者权益（股东权益）的一个重要项目，是企业历年剩余的净收益累积而成的资本。虽然留存收益与投资者投入的资本属性一致，即均为股东权益，但与投入资本不同的是，投入资本是由所有者从外部投入公司的，它构成了公司股东权益的基本部分，而留存收益不是由投资者从外部投入的，而是依靠公司经营所得的盈利累积而成的。

留存收益既然是股东权益，股东便有权决定如何使用，按照公司章程或其他有关规定，公司可将留存收益在股东间进行分配，作为公司股东的投资所得，也可以为了某些特殊用途和目的，而将其中一部分留在公司不予分配。可见，留存收益会因经营获取收益而增加，又因分给投资者而减少。留存收益的反面为亏损，公司经营如果入不敷出，就意味着亏损，发生经营亏损将减少留存收益。

对留存收益有较大影响的是股利分配。公司将会因分派股利而大幅度减少留存收益。因此，公司必须有足够的留存收益才能分配股利。但这并不意味着，只要有足够多的留存收益便进行股利分配，公司往往会因特别目的或法令规定而限制留存收益，在我国实务中，为了约束企业过量分配，有关法规均规定企业必须留有一定积累，如提取盈余公积，以利于企业持续经营、维护债权人利益。留存收益可分为两部分：盈余公积与未分配利润。

（1）盈余公积

企业提取盈余公积时，借记“利润分配”账户，贷记“盈余公积”（法定盈余公积、任意盈余公积）账户。企业用提取的盈余公积转增资本，应当按照批准的转增资本的数额，借记“盈余公积”账户，贷记“实收资本”或“股本”账户。企业将盈余公积转增股本时，应当按照转增股本前的股本结构比例，将盈余公积转增股本的数额记入“股本”账户下各股东的明细账，相应增加各股东对企业的股本投资。

盈余公积可以用来转增资本或弥补已过弥补期限的经营亏损。我国《公司法》规定盈余公积可以用来转增资本，但转增资本后盈余公积不得低于注册资本的25%。盈余公积用来转增资本时，借记“盈余公积”账户，贷记“实收资本”或“股本”账户。盈余公积用来弥补亏损时，借记“盈余公积”账户，贷记“利润分配——盈余公积补亏”账户。

（2）未分配利润

企业未分配利润的核算是通过“利润分配——未分配利润”账户进行的，具体来说是通过“利润分配”账户之下的“未分配利润”明细账户进行核算的。企业在生产经营过程中取得的收入和发生的费用，最终通过“本年利润”账户进行归集，计算出当年盈利或亏损，然后转入“利润分配——未分配利润”账户进行分配，结存于“利润分配——未分配利润”账户的贷方余额，则为未分配利润；如为借方余额，则为未弥补亏损。年度终了，再将“利润分配”账户下的其他明细账户（如提取法定盈余公积、提取任意盈余公积、应付现金股利或利润、转作股本的股利、盈余公积补亏等）的余额，转入“未分配利润”明细账户。结转后，“未分配利润”明细账户的贷方余额，就是未分配利润的数额；如出现借方余额，则表示未弥补亏损的数额。

【例7-25】新希望公司2016年实现净利润200 000元。公司董事会拟对当年实现的净利润进行分配。董事会制定的利润分配方案为：按净利润的10%计提法定盈余公积，按净利润的15%计提任意盈余公积，按剩余净利润的30%向投资者分配利润。

新希望公司根据董事会提出的利润分配方案，进行账务处理如下：

借：利润分配——提取法定盈余公积	20 000	
——提取任意盈余公积	30 000	
——向投资者分配利润	45 000	
贷：盈余公积——法定盈余公积		20 000
——任意盈余公积		30 000
应付利润——范里		22 500
——范妹		11 250
——范哥		11 250

实际以现金发放红利时：

借：应付利润——范里　　22 500
——范妹　　11 250
——范哥　　11 250
贷：银行存款　　45 000

年度终了，将利润分配明细项目结转至未分配利润时：

借：利润分配——未分配利润　　95 000
贷：利润分配——提取法定盈余公积　　20 000
——提取任意盈余公积　　30 000
——向投资者分配利润　　45 000

公司制企业的股东享有分配股利权。股利是指公司制企业依据公司章程规定发放给股东的投资报酬，其实质是公司财富中属于股东收益盈余的一部分。一家公司制企业只有经营获利具有留存收益余额时才可分派股利。《公司法》规定，税后利润提取了法定盈余公积之后，余下部分应先发放优先股股利，然后依董事会决定提取任意盈余公积，再余下的部分可向普通股股东分派普通股股利。在未付清优先股股利之前，公司不得发放普通股股利。

股利分派的有关日期包括：（1）宣告日。宣告日是指董事会宣告分派股利的日期，它表明向股东支付股利的义务在这一天成立，也是公司在会计上应登记有关股利负债的日期。（2）股权登记日。股权登记日是指公司宣告股利后所定下的在该日截止过户登记的日期，也称为停止过户日，其意义是，只有在该日公司股东名册所记载的股东有权享有股利，而在该日以后取得股票的股东，则无权获取股利。因此，这一日又可称为除息日。在该日以后取得的股票由于不能享受股利，，称为除息股；反之，在该日之前取得的股票由于可以分配股利，故称为含息股。（3）分派日。分派日也称付息日，是指实际支付股利的日期。通常是在股权登记截止后的若干天开始支付股利。

股利支付的形式主要有：（1）现金股利，是指以现金方式分配给股东的股利。通常情况下，公司在决定是否分配现金股利时，应考虑以下因素：是否有足够的现金；是否有董事会的决定。派发现金股利，一方面会减少留存收益，另一方面会减少现金。派发股利后，会减少股东权益总额。由于现金股利一经宣布，就成为公司对股东的偿付责任，因此，要及时在“应付股利”账户上反映。（2）财产股利，是指以现金资产以外的资产形式向股东派发的股利。最为常见的财产股利是以其持有的有价证券代替现金发给股东。公司虽有留存收益，但无现金可供分配股利，这时可以发放财产股利。这种财产股利在进行会计处理时，应以股利宣告日的公允市价作为入账基准，而不能以实际支付日为基准。这样确定的理由是因为用作股利分配的资产，在宣告之日起便已有了指定用途，公司不能因其市价的上下波动而获益或受损。

【例7-26】甲公司2016年度经股东大会审议，将向股东派发现金股利100万元。

（1）宣告派发股利时：

借：利润分配——应付普通股股利　　1 000 000

贷：应付股利 1 000 000

（2）实际派发股利时：

借：应付股利 1 000 000

贷：银行存款 1 000 000

第三节 企业投融资活动的财务报表解读

企业投资活动形成了财务报表中非常重要的非流动资产，而解决企业投资所需资金除企业自我积累形成的资金来源外还需要依靠筹资活动取得。解读企业投融资活动对财务报表的影响，对于分析企业财务状况、预期收益能力及现金流量状况，揭示企业核心竞争力有着十分重要的意义。

一、对企业投资活动的财务报表解读

（一）投资活动对企业财务状况的影响

1.长期资产构成分析

对内投资资产与对外投资资产在企业非流动资产中的占比体现了企业的经营战略，也反映了企业创造收益的不同运营模式。其中固定资产、无形资产等经营性非流动资产占比较大的企业属于经营主导型企业，其核心利润预期应主要来自于营业收入。

固定资产、无形资产等经营性非流动资产在总资产中的占比也反映了企业的经营类型。一般来说，生产性企业固定资产、无形资产等经营性非流动资产在总资产中占比较大，而商品流通企业、服务性企业往往呈现出较大的差异性，反映出企业经营活动对长期资产的依赖性有较大的不同。一些特殊行业，如除商业地产外的房地产行业，固定资产、无形资产在总资产中的占比非常低。

在对固定资产、无形资产等经营性非流动资产依赖性较高的行业中，固定资产、无形资产等经营性非流动资产在总资产中的占比对企业经营的稳定性和长期收益能力有较大影响。

2.经营性长期资产质量分析

高质量的经营性长期资产是提高企业本期和未来长远收益能力，增强企业核心竞争力，实现企业发展战略的有力保证；与此同时，庞大的长期资产也对企业资产管理能力、决策能力提出更高的要求。

（1）固定资产质量分析

固定资产是企业生存与发展的物质基础。固定资产的投资规模必须与企业整体生产经营水平、发展战略及所处行业相适应，同时也应注意与企业流动资产规模保持一定的比例关系。企业生产用与非生产用固定资产构成也应保持一个恰当的比例，应充分利用现有固定资产产能，提高资产运营效率。

导致固定资产发生增减变动的原因无外乎两种情况：一是本年度新增或减少；二是会计后续计量导致的减少。新增固定资产，体现了企业对内扩张的战略意图，可能反映了企业产能增加，技术装备更新升级等。报废或出售导致的固定资产减少，一方面可能反映了企业整体经营规模的萎缩，另一方面有可能是企业为了淘汰落后产能，优化资产结构。对于多元化经营企业来说，如果固定资产与长期股权投资表现为此消彼长，则反映企业有战略意图调整的可能。

会计后续计量导致的固定资产减少，主要包括固定资产在使用期间计提的折旧和固定资产价值的减损。固定资产折余价值反映了企业现有固定资产的新旧程度。固定资产价值的减损则意味着企业现有固定资产的未来收益能力的降低。

分析会计后续计量导致的固定资产减少时，还应关注企业会计政策、会计估计的合理性。

（2）无形资产质量分析

无形资产是一种技术含量很高或垄断性很强的特殊资源。无形资产在资产中占比，一定程度上，反映了企业的可持续发展能力和竞争实力。有些企业可能存在“表外”隐性无形资产，即企业存在实际拥有并给企业带来额外收益的能力却未被确认的无形资产。

无形资产的内部结构存在较大的行业差异性，不同行业拥有的无形资产类型不同，如生产性企业的无形资产可能主要表现为专利权和非专利技术，而影像、音像、出版等企业的无形资产可能更多表现为著作权。

由于无形资产是一项不具有实物形态的特殊资源，其往往与有形资产相结合才能发挥其额外的增值能力，且其给企业带来未来收益的能力具有较大的不确定性。

（二）投资活动对企业收益能力的影响

企业对内投资活动形成的固定资产、无形资产等长期资产往往在较长的时间内能够给企业带来预期收益，且当年新增的固定资产、无形资产等长期资产给企业带来的收益有可能具有滞后性。

伴随企业生产用固定资产的增加，规模的扩大，产能的增长，利润表中营业收入应得到相应增长或营业成本应得到相应降低，即财务报表中固定资产、存货、营业成本间存在严密的逻辑关系。如果企业生产用固定资产增加的同时未能带来营业收入的相应增长或营业成本的相应降低，则说明企业投资决策失误，产能过剩。

一般来说，在充分竞争的行业中，企业利润表中毛利率水平显著高于同行业其他企业，则说明企业拥有的无形资产带来了预期的超额收益，但不同类型的无形资产给企业带来预期收益的能力具有较大的差异性和不确定性。

企业因为淘汰落后产能，优化资产结构而处置非流动资产预期会对企业未来的收益能力产生有利的影响。而因为整体经营规模的萎缩处置非流动资产，特别是生产用非流动资产，可能会对企业未来的收益能力产生不利的影响。

利润表中，与固定资产、无形资产相关的资产减值损失，是会计后续计量的结果，反映了固定资产、无形资产价值的减损，其不仅对企业当期收益产生影响，也预示资产预期收益能力的下降。

（三）投资活动对企业现金流量状况的影响

现金流量表中投资活动的现金流入、流出体现了企业长期战略的理财安排。

1.投资活动现金流出分析

大量的对内投资活动的现金流出反映了经营主导型企业进一步扩大规模，实现企业经营发展的战略要求。如果经营主导型企业加大对外投资现金流出比例，或投资主导型企业加大对内投资现金流出比例，则意味企业可能在进行战略调整，实现盈利模式的转变。如果多元化经营的企业在大量的收回对外投资的同时加大对内投资活动的现金流出，则意味着企业在实行战略性资产剥离，以实现资源更加有效的配置，并做大做强主业。

2.投资活动现金流入分析

与企业对内投资活动相关的现金流入主要有处置固定资产、无形资产等长期资产所收到的现金。如果企业在处置长期资产的同时加大了购置长期资产的现金流出，反映企业可能在进行资产更新、升级；如果企业在处置固定资产、无形资产等资产的同时加大了对外投资的现金流出，则反映企业可能在进行战略调整；如果单方面表现为处置长期资产现金流入，则反映企业整体规模的萎缩。

企业投资活动的现金流入、流出，导致了资产负债表中固定资产等非流动资产项目发生了增减变化，预期也会对企业收益能力产生长期影响。

二、负债与所有者权益之比告诉我们什么

（一）负债与所有者权益的区别

负债和所有者权益同属“权益”，分别反映债权人和投资人对投入资本的求偿权，但二者又有区别，主要表现在以下几个方面：

第一，性质不同。负债是债权人对企业资产的求偿权，是债权人的权益，债权人与企业只有债权债务关系，到期可以收回本息，而所有者权益则是企业所有者对企业净资产的求偿权，包括所有者对企业投入的资本以及其对投入资本的运作所产生的盈余的要求权，它没有明确的偿还期限。

第二，偿还责任不同。企业的负债要求企业按规定的时间和利率支付利息，到期偿还本金，而所有者权益在企业经营期内无须偿还，国有企业按照国家规定分配收益，股份制企业按照董事会的决定支付股利，其他企业按照企业最高层管理机构的决定分配利润。

第三，享受的权利不同。债权人通常只享有收回本金和按事先约定的利息率收回利息的权利，既没有参与企业经营管理的权利，也没有参与企业收益分配的权利，而企业的所有者通常既具有参与企业管理的权利，也具有参与收益分配的权利。企业的所有者不仅享有法定的自己管理企业的权利，而且享有委托他人管理企业的权利。

第四，计量特性不同。负债通常可以单独直接地进行计量，而所有者权益除了投资者投资时以外，一般不能直接计量，而是通过资产和负债的计量来间接计量。

第五，风险和收益的大小不同。负债由于具有明确的偿还期限和约定的收益率，一旦到期就可以收回本金与相应的利息，因而风险较小，收益也小，而所有者投入的资本，一般情况下都不能抽回，因而承担的风险较大，相应地也就有可能获得较高的收益，当然，也有可能会承担更大的损失。

（二）资本构成分析

负债与所有者权益是企业的两大资本来源。一般在财务管理中，常将长期负债与所有者权益之比称为企业的资本结构，将全部负债与所有者权益之比称为企业的财务结构。企业的财务主管们偏爱在一定范围内运用财务杠杆和与债务资本相联系的扣税利息，但他们也关注超过这个范围所要承受的风险。尽管他们喜欢权益资本的低风险，但也认识到权益资本天生就比债务资本昂贵。因此，财务管理人员希望在资本结构中有尽可能多的债务资本，但负债权益比（负债资本/权益资本）又不能过高，以免使投资者感到不安。

负债与所有者权益之比，反映企业所有者权益对债权人权益的保障程度。该比率越低，表明企业所有者权益对债权人权益的保障程度越高，财务风险越小，同时，也反映企业理财政策较为保守，未能有效利用财务杠杆，但利用债务进行再融资能力相对较强。反之，该比率越高，表明企业所有者权益对债权人权益的保障程度越低，财务风险越大，同时也反映企业理财政策比较激进，在企业资本收益率高于资金成本率的情况下，可以获得较好的财务杠杆收益。

知识拓展 7-3　　财务杠杆与财务风险

在物理学中，杠杆是用于增加力的一种器具。当企业利用负债融资方式取得资本时，即企业在负债经营的情况下，不论利润是多少，债务利息是不变的。于是，当企业经营获取的息税前利润增大时，每一元息税前利润所负担的利息就会相应地减少，从而给投资者收益带来更大幅度的提高。这种债务对投资者收益的影响称作财务杠杆。

财务风险一般是指举债经营给公司收益带来的不确定性。如果公司的经营收入到期不足以偿付利息和本金，就会使公司陷入财务危机，甚至导致公司破产。财务风险是指全部资本中，由债务资本比率的变化带来的风险，它是财务杠杆作用的结果。当债务资本比率较高时，投资者将负担较多的债务成本，并经受较多的财务杠杆作用所引起的收益变动的冲击，从而加大财务风险。反之，当债务资本比率较低时，财务风险就小。

本章小结

本章主要阐述了企业投融资业务引起会计要素发生增减变化的会计处理，以及企业投融资活动对财务报表的影响。

企业投资活动主要形成了企业固定资产、无形资产等非流动资产。

固定资产是指同时具有下列三个特征的资产：（1）为生产商品、提供劳务、出租或经营管理而持有；（2）使用寿命超过一个会计年度；（3）固定资产为有形资产。固定资产应当按照取得成本进行初始计量。固定资产折旧，是指在固定资产使用寿命内，按照确定的方法对应计折旧额进行系统分摊。固定资产满足下列条件之一的应当予以终止确认：一是该固定资产处于处置状态；二是该固定资产预期通过使用或处置不能产生经济利益。将处置收入扣除账面价值和相关税费后的差额计入当期损益。

无形资产，是指企业拥有或者控制的没有实物形态的可辨认非货币性资产，按取得无形资产并使之达到预定用途而发生的全部支出进行初始计量。对于使用寿命有限的无形资产，应在其预计的使用寿命期限内采用系统合理的方法对应摊销的金额（无形资产成本扣除残值之后的金额）进行摊销；对于使用寿命不确定的无形资产，在持有期间内不需要进行摊销，但应当在每个会计期间进行减值测试。预期不能为企业带来经济利益的无形资产，企业应当将该无形资产的账面价值予以转销，并对其进行处置，处置的方式可分为转让使用权和转让所有权两种。

负债和所有者权益是企业资本的两大来源。负债是指企业过去的交易或者事项形成的、预期会导致经济利益流出企业的现时义务。企业承担的既符合负债的定义又同时满足以下两个条件的现时义务应确认为负债：（1）与该义务有关的经济利益很可能流出企业；（2）未来流出的经济利益的金额能够可靠地计量。负债包括流动负债与非流动负债。所有者权益是指企业投资者对企业净资产的所有权，包括企业投资者对企业投入的资本以及形成的资本公积、其他综合收益、盈余公积和未分配利润等。

企业对内投资活动形成了财务报表中非常重要的固定资产、无形资产等非流动资产，而解决企业投资所需资金除企业自我积累形成的资金来源外还需要依靠筹资活动取得。解读企业对内投融资活动对财务报表的影响，对于分析企业财务状况、预期收益能力及现金流量状况，揭示企业核心竞争力有着十分重要的意义。企业投资活动的现金流入、流出体现了长期战略的理财安排，对内投资资产与对外投资资产在企业非流动资产中占比体现了企业的经营战略，也反映了企业创造收益的不同运营模式。高质量的经营性长期资产是提高企业本期和未来长远收益能力，增强企业核心竞争力，实现企业发展战略的有力保证。

负债与所有者权益是企业的两大资本来源，所有者权益和负债虽同属权益，但企业的负债要求企业按规定的时间和利率支付利息，到期偿还本金，而所有者权益则没有明确的偿还期限和约定的收益率，负债与所有者权益之比，则反映了企业所有者权益对债权人权益的保障程度。

思考与练习

■ 思考题

1. 如何理解长期资产的性质？

2. 依据我国企业会计准则，长期资产有哪些类型？

3.什么是固定资产？其具有哪些特征？

4.确认固定资产应具备哪些条件？

5.列举几种常见的固定资产取得方式，并具体说明其初始入账金额如何确定。

6.什么是固定资产折旧？其计算方法有哪些？折旧范围如何确定？

7.什么是无形资产？其具有哪些特征？

8.如何对无形资产进行摊销？

9.什么是负债？负债具有哪些特征？

10.负债确认应具备哪些条件？

11.依据我国企业会计准则，负债如何分类？具体包括哪些主要项目？

12.企业筹措长期资金时，举借长期债务与发行股票相比有何利弊？

13.简述公司制企业所有者权益的主要内容。

14.什么是留存收益？其包含的内容有哪些？

■ 练习题

一、单项选择题

1.甲公司为增值税一般纳税人，于2016年2月3日购进一台不需要安装的生产设备，收到的增值税专用发票上注明：设备价款为3 000万元，增值税税额为510万元。相关款项已支付，另支付保险费15万元，装卸费5万元。当日，该设备即投入使用。假定不考虑其他因素，甲公司该设备的初始入账价值为（　　）万元。

A.3 000　　B.3 020

C.3 510　　D.3 530

2.甲公司购入一台需要安装的生产用设备，取得的增值税专用发票上注明的设备买价为50 000元，增值税税额为8 500元，支付的运杂费和保险费为3 500元，设备安装时领用工程用材料价值1 000元（不含增值税），支付有关人员工资2 000元。该固定资产的成本为（　　）元。

A.65 170　　B.62 000

C.56 500　　D.63 170

3.某设备的原始价值为50 000元，预计使用年限为4年，预计净残值率为4%，采用双倍余额递减法计提折旧，该设备在第3年应计提的折旧额为（　　）元。

A.5 250　　B.6 000

C.6 250　　D.9 000

4.甲公司为增值税一般纳税人。2016年2月5日，甲公司以2 014万元的价格（含增值税114万元）从产权交易中心竞价获得一项商标权，另支付其他相关税费90万元。为推广该商标，甲公司发生广告宣传费用25万元、展览费15万元，上述款项均用银行存款支付。甲公司取得该项无形资产的入账价值为（　　）万元。

A.2 104　　B.1 990

C.2 030　　D.2 005

5.研究开发活动无法区分研究阶段和开发阶段的，当期发生的研究开发支出应在资产负债表日确认为（　　）。

A.无形资产　　B.管理费用

C.研发支出　　D.营业外支出

6.2017年1月1日，甲公司某项特许使用权的原价为960万元，预计可使用年限为5年，预计净残值为零，采用直线法按月摊销。不考虑其他因素，2017年1月甲公司该项特许使用权应摊销的金额为（　　）万元。

A.12.5　　B.16

C.37.5　　D.40

7.核算短期借款利息时不涉及的会计账户是（　　）。

A.应付利息　　B.财务费用

C.银行存款　　D.短期借款

8.企业收到投资人投入的资本时，应贷记（　　）账户。

A.银行存款　　B.实收资本

C.固定资产　　D.原材料

9.所有者权益总额等于（　　）。

A.流动资产总额减去流动负债总额　　B.资产总额减去负债总额

C.长期资产总额减去负债总额　　D.资产总额减去流动负债总额

二、多项选择题

1.下列各项中应计提折旧的固定资产有（　　）。

A.大修理的固定资产

B.当月减少的固定资产

C.正处于改良期间的经营租入固定资产

D.融资租入的固定资产

E.土地

2.下列各项中，影响固定资产处置损益的有（　　）。

A.固定资产原价　　B.固定资产清理费用

C.固定资产处置收入　　D.固定资产减值准备

E.处置固定资产的相关税费

3.在计算折旧的初期，（　　）要考虑净残值。

A.年数总和法　　B.工作量法

C.双倍余额递减法　　D.平均年限法

E.都不需

4.无形资产开发阶段的支出，需同时满足（　　）条件才能确认为无形资产。

A.完成该无形资产以使其能够使用或出售在技术上具有可行性

B.具有完成该无形资产并使用或出售的意图

C.无形资产产生经济利益的方式，包括能够证明运用该无形资产生产的产品存

在市场或无形资产自身存在市场，无形资产将在内部使用的，应当证明其有用性

D.有足够的技术、财务资源和其他资源支持，以完成该无形资产的开发，并有能力使用或出售该无形资产

E.归属于该无形资产开发阶段的支出能够可靠计量

5.下列各项可作为负债要素特征的有（　　）。

A.由过去的交易或事项引起的偿还义务

B.由将来的交易或事项引起的偿还义务

C.清偿负债会导致经济利益流出企业

D.负债的清偿一定要有确切的金额

E.负债的清偿一定要能够可靠计量

6.下列项目中属于企业所有者权益构成内容的是（　　）。

A.实收资本（股本）　　B.资本公积

C.其他综合收益　　D.盈余公积

E.未分配利润

三、业务题

1.CC公司购入需要安装的设备一台，有关资料如下：（1）2016年8月3日，购入一台需要安装的生产用机器设备，取得的增值税专用发票上注明的设备价款为390 000元，增值税进项税额为66 300元，支付的运输费用为3 750元，款项已通过银行支付。（2）安装设备时，领用本公司原材料一批，价值36 350元。（3）支付安装费6 700元，假定不考虑相关税费。（4）2016年10月8日，设备达到预定可使用状态，预计使用年限为5年，净残值为0元，采用使用年限法计算年折旧额。（5）假定CC公司于2018年5月处置该设备，售价（含税价）为245 700元，增值税税率为17%，发生清理费用20 000元。

要求：编制甲公司从2016年取得该设备至2018年处置期间的相关会计分录。

2.CC公司2016年10月购入一项专利技术，含税价101760元，增值税税率6%，该技术的法律保护期限为10年，按直线法推销。CC公司2018年8月以不含税价90 000元将该专利技术转让。

要求：编制该公司从2016年取得专利至2018年处置期间的相关会计分录。

3.CC公司2016年7月份发生下列筹资业务：

（1）收到昌盛公司投资款400 000元，已存入本公司在交通银行开立的基本账户。

（2）收到发明人杨光投入的专利权一项，确认价值300 000元。

（3）收到方圆公司投入的不需安装的新设备一台，价值28 000元，增值税税额4 760元，设备已交付使用。

（4）收到昌盛公司投入的甲材料一批，价值5 000元，增值税850元，材料已验收入库。

（5）从农业银行借入80 000元，期限6个月，利率6%，款项已转入存款账户。

（6）计算并结转本月农业银行短期借款利息。

要求：编制上述CC公司2016年7月发生的筹资业务相关会计分录。（要求写明相关明细分类账户）

4.CC公司2016年7月1日从建设银行借入利率8%，到期一次还本付息的2年期借款1 000 000元，准备用于建造办公用房，该笔款项已转入公司存款户，办公用房已于借款当月开工，建造期一年。

要求：编制CC公司2016年7月1日—2018年6月30日间取得借款、计息及到期还本付息的相关会计分录。

案例分析

案例7-1　　斯蒂姆公司[①]

在2016年12月31日年度财务报告报批前，斯蒂姆公司的总裁先审核了2015年12月31日的资产负债表，又回顾了那些影响长期资产及摊销金额的业务，然后查看了2016年度与长期资产及摊销有关的业务，这些业务项目列示如下：

（1）2016年1月2日，按照账面净值售出机器设备一台，该设备账面原值31 233美元，累计折旧27 367美元。

（2）2016年3月1日，公司出售一辆汽车，收到现金2 336美元，2016年1月1日该汽车账面原值为8 354美元，累计折旧5 180美元，账面净值3 174美元。与该项资产相关的折旧率请见第（6）项。

（3）资产负债表中无形资产为一项斯蒂姆公司购买的专利权，其成本自2015年12月31日起在剩余的5年内摊销，预计净残值为0。2015年12月31日该专利权在资产负债表中列报的金额为56 250美元。

（4）2016年7月1日，出售一台打字机，收到现金75美元，该设备账面原值为1 027美元，2015年12月31日已经提足折旧。

（5）2015年12月31日斯蒂姆公司资产原值及已提折旧额和折旧率见表7-3。

表7-3　资产原值及已提折旧额和折旧率　金额单位：美元

资产项目	2015年12月31日资产原值	已提折旧额	折旧率
生产设备	3 425 585	1 642 358	10%*
运输工具	58 298	37 156	20%
办公设备	42 534	28 005	10%

注：*在3 425 585美元的机器设备中，有一台价值85 000美元的机器已于2015年12月31日提足折旧，但仍在使用。

① 资料来源：安东尼，霍金斯.会计学：教程与案例［M］. 12版.王立彦，等，译.北京：机械工业出版社，2009：134.

案例分析与讨论：

1.分析上述每项业务对固定资产、无形资产、累计折旧、累计摊销及其他账户的影响，并编制这些业务的会计分录。

2.在对这些业务进行记录后，计算固定资产、无形资产、累计折旧账户在2016年12月31日的余额。

3.说明2016年12月31日资产负债表中“固定资产”“无形资产”列报的金额是多少？

案例7-2　　大宇资本结构的神话[①]

韩国第二大企业集团——大宇集团于1999年11月1日向新闻界正式宣布，该集团董事长金宇中以及14名下属公司的总经理决定辞职，以表示“对大宇的债务危机负责，并为推行结构调整创造条件”。韩国媒体认为，这意味着“大宇集团解体进程已经完成”，“大宇集团已经消失”。

大宇集团于1967年开始奠基建厂，其创办人金宇中当时是一名纺织品推销员。经过30年的发展，通过政府的政策支持、银行的信贷支持和在海内外的大力购并，大宇集团成为直逼韩国最大企业——现代集团的庞大商业帝国：1998年年底，总资产高达640亿美元，营业额占韩国GDP的5%；业务涉及贸易、汽车、电子、通用设备、重型机械、化纤、造船等众多行业；国内所属企业曾多达41家，海外公司数量曾创下600家的纪录，鼎盛时期，海外雇员多达几十万人，“大宇”成为国际知名品牌。大宇集团是“章鱼足式”扩张模式的积极推行者，金宇中认为企业规模越大，就越能立于不败之地，即所谓的“大马不死”。据报道，1993年金宇中提出“世界化经营”战略时，大宇集团在海外的企业只有15家，而到1998年年底已增至600多家，“等于每3天增加一家企业”。更让韩国人自豪的是：在韩国陷入金融危机的1997年，大宇集团不仅没有被危机困住，反而在国内的集团排名中由第4位上升到第2位，金宇中本人也被美国《幸福》杂志评为亚洲风云人物。

1997年年底，韩国发生金融危机后，其他企业集团都开始收缩，但大宇集团仍然我行我素，结果债务越背越重。尤其是1998年年初韩国政府提出“五大企业集团进行自律结构调整”方针后，其他集团把结构调整的重点放在改善财务结构方面，努力减轻债务负担。金宇中却认为，只要提高开工率、增加销售额和出口，就能躲过这场危机。因此，大宇集团继续大量发行债券，进行“借贷式经营”。1998年大宇集团发行的公司债券达7万亿韩元（约合58.33亿美元）。1998年第四季度，大宇集团的债务危机已初露端倪，在各方的援助下才避过债务灾难。此后，在严峻的债务压力下，大梦方醒的大宇集团虽做出了种种努力，但为时已晚。1999年7月中旬，大宇集团向韩国政府发出求救信号；7月27日，大宇集团因“延迟重组”被韩国4家债权银行接管；8月11日，大宇集团在压力下屈服，割价出售两家财务出现问题的公司；8月16日，大宇集团与债权人达成协议，在1999年年底前，将出

① 资料来源：徐光华，等.现代企业财务管理［M］. 北京：清华大学出版社，2007：290.

售盈利能力最佳的大宇证券公司以及大宇电器、大宇造船、大宇建筑等公司，大宇集团的汽车项目资产免遭处理。“8月16日协议”的达成，表明大宇集团已处于破产清算前夕，遭遇“存”或“亡”的险境。由于在此后的几个月中，经营依然不善，资产负债率仍然居高不下，大宇集团最终不得不走向本文开头所述的那一幕。

大宇集团为什么会倒下？在其轰然坍塌的背后，存在的问题固然是多方面的，但不可否认有财务杠杆的消极作用在作怪。大宇集团在政府政策和银行信贷的支持下走上了一条“举债经营”之路，试图通过大规模举债，达到大规模扩张的目的，最后实现“市场占有率至上”的目标。1997年，亚洲金融危机爆发后，大宇集团已经显现出经营上的困难，其销售额和利润均不能达到预期，而与此同时，债权金融机构又开始收回短期贷款，政府也无力再给它更多支持。1998年年初，韩国政府提出“五大企业集团进行自律结构调整”方针后，大宇集团却依然继续大量发行债券，进行“借贷式经营”。正是由于经营不善，加上资金周转困难，韩国政府于7月26日下令债权银行接手对大宇集团进行结构调整，以加快这个负债累累的集团的解散速度。由此可见，大宇集团的举债经营所产生的财务杠杆效应是消极的，不仅难以提高企业的盈利能力，反而因巨大的偿付压力使企业陷于难以自拔的财务困境。从根本上说，大宇集团的解散，是其财务杠杆消极作用影响的结果。

案例分析与讨论：

1.试对财务杠杆进行界定，并对“财务杠杆效应是一把‘双刃剑’”这句话进行评述。

2.试分析取得财务杠杆利益的前提条件是什么？

3.反观我国资本市场上存在大批ST、*ST上市公司以及大批靠国家政策和信贷支持发展起来而又债务累累的国有企业，我们应从“大宇资本结构的神话”中应吸取哪些教训？

第八章

财务成果
——企业营利性活动的结果

导入案例

赵清泉和刘晓悦是一对夫妇，于2016年1月1日注册成立了同利食品店。注册资金是60 000元，包括到工商局登记注册费、验资费等费用在内的开办费共计3 000元（全部计入第一年的费用）。店面用房屋（包括货架和办公设施）是租来的，一次支付2年的租金26 000元。用银行存款15 000元购买了一台冰柜（可使用3年）。2016年全年进货的成本是265 000元，其中有15 000元的货款尚未支付，到年底经盘点货架上尚有存货25 000元。2016年全年销售食品收到现金338 000元，还有29 000元的货款到2017年2月才能收回，全年共支付水电费4 900元、卫生及消防等费用600元、办公费用10 000元、包装费用13 000元，缴纳销售税金7 200元，按照规定同利食品店第一年免缴所得税。赵清泉和刘晓悦夫妇每月为他们自己各发工资1 000元用于家庭的日常支出。到了年底，赵清泉夫妇告诉在外地学习会计专业放寒假回家的儿子赵刘胤说今年亏损15 700元。赵刘胤把他们记的流水账拿来编了一张"利润表"后，却说他们今年赢利46 300元。

要求：(1) 用你现在拥有的会计知识说明，为什么赵清泉夫妇计算得出同利食品店2016年经营亏损15 700元，而赵刘胤计算得出赢利46 300元？谁的结果正确？为什么？

(2) 请你重新为同利食品店编制2016年利润表。

(3) 如果同利食品店不属于免税期，那么2016年同利食品店需要缴纳经营所得税吗？

学习目标

在本章中，你将学到：

（1）企业利润的构成及其形成过程。

（2）什么是利得和损失，它们与利润是何关系。

（3）所得税的核算与计算。

（4）企业财务成果的分配及其处理。

正如前几章所述，企业开展营利性活动的过程，既是取得收入的过程，也是资源耗费的过程。会计师按照权责发生制原则，对一定经营期间取得的收入与为取得收入发生的费用成本进行配比确认与计量，并定期向信息使用者报告企业资金的双向变化结果。

第一节 利润及其构成

一、利润的概念

利润是指企业在一定会计期间的财务成果，包括收入减去费用后的净额、直接计入当期利润的利得和损失等。

收入减去费用后的净额反映的是企业日常活动的业绩，直接计入当期利润的利得和损失反映的是企业非日常活动的业绩。企业应当严格划分收入和利得、费用和损失，以更加准确地反映企业的经营业绩。

利润的确认主要依赖于收入和费用以及直接计入当期利润的利得和损失的确认。利润金额的计量主要取决于收入和费用金额以及直接计入当期利润的利得和损失金额的计量。

二、利润的构成

在利润表中，利润的金额分为营业利润、利润总额和净利润三个层次来计算确定。

1.营业利润

营业利润是指企业通过一定期间的日常活动取得的利润。营业利润的具体构成可用公式表示如下：

$$\text{营业利润}=\text{营业收入}-\text{营业成本}-\text{税金及附加}-\text{期间费用}-\text{资产减值损失}+\text{公允价值变动收益}(-\text{公允价值变动失损})+\text{投资收益}(-\text{投资损失})$$

其中，营业收入是指企业经营业务所实现的收入总额扣除销售折扣与折让后的净额，包括主营业务收入和其他业务收入；营业成本是指企业经营业务所发生的实际成本总额，包括主营业务成本和其他业务成本；税金及附加是指企业经营业务应负担的税金及附加费用，如消费税、城市维护建设税、资源税、土地增值税、教育费附加、房产税、城镇土地使用税、车船税、印花税等。

2.利润总额

利润总额是指企业一定期间的营业利润，加上营业外收入减去营业外支出后的所得税前利润总额，即：

利润总额=营业利润+营业外收入-营业外支出

其中，营业外收入和营业外支出是指企业发生的与日常活动无直接关系的，在本会计期间已实现的各项利得或损失，如处置固定资产、无形资产形成的利得或损失、非货币性资产交换形成的利得或损失、债务重组形成的利得或损失、罚没利得或损失等。

3.净利润

净利润是指企业一定期间的利润总额减去所得税费用后的净额，即：

净利润=利润总额-所得税费用

其中，所得税费用是指企业按照会计准则的规定确认的应从当期利润总额中扣除的当期所得税费用和递延所得税费用。

■ **链接本章导入案例**

2016年同利食品店营业利润、利润总额和净利润计算过程：

（1）营业利润=（338 000+29 000）－（265 000－25 000+2 000×12+15 000÷3+26 000÷2+4 900）－7 200－13 000－（600+10 000+3 000）

=367 000－286 900－7 200－13 000－13 600

=46 300（元）

（2）利润总额=46 300－0=46 300（元）

（3）净利润=46 300－0=46 300（元）

2016年同利食品店的利润表见表8-1。

表8-1 **利润表** 会企02表

编制单位：同利食品店 2016年度 单位：元

项　目	本期金额	上期金额
一、营业收入	367 000	
减：营业成本	286 900	
税金及附加	7 200	
销售费用	13 000	
管理费用	13 600	
财务费用	0	
二、营业利润（亏损以“-”号填列）	46 300	
加：营业外收入	0	
减：营业外支出	0	
三、利润总额（亏损总额以“-”号填列）	46 300	
减：所得税费用	0	
四、净利润（净亏损以“-”号填列）	46 300	

赵清泉夫妇对同利食品店2016年经营成果计算过程（按收付实现制计算）：

338 000－（265 000－15 000）－26 000－15 000－4 900－24 000－3 000－10 000－600－13 000－7 200

=－15 700（元）

知识拓展8-1 **综合收益**

依据《企业会计准则30号——财务报表列报》（2014年修订），综合收益是指企业在某一期间除与所有者以其所有者身份进行的交易之外的其他交易或事项所引起的所有者权益变动。综合收益包括两部分：净利润和其他综合收益。其中，前者是企业已实现并已确认的收益，后者是企业未实现但根据会计准则的规定已确认的收益。利润表中的“其他综合收益”项目反映企业根据会计准则规定未在损益中确认的各项利得和损失扣除所得税影响后的净额，主要包括可供出售金融资产产生的利得（或损失）、按照权益法核算的在被投资单位其他综合收益中所享有的份额、现金流套期工具产生的利得（或损失）、外币财务报表折算差额等；利润表中的“综合收益总额”项目反映企业净利润与其他综合收益的合计金额。

现行上市公司对外披露的利润表的格式见表8-2[①]。

表8-2 **利润表** 会企02表

编制单位： 年度 单位：元

项　目	本期金额	上期金额
一、营业收入		
减：营业成本		
税金及附加		
销售费用		
管理费用		
财务费用		
资产减值损失		
加：公允价值变动收益（损失以“-”号填列）		
投资收益（损失以“-”号填列）		
其中：对联营企业和合营企业的投资收益		
二、营业利润（亏损以“-”号填列）		
加：营业外收入		
减：营业外支出		
其中：非流动资产处置损失		
三、利润总额（亏损总额以“-”号填列）		
减：所得税费用		
四、净利润（净亏损以“-”号填列）		
五、其他综合收益的税后净额		
（一）以后会计期间不能重分类计入损益的其他综合收益		
1.重新计量设定受益计划净负债或净资产的变动		
2.权益法下在被投资单位不能重分类计入其他综合收益中享有的份额		
⋮		
（二）以后会计期间在满足规定条件时将重分类计入损益的其他综合收益		
1.权益法下在被投资单位以后会计期间在满足规定条件时将重分类计入损益的其他综合收益中享有的份额		
2.可供出售金融资产公允价值变动形成的利得或损失		
3.持有至到期投资重分类为可供出售金融资产形成的利得或损失		
4.现金流量套期工具产生的利得或损失中属于有效套期的部分		
5.外币财务报表折算差额		
⋮		
六、综合收益总额		
七、每股收益		
（一）基本每股收益		
（二）稀释每股收益		

① 见《〈企业会计准则第30号——财务报表列报〉应用指南》及《企业会计准则第30号——财务报表列报》（2014年修订）。

第二节 利润的形成

一、税前利润

（一）营业外收入与营业外支出

营业外收入与营业外支出虽然与企业日常生产经营活动无直接关系，但站在企业主体的角度来看，它们同样是其经济利益的流入或流出，从而构成利润的一部分，对企业的当前损益会产生一定影响。

1.营业外收入

营业外收入，是指企业取得的与日常活动没有直接关系的各项利得，主要包括固定资产处置利得、无形资产处置利得、非货币性资产交换利得、债务重组利得、罚没利得、政府补助利得、无法支付的应付款项、捐赠利得等。

（1）固定资产处置利得，是指企业处置固定资产所取得的价款或报废固定资产的残料价值、变价收入等，扣除固定资产账面价值、清理费用以及相关处置税费后所形成的净收益。

（2）无形资产处置利得，是指企业处置无形资产所取得的价款，扣除无形资产账面价值以及与处置相关的税费后所形成的净收益。

（3）非货币性资产交换利得，是指在非货币性资产交换以公允价值为基础进行计量的情况下，换出固定资产或无形资产的公允价值高于其账面价值的差额，扣除相关费用后的净收益。

（4）债务重组利得，是指企业在进行债务重组时，债务人重组债务的账面价值高于用于偿债的现金及非现金资产的公允价值、债权人放弃债权而享有股份的公允价值、重组后债务的入账价值的差额所形成的利得。

（5）罚没利得，是指企业收取的滞纳金、违约金以及其他形式的罚款，在弥补了由于对方违约而造成的经济损失后的净收益。

（6）政府补助利得，是指企业从政府无偿取得货币性资产或非货币性资产形成的利得，具体包括企业取得的与资产相关的政府补助，在相关资产使用寿命内平均分配而计入当期损益的利得；企业取得的与收益相关的政府补助，用于补偿已发生的相关费用或损失而直接计入当期损益的利得，以及用于补偿以后期间的相关费用或损失而于确认相关费用期间计入当期损益的利得。

（7）无法支付的应付款项，是指由于债权单位撤销或其他原因而无法支付，或者将应付款项划转给关联方等其他企业而无法支付或无须支付，按规定程序报经批准后转入当期损益的应付款项。

（8）捐赠利得，是指企业接受外部现金和非现金资产捐赠而获得的利得。

2.营业外支出

营业外支出，是指企业发生的与日常活动没有直接关系的各项损失，主要包括固定资产处置损失、无形资产处置损失、非货币性资产交换损失、债务重组损失、罚款支出、捐赠支出、非常损失、盘亏损失等。

（1）固定资产处置损失，是指企业处置固定资产所取得的价款或报废固定资产的残料价值、变价收入等，不足以抵补固定资产账面价值、清理费用以及相关处置税费所形成的净损失。

（2）无形资产处置损失，是指企业处置无形资产所取得的价款，不足以抵补无形资产账面价值以及相关处置税费所形成的净损失。

（3）非货币性资产交换损失，是指在非货币性资产交换以公允价值为基础计量的情况下，换出固定资产或无形资产的公允价值低于其账面价值的差额，扣除相关费用后的净损失。

（4）债务重组损失，是指企业在进行债务重组时，债权人重组债权的账面价值高于接受抵债取得的现金及非现金资产的公允价值、放弃债权而享有股份的公允价值、重组后债权的入账价值的差额所形成的损失。

（5）罚款支出，是指企业由于违反合同、违法经营、偷税漏税、拖欠税款等而支付的违约金、罚款、滞纳金等支出。

（6）捐赠支出，是指企业对外进行公益性和非公益性捐赠而付出资产的公允价值。

（7）非常损失，是指企业由于自然灾害等客观原因造成的财产损失，在扣除保险公司赔款和残料价值后，应计入当期损益的净损失。

（8）盘亏损失，是指企业在财产清查中发现的固定资产实存数量少于账面数量而发生的资产短缺损失。

（二）税前利润结转

企业应设置“本年利润”账户，用于核算企业当期实现的净利润或发生的净亏损。利润计算与结转的基本会计处理程序如下：

会计期末，企业应将各损益类账户的余额转入“本年利润”账户，结平各损益类账户，即将收入类账户的贷方余额转入“本年利润”账户的贷方，借记“主营业务收入”“其他业务收入”“营业外收入”等账户，贷记“本年利润”账户；将支出类账户的借方余额转入“本年利润”账户的借方，借记“本年利润”账户，贷记“主营业务成本”“税金及附加”“其他业务成本”“销售费用”“管理费用”“财务费用”“资产减值损失”“营业外支出”等账户。“公允价值变动损益”“投资收益”账户如为净收益，借记“公允价值变动损益”“投资收益”账户，贷记“本年利润”账户；如为净损失，借记“本年利润”账户，贷记“公允价值变动损益”“投资收益”账户。期末结转损益类账户余额后，“本年利润”账户如为贷方余额，反映年初至本期期末累计实现的净利润；如为借方余额，反映年初至本期期末累计发生的净亏损。为了简化核算，企业在中期期末也可以不进行上述利润结转，年内各期实现的利润直接通过利润表计算；年度终了时，再将各损益类账户全年累计金额一次转入“本年利润”账户。

【例8-1】甲有限责任公司2016年度各损益类账户的发生额见表8-3。

表 8-3　　各损益类账户的发生额　　单位：万元

损益类账户	借方发生额	贷方发生额
主营业务收入		20 000
其他业务收入		4 000
营业外收入		400
投资收益		800
公允价值变动损益		700
主营业务成本	14 680	
其他业务成本	3 100	
税金及附加	100	
销售费用	650	
管理费用	550	
财务费用	270	
营业外支出	800	
资产减值损失	750	

2016 年度结转利润编制的会计分录如下：

（1）将实现的收入结转至“本年利润”账户：

借：主营业务收入　　200 000 000
　　其他业务收入　　40 000 000
　　营业外收入　　4 000 000
　　投资收益　　8 000 000
　　公允价值变动损益　　7 000 000
　贷：本年利润　　　　259 000 000

（2）将发生的费用结转至“本年利润”账户：

借：本年利润　　209 000 000
　贷：主营业务成本　　　　146 800 000
　　　其他业务成本　　　　31 000 000
　　　税金及附加　　　　1 000 000
　　　销售费用　　　　6 500 000
　　　管理费用　　　　5 500 000
　　　财务费用　　　　2 700 000
　　　营业外支出　　　　8 000 000
　　　资产减值损失　　　　7 500 000

二、所得税的计算与核算

（一）所得税会计概述

企业会计准则和所得税法是基于不同目的、遵循不同原则分别制定的，二者在资产与负债的计量标准、收入与费用的确认原则等诸多方面存在着一定的差异，导致企业一定期间按会计准则的要求确认的会计利润往往不等于按税法规定计算的应纳税所得额。所得税会计是研究如何处理会计利润和应纳税所得额之间差异的会计理论与方法。

会计利润与应纳税所得额是两个既有联系又有区别的概念。会计利润，是指企业根据会计准则的要求，采用一定的会计程序与方法确定的所得税前利润总额，其目的是向财务报告使用者提供关于企业经营成果的会计信息，为其决策提供相关、可靠的依据。应纳税所得额，是指按照所得税法的要求，以一定期间应税收入扣减税法准予扣除的项目后计算的应税所得，其为企业进行纳税申报和国家税收机关对企业的经营所得征税提供依据。由于会计利润与应纳税所得额的确定依据和目的不同，因此，二者之间往往存在一定的差异，这种差异按其性质可以分为永久性差异和暂时性差异两个类型。

1.永久性差异

永久性差异是指某一会计期间，由于会计准则和税法在计算收益、费用或损失时的口径不同所产生的税前会计利润与应纳税所得额之间的差异。例如，企业购买国债取得的利息收入，在会计核算上作为投资收益计入税前利润，但根据税法的规定，它属于免税收入，不计入应纳税所得额；再如，企业支付的违法经营罚款、税收滞纳金等，在会计核算上作为营业外支出计入税前利润，但根据税法的规定，不允许将其在所得税前扣除。永久性差异的特点是在本期发生，但不会在以后期间转回。

2.暂时性差异

暂时性差异是指资产、负债的账面价值与其计税基础不同产生的差异，该差异的存在将影响未来期间的应纳税所得额。例如，按照企业会计准则的规定，交易性金融资产期末应以公允价值计量，公允价值的变动计入当期损益；但按照税法规定，交易性金融资产在持有期间的公允价值变动不计入应纳税所得额，待处置交易性金融资产时，按实际取得成本从处置收入中扣除，则其计税基础保持不变，仍为初始投资成本，由此便产生了交易性金融资产的账面价值与其计税基础之间的差异，该项差异将会影响处置交易性金融资产期间的应纳税所得额。暂时性差异的特点是发生于某一会计期间，但在以后一期或若干期内能够转回。

（二）所得税的计算

企业所得税是对我国境内的企业和其他取得收入的组织生产经营所得和其他所得征收的一种直接税。中华人民共和国境内的企业和其他取得收入的组织为企业所得税的纳税义务人，分为居民企业和非居民企业。

企业所得税一般以全年应纳税所得额为计税依据，分月或分季预缴税款，年终汇算清缴。

企业应交所得税税额=年应纳税所得额×适用所得税税率

1.年应纳税所得额的确定

依据2008年《企业所得税法》的规定，应纳税所得额为企业每一个纳税年度的收入总额，减除不征税收入、免税收入、各项扣除，以及允许弥补的以前年度亏损后的余额。即：

应纳税所得额=收入总额-不征税收入-免税收入-各项扣除-以前年度亏损

收入总额包括企业以货币形式和非货币形式从各种来源取得的收入，是在按会计准则确认、计量的基础上，按税法规定再予以确认和计量的收入。它具体包括：(1) 销售货物收入；(2) 提供劳务收入；(3) 转让财产收入；(4) 股息、红利等权益性投资收益；(5) 利息收入；(6) 租金收入；(7) 特许权使用费收入；(8) 接受捐赠收入；(9) 其他收入。

收入总额中的下列收入为不征税收入：(1) 财政拨款；(2) 依法收取并纳入财政管理的行政事业性收费、政府性基金；(3) 国务院规定的其他不征税收入。对于不符合不征税收入条件的财政性补贴，应归为征税收入。

免税收入包括：(1) 国债利息收入；(2) 居民企业直接投资于其他居民企业所取得的股息、红利等权益性投资收益以及在中国境内设立机构、场所的非居民企业从居民企业取得与该机构、场所有实际联系的股息、红利等权益性投资收益，但不包括连续持有居民企业公开发行并上市流通的股票不足12个月取得的投资收益；(3) 符合条件的非营利组织的收入（不包括非营利组织从事营利性活动所取得的收入，但国务院财政、税务主管部门另有规定的除外)。

税前扣除项目的范围如下：企业按照会计准则要求，并实际在财务会计处理上已确认计量的支出，凡未超过税收法规规定的税前扣除范围和标准的，可按企业财务会计实际确认计量的支出，在企业所得税税前扣除。

(1) 销售（营业）成本。销售（营业）成本是指企业申报纳税期间已经确认的销售商品（包括商品、产品、原材料、边角余料、废旧物资等)，提供劳务，转让和处置固定资产、无形资产等的销售成本、销货成本、业务支出以及其他耗费。企业应该在所得税纳税申报时，根据申报表的附表“销售（营业）成本明细表”逐项填列。从事代理服务，主营业务收入为手续费、佣金的企业（如证券、期货、保险代理等)，其手续费及佣金支出属于营业成本范畴，准予在企业所得税税前据实扣除。

(2) 期间费用。期间费用是指企业在生产经营过程中发生的直接列入当期损益的费用，包括销售费用、管理费用和财务费用（已经计入成本的有关费用除外)。

(3) 税金及附加。税金及附加是指企业实际发生的除所得税和允许抵扣的增值税以外的各项税金及附加。

(4) 资产损失。资产是指企业拥有或者控制的、用于经营管理活动的相关资产。准予在企业所得税税前扣除的资产损失是指企业在实际处置、转让上述资产的过程中发生的合理损失（以下简称实际资产损失)，以及企业虽未实际处置、转让上述资产，但符合规定条件计算确认的损失（以下简称法定资产损失)。

企业的实际资产损失，应当在其实际发生且财务会计上已作损失处理的年度申报扣除；法定资产损失，应当在企业向主管税务机关提供证据资料证明该项资产已符合法定资产损失确认条件且财务会计上已作损失处理的年度申报扣除。企业实际资产损失，应按规定程序和要求向主管税务机关申报后方能在税前扣除。未经申报的损失，不得在税前扣除。

（5）其他支出。其他支出是指除成本、费用、税金、损失外，企业经营活动中发生的与取得收入有关的、合理的支出。

事实上，在企业所得税纳税实务中，应纳税所得额的确定并非依据所得税法对企业所有交易或事项重新确认、计量一遍，而是在依据会计准则确定的税前利润的基础上，调整确定应纳税所得额。

应纳税所得额=税前利润±纳税调整项目

2.适用所得税税率

居民企业所得税的基本（正常）税率为25%。

非居民企业在中国境内未设立机构、场所，或者虽设立机构、场所，但其取得的所得与其所设机构、场所没有实际联系的，基于收入来源管辖权进行征税的原则，其适用税率为20%。

知识拓展8-2　　常见的纳税调整项目

由于会计利润与应纳税所得额的确定依据和目的不同，二者之间往往存在一定的差异（纳税调整项目）。税前利润是依据会计准则确定的，服务于会计目标；而应纳税所得额是依据税法确定的，为企业进行纳税申报和国家税收机关对企业的经营所得征税提供依据。大多数情况下，会计上初始确认、计量的账面价值与计税基础是一致的。但由于税法强调实现原则和成本计量原则，导致两者在后续计量时产生差异。纳税调整项目主要包括两类：（1）税前利润与应纳税所得额确认、计量口径不一致产生的永久性差异；（2）税前利润与应纳税所得额确认、计量时间不一致产生的暂时性差异。

1.常见的永久性差异

调减应纳税所得额：如国债利息。

调增应纳税所得额：

（1）税法不允许税前扣除的项目：①税收滞纳金；②罚金、罚款和被罚没财物的损失；③不符合公益性捐赠规定条件的捐赠支出；④赞助支出等。

（2）超出税法税前扣除标准的支出，如业务招待费，税法规定企业实际发生的与生产经营活动有关的业务招待费，按照实际发生额的60%扣除，但最高不得超过当年销售（营业）收入额（含视同销售收入额）的5‰。

2.常见的暂时性差异

（1）固定资产折旧年限、方法，无形资产摊销年限、方法。

（2）各类资产减值损失，如坏账准备、存货跌价准备、固定资产减值准备、无形资产减值准备等。

（3）公允价值后续计量，如交易性金融资产公允价值变动损益。

【例 8-2】沿【例 8-1】，甲有限责任公司 2016 年实现营业收入 24 000 万元，税前利润 5 000 万元，年内发生如下纳税调整事项：

（1）向中国希望工程基金会捐款 800 万元。

（2）计提各种资产减值准备 750 万元。

（3）全年支付广告费 600 万元。

（4）全年支付业务招待费 150 万元。

（5）国债利息收入 210 万元。

要求：计算该公司本年应当缴纳的企业所得税（该公司适用的所得税税率为 25%）。

资产减值准备调增=750 万元

业务招待费调增=150−150×60%=60（万元）<24 000×5‰

国债利息调减=210 万元

公益性捐赠调增=800−5 000×12%=200（万元）

税法规定，年公益性捐赠支出不超过税前利润 12%的部分，准予扣除；超过部分，需纳税调整。

应纳税所得额=5 000+750+60+200−210=5 800（万元）

本年应交所得税税额=5 800×25%=1 450（万元）

注：广告费 600 万元<3 600 万元（24 000×15%），可以据实扣除，不需纳税调整（税法规定，一般企业发生的广告宣传费在不超过当年销售（营业）收入额（含视同销售收入额）15%的部分，准予扣除；超过部分，准予在以后纳税年度结转扣除）。

（三）所得税的核算

根据是否确认暂时性差异对所得税的影响，所得税的会计处理方法主要分为应付税款法和资产负债表债务法。

1.应付税款法

应付税款法，是指企业不确认暂时性差异对所得税的影响金额，按照当期计算的应交所得税税额确认当期所得税费用的方法。在这种方法下，当期确认的所得税费用等于当期应交所得税税额。

采用应付税款法进行所得税的会计处理，不需要区分永久性差异和暂时性差异，本期发生的各类差异对所得税的影响金额，均在当期确认为所得税费用或抵减所得税费用，不将暂时性差异对所得税的影响金额递延和分配到以后各期。

应付税款法的会计处理比较简单，但不符合权责发生制原则。因此，我国企业会计准则不允许采用这种方法。

【例 8-3】沿【例 8-2】，假设甲有限责任公司所得税会计处理采用应付税款法，则该公司 2016 年度所得税的会计处理如下：

借：所得税费用　　　　14 500 000

　贷：应交税费——应交所得税　　　　14 500 000

结转至“本年利润”账户时：

借：本年利润　　14 500 000

　贷：所得税费用　　14 500 000

2.资产负债表债务法

资产负债表债务法较为完整地体现了资产负债观，在所得税的会计核算方面贯彻了资产、负债的界定。从资产负债表的角度考虑，资产的账面价值代表的是企业在持续持有及最终处置某项资产的一定期间内，该项资产为企业带来的未来经济利益，而其计税基础代表的是在这一期间内，就该项资产按照税法规定可以税前扣除的金额。

一项资产的账面价值小于其计税基础时，表明该项资产于未来期间产生的经济利益流入低于按照税法规定允许税前扣除的金额，产生可抵减未来期间应纳税所得额的因素，减少未来期间以应交所得税的方式流出企业的经济利益，从其产生时点来看，应确认为资产。反之，一项资产的账面价值大于其计税基础时，两者之间的差额将会于未来期间产生应税金额，增加未来期间的应纳税所得额及应交所得税，对企业形成经济利益流出的义务，应确认为负债。

在采用资产负债表债务法核算所得税的情况下，企业一般应于每一资产负债表日进行所得税的核算，但发生特殊交易或事项时，如企业合并，应在确认因交易或事项取得的资产、负债时确认相关的所得税影响。

企业进行所得税核算应遵循的程序为：

①按照相关会计准则规定确定资产负债表中除递延所得税资产和递延所得税负债以外的其他资产和负债项目的账面价值。其中资产、负债的账面价值，是指企业按照相关会计准则的规定在资产负债表中列示的金额。

②按照准则中对于资产和负债计税基础的确定方法，以适用的税收法规为基础，确定资产负债表中有关资产、负债项目的计税基础。

③比较资产、负债的账面价值与其计税基础，对于两者之间存在差异的，分析其性质，除准则中规定的特殊情况外，分别以应纳税暂时性差异与可抵扣暂时性差异乘以所得税税率，来确定资产负债表日递延所得税负债和递延所得税资产的应有金额，并与期初递延所得税负债和递延所得税资产的余额相比，确定当期应予进一步确认的递延所得税资产和递延所得税负债金额或应予转销的金额，作为构成利润表中所得税费用的其中一个组成部分——递延所得税。

④按照适用的税法规定计算当期应纳税所得额，将应纳税所得额与适用的所得税税率计算的结果确认为当期应交所得税，作为利润表中应予确认的所得税费用的另外一个组成部分——当期所得税。

⑤确定利润表中的所得税费用。利润表中的所得税费用包括当期所得税和递延所得税两个组成部分，企业在计算确定了当期所得税和递延所得税后，两者之和（或之差）就是利润表中的所得税费用。

资产负债表债务法的详细内容将在后续课程学习。

第三节 财务成果的分配

一、利润分配的一般程序

企业当期实现的净利润，加上年初未分配利润（或减去年初未弥补亏损）后的余额，为可供分配的利润。可供分配的利润一般按下列顺序分配：

（1）提取法定盈余公积，是指企业根据有关法律的规定，按照净利润的10%提取盈余公积。法定盈余公积累计金额超过企业注册资本的50%以上时，可以不再提取。

（2）提取任意盈余公积，是指企业按股东大会或类似机构决议提取的盈余公积。

（3）应付现金股利或利润，是指企业按照利润分配方案分配给股东的现金股利，也包括非股份有限公司分配给投资者的利润。

（4）转作股本的股利，是指企业按照利润分配方案以分派股票股利的形式转作股本的股利，也包括非股份有限公司以利润转增的资本。

二、利润分配的会计处理

企业应当设置“利润分配”账户，核算利润的分配（或亏损的弥补）情况，以及历年积存的未分配利润（或未弥补亏损）。

借方	利润分配　　　　　　贷方
期初余额	期初余额
（1）企业转入本年发生的亏损 （2）企业提取的盈余公积 （3）企业向股东分配的现金股利（利润） （4）转作股本（资本）的股利（利润）	（1）企业转入本年实现的净利润 （2）盈余公积补亏
期末余额：历年累计未弥补亏损额	期末余额：历年累计未分配利润总额

“利润分配”账户下常设置“提取法定盈余公积”“提取任意盈余公积”“应付现金股利（或利润）”“转作股本的股利”“盈余公积补亏”“未分配利润”等明细账户。年度终了，企业应将“利润分配”账户所属除“未分配利润”以外的其他明细账户的发生额转入“未分配利润”明细账户；结转后，除“未分配利润”明细账户外，其他明细账户均无余额。

企业按有关法律规定提取的法定盈余公积，借记“利润分配——提取法定盈余公积”账户，贷记“盈余公积——法定盈余公积”账户；按股东大会或类似机构决议提取的任意盈余公积，借记“利润分配——提取任意盈余公积”账户，贷记“盈余公积——任意盈余公积”账户；按股东大会或类似机构决议分配给股东的现金股利，借记“利润分配——应付现金股利（或利润）”账户，贷记“应付股利（或应付利润）”账户；按股东大会或类似机构决议分配给股东的股票股利，在办理增资手续后，借记“利润分配——转作股本的股利”账户，贷记“股本”或“实收资本”账户，如有差额，贷记“资本公积——股本溢价（或资本溢价）”账户；企业用盈余公积弥补亏损，借记“盈余公积——法定盈余公积（或任意盈余公积）”账户，贷记“利润分配——盈余公积补亏”账户。年度终了，将“利润分配”账户所属其他明细账户余额转入“未分配利润”明细账户，借记“利润分配——未分配利润”账户，贷记“利润分配——提取法定盈余公积”“利润分配——提取任意盈余公积”“利润分配——应付现金股利（或利润）”“利润分配——转作股本的股利”等账户；或者借记“利润分配——盈余公积补亏”等账户，贷记“利润分配——未分配利润”账户。

年度终了，企业应将收入和支出相抵后结出的本年实现的净利润，转入“利润分配——未分配利润”账户，借记“本年利润”账户，贷记“利润分配——未分配利润”账户；如果为净亏损，借记“利润分配——未分配利润”账户，贷记“本年利润”账户。结转后，“本年利润”账户应无余额。企业产生的经营亏损，依据所得税法，可以用以后连续5年经核定的税前利润弥补。

【例8-4】沿【例8-3】，假设甲有限责任公司2016年度的利润分配方案为：按净利润的10%提取法定盈余公积，按净利润的30%向投资者分配利润。则该公司2016年相关利润分配处理如下：

2016年实现税后净利润=5 000-1 450=3 550（万元）

2016年提取法定盈余公积=3 550×10%=355（万元）

2016年向投资者分配利润额=3 550×30%=1 065（万元）

2016年未分配利润余额=3 550×60%=2 130（万元）

提取盈余公积时：

借：利润分配——提取法定盈余公积	3 550 000	
贷：盈余公积——法定盈余公积		3 550 000

向投资者分配利润时：

借：利润分配——应付利润	10 650 000	
贷：应付利润——××投资者		10 650 000

将本年实现净利润结转至“利润分配”账户时：

借：本年利润	35 500 000	
贷：利润分配——未分配利润		35 500 000

将已分配利润结转至“利润分配——未分配利润”账户时：

借：利润分配——未分配利润	14 200 000	
贷：利润分配——提取盈余公积		3 550 000
——应付利润		10 650 000

本章小结

利润是指企业在一定会计期间的财务成果，包括收入减去费用后的净额、直接计入当期利润的利得和损失等。

在利润表中，利润分为营业利润、利润总额和净利润三个层次。营业利润是指企业在一定期间从事经营活动取得的利润；利润总额是指企业在一定期间的营业利润与营业外收支净额的合计数；净利润是指企业在一定期间的利润总额减去所得税费用后的净额。

营业外收入是指企业取得的与生产经营活动没有直接关系的各种收入，主要包括固定资产处置利得、无形资产处置利得、非货币性资产交换利得、债务重组利得、罚没利得、捐赠利得、政府补助利得、确实无法支付而按规定程序经批准后转作营业外收入的应付款项等。

营业外支出是指企业发生的与生产经营活动没有直接关系的各种支出，主要包括固定资产处置损失、无形资产处置损失、非货币性资产交换损失、债务重组损失、罚款支出、捐赠支出、非常损失、盘亏损失等。

会计期末，企业应将收入类账户的贷方发生额转入“本年利润”账户的贷方，将支出类账户的借方发生额转入“本年利润”账户的借方；年度终了，企业应将本年收入和支出相抵后结出的本年实现的净利润，转入“利润分配——未分配利润”账户，如果为净亏损，作相反的结转。

独立核算、自负盈亏的企业经营实现的利润应依法缴纳企业所得税。遵循不同标准、服务不同目的导致税前利润与应纳税所得额之间存在一定的差异，这种差异按其性质可以分为永久性差异和暂时性差异两个类型。根据是否确认暂时性差异对所得税的影响，所得税的会计处理方法主要分为应付税款法和资产负债表债务法。

企业当期实现的净利润，加上年初未分配利润（或减去年初未弥补亏损）后的余额，为可供分配的利润。可供分配的利润一般按下列顺序分配：①提取法定盈余公积；②提取任意盈余公积；③应付现金股利或利润；④转作股本的股利。

思考与练习

■ 思考题

1.依据我国企业会计准则，利润的构成有哪些内容？营业利润、利润总额如何计算？

2.什么是利得和损失？收入与利得、费用与损失之间有什么区别？

3.什么是营业外收入和营业外支出？它们分别包括哪些内容？

4.简述我国公司制企业利润分配的一般程序。

5.如何计算和结转企业实现的利润？

6.应纳税所得额与会计利润有何关系？

7.如何计算企业应纳所得税额？

■ 练习题

一、单项选择题

1.以下项目中不属于营业外收入的是（　　）。

A.劳务收入　　B.捐赠收入

C.罚款收入　　D.处理固定资产净收益

2.“本年利润”账户年末余额反映企业的（　　）。

A.利润总额　　B.净利润（或亏损）

C.营业利润（或亏损）　　D.税前利润（或亏损）

3.企业进行年终利润结转后，可能有余额的账户是（　　）。

A.本年利润　　B.利润分配——未分配利润

C.利润分配——盈余公积补亏　　D.利润分配——提取法定盈余公积

4.下列项目中不包括在营业利润中的是（　　）。

A.营业收入　　B.营业成本

C.期间费用　　D.营业外收入

5.固定资产的处置净损失应计入（　　）。

A.管理费用　　B.销售费用

C.制造费用　　D.营业外支出

6.年终结转后，“利润分配”账户的贷方余额表示（　　）。

A.本年实现的利润　　B.本年发生的亏损

C.历年累计未分配利润　　D.历年累计未弥补亏损

二、多项选择题

1.下列项目中构成利润总额的因素有（　　）。

A.营业利润　　B.所得税费用

C.投资净收益　　D.营业外收入

E.营业外支出

2.以下项目中应列为营业外收入的有（　　）。

A.固定资产盘盈净收益　　B捐赠收入

C.销售材料收入　　D.罚款收入

E.债务重组净收益

3.以下项目中应列为营业外支出的有（　　）。

A.捐赠支出　　B.资产减值损失

C.罚金支出　　D.非常损失

E.固定资产处置净损失

4.下列有关法定盈余公积的表述中正确的有（　　）。

A.按照企业税后利润的10%提取

B.计提的累计金额已达到注册资本的50%时，可不再提取

C.计算提取法定盈余公积的基数应包括年初未分配利润

D.企业提取法定盈余公积可以用来弥补以前年度亏损，也可用来转增资本

E.企业用法定盈余公积转增资本后留存的余额不得低于转增前注册资本的25%

三、业务题

1.甲公司采用表结法于年末一次结转损益类账户的发生额。该公司2016年度各损益类账户的累计发生额见表8-4。

表8-4　2016年度各损益类账户的累计发生额　单位：元

账户名称	1—12月借方累计发生额	1—12月贷方累计发生额	1—11月借方累计发生额	1—11月贷方累计发生额
主营业务收入		3 500 000		
公允价值变动损益		75 000		
投资收益		300 000		
营业外收入				50 000
营业成本	2 280 000			
税金及附加	50 000			
销售费用	250 000			
管理费用	350 000			
财务费用	100 000			
资产减值损失	50 000			
营业外支出			100 000	

2016年12月甲公司发生下列业务：

（1）按规定的管理权限报经批准后，转销盘盈的现金1 000元。

（2）结转出售固定资产后的净收益25 000元。

（3）因某客户违约，取得罚款净收益4 000元，已存入开户银行。

（4）按规定的管理权限报经批准后，转销因自然灾害造成的原材料净损失30 000元。

（5）向希望工程捐款50 000元，以银行存款支付。

（6）以银行存款支付税收滞纳金15 000元。

（7）年末，将各项收入、利得类账户的发生额结转至“本年利润”账户。

（8）年末，将各项费用、损失类账户的发生额结转至“本年利润”账户。

（9）按税前利润的25%计算并结转所得税费用至“本年利润”账户。

（10）按税后利润的10%提取法定盈余公积，按税后利润的20%向投资者分配利润。

（11）将本年实现的净利润转入“利润分配——未分配利润”账户。

（12）将“利润分配”其他明细账户的发生额转入“利润分配——未分配利润”明细账户。

要求：根据上述经济业务编制会计分录。

案例分析

华能公司[1]

华能公司是一家上市公司，它主要生产台式机及笔记本电脑，其市场目标主要定位于小规模公司和个人。该公司生产的产品质量优良，价格合理，在市场上颇受欢迎，销路很好，因此该公司迅速发展壮大起来。公司当前正在进行2016年度的财务分析，下一周财务总监董晶将向总经理汇报2016年度公司的财务状况和经营成果，汇报的重点是公司经营成果的完成情况，并要出具具体的分析数据。

张伟是该公司的助理会计师，主要负责利润的核算、分析工作，董晶要求张伟对公司2016年度有关经营成果的资料进行整理分析，并就公司经营成果的完成情况写出分析结果，以供公司领导决策考虑。接到财务总监交给的任务后，张伟立刻收集有关经营成果的资料，见表8-5、表8-6、表8-7。

表8-5 **利润表（简表）** 会企02表

编制单位：华能公司 2016年度 单位：千元

项　目	本期金额	上期金额
一、营业收入	1 296 900	1 153 450
减：营业成本	1 070 955	968 091
税金及附加	14 396	6 805
销售费用	2 703	1 961
管理费用	124 502	108 309
财务费用	-24 122	105 541
资产减值损失		
加：公允价值变动收益（损失以“-”号填列）	-5 318	-2 192
投资收益（损失以“-”号填列）	21 509	68 976
二、营业利润（亏损以“-”号填列）	124 657	29 527
加：营业外收入	80	0
减：营业外支出	3 113	1 961
三、利润总额（亏损总额以“-”号填列）	121 624	27 566
减：所得税费用	23 344	4 268
四、净利润（净亏损以“-”号填列）	98 280	23 298

① 资料来源：张先治，等.财务分析［M］. 大连：东北财经大学出版社，2009：112.

表 8-6 华能公司财务费用明细表 单位：千元

项　目	2016年	2015年
利息支出	970	128 676
减：利息收入	26 854	25 320
汇兑损失	3 108	2 809
减：汇兑收益	1 480	756
其他	134	132
财务费用合计	-24 122	105 541

表 8-7 华能公司管理费用明细表 单位：千元

项　目	2016年	2015年
工资及福利费	65 540	64 320
劳动保险费	4 340	4 308
业务招待费	8 988	4 211
工会经费	1 150	1 048
折旧费	1 540	1 540
技术开发费	38 600	27 856
其他	4 344	5 026
管理费用合计	124 502	108 309

案例分析与讨论：

请运用案例中提供的信息，协助张伟完成华能公司2016年度经营业绩分析报告。

第九章

会计循环与会计核算组织形式

导入案例

史密斯2016年6月以其个人名义存款35 000元，在某大学附近开办了一家专为大学生寻找宿舍的公司，她将其命名为“校园宿舍寻找者”，她是该公司的唯一所有者和经营者。7月份是她开始营业的第一个月，在该月共发生了下列业务：

（1）7月1日，史密斯在大学附近租赁一间办公室，租金每月400元，房租按月支付。

（2）7月1日，史密斯赊购一套价值350元的办公用具和一台价值2 000元的电脑。办公用具预计使用2年，电脑预计使用5年。

（3）7月5日，史密斯迎来第一批顾客，为顾客寻找公寓，收取现金1 900元。

（4）7月15日，史密斯度假花费个人资金2 000元。

（5）7月25日，史密斯支付办公室使用的水电费100元。

（6）7月28日，史密斯迎来第二批顾客，服务收入2 280元，款项尚未收到。

（7）7月29日，史密斯提款2 000元为自己发放月工资。

（8）7月31日，按税法规定，“校园宿舍寻找者”应依法缴纳流转税费209元。

你还记得这个案例吗？这是我们在刚刚接触会计知识时反复讨论过的一个案例。今天再次见到这位“老朋友”时，你对会计师提供的以三大报表为核心的财务信息是否已不再感觉神秘和遥不可及？

思考：

1.还记得你当时是如何编出“校园宿舍寻找者”的利润表和资产负债表的吗？如果“校园宿舍寻找者”每天发生的业务是以上业务的几倍、几十倍、上百倍，你的方法还能及时编出报表吗？

2.审计师们又是如何能够对会计师提供的信息质量发表鉴证意见的呢？

学习目标

在本章中，你将学到：

（1）会计师们是如何编制报表的。

（2）什么是会计循环？什么是会计凭证？什么是会计账簿？

（3）会计凭证、会计账簿和会计报表之间的关系。

（4）会计凭证、会计账簿和会计报表有机结合的方式。

正如我们在前文中提到的，任何一个营利性组织，不论其业务性质如何、规模大小，其取得的资金都不会是闲置不动的，随着其经营活动的开展，资金就会发生双向变动，会计师对会计主体发生的经济业务（经营活动引起资金变化的交易或事项）引起的会计要素（包括反映资产、负债、所有者权益三个财务状况要素和收入、费用、利润三个经营状况要素）变化，遵循公认的会计准则进行会计确认、计量，运用设置账户、复式记账等专门方法和特定程序，对资金变化的过程及结果进行记录，并适时以财务报表的形式提供财务信息。

在本书的第六章至第八章我们已从理解报表的角度，给大家概括地介绍了会计师是如何使用帕乔利密码对企业营利性活动引起的资金变化过程遵循公认的会计标准进行会计确认、计量的，这一章我们将简要向大家介绍会计师对于大量繁杂的数据是如何进行有序处理并适时向信息使用者提供信息的。

第一节 会计循环:会计凭证、会计账簿与会计报表

一、会计循环的概念

会计循环是会计信息产生的步骤，也可以说是会计信息生成的基本过程。会计师的工作是从企业设立时就要建立一套系统，对从债权人和投资人手中取得的资金及其变化过程进行全面记录并适时报告。也可以说，会计循环就是这样一套系统，这套系统既可以帮助会计师们有序地适时处理资金变化、报告结果，也可以留下清晰的资金变化轨迹，为保证财务信息真实可靠留下足够依据，也为审计师们对会计师提供的信息质量发表鉴证意见提供足够的追溯证据。

从会计工作的角度来说，会计循环是由会计凭证、会计账簿和会计报表构成的一个会计信息生成系统。会计师对企业发生的每一笔经济业务，从编制会计分录开始，经过过账、结账、试算平衡，再到根据账簿资料编制财务会计报告文件止，并且在每个会计期间周而复始、连续不断重复这样一个过程，因而称之为会计循环，或更为准确地称之为会计工作循环。企业为了取得真实可靠的会计信息数据，必须对日常所发生的各种经济业务，通过依次完成的一系列基本步骤，并借助于这些步骤把数量繁多的日常经济业务归类整理和综合汇总，最终通过财务报表的形式向信息使用者报告企业的财务状况和经营成果等相关信息。

二、会计凭证

（一）经济业务

会计循环的第一步是遵循公认的会计准则对企业发生的各种交易或事项进行分析并加以确认与计量。

在实际的经济环境中，企业发生的各种交易或事项都有证明业务发生或执行的证明文件。例如，买材料有购进发票，用材料有出库单（领料单），发工资有工资结算表和工资费用分配表，业务员出差时有证明其实际花费的车票、船票或机票、住宿发票等。在会计实务中，习惯于将这些企业日常经营活动发生的能够引起企业

资金发生变化的交易或事项统称为经济业务，或称会计事项。

虽然企业是一个经济上独立的个体，但其在生存与发展的过程中不可避免地要与企业内、外部的部门、单位或个人之间发生各种各样的交往活动。因此，可以将经济业务按照是否涉及企业本身以外的单位或个人分为对外经济业务和对内经济业务。

对外经济业务也称为交易，即“企业与外部主体（其他单位或个人）之间的价值交换行为”。交易可能是一种每个主体既接受价值也牺牲价值的互换行为，如购买商品、销售货物、提供劳务等，也可能是企业单方面权益的变动或向其他主体转移本企业资产的行为，如接受投资、对外投资、上缴税款等。对内经济业务也称为事项，即“企业主体内部有关部门之间发生的价值转移行为”，如企业在生产经营过程中为了生产产品领用原材料、使用和磨损机器设备、产成品完工入库等。以制造业企业为例，其主要经济业务过程如图9-1所示。

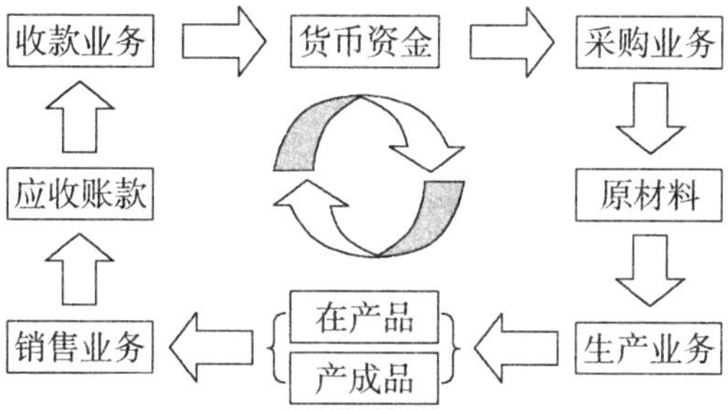

图9-1　制造业企业主要经济业务过程示意图

企业在日常经营过程中会发生各种各样的经济活动，但并不是所有的经济活动都是会计事项，其原因就在于计量的复杂性，一些不能计量或不能可靠计量的经济活动就不能进行会计处理，如达成的未来合作意向、企业人事关系的变动等。在会计上，只把能引起会计要素增减变化进而可以确认与计量的经济活动称为经济业务或会计事项。

（二）会计凭证

在会计信息生成过程中，为了保证会计信息的可靠性和可稽核性，如实地反映各种经济业务对企业会计诸要素的影响情况，经过会计确认与计量而进入复式记账系统的各项经济业务所涉及的每一个原始数据都必须有根有据。这就要求企业对外或对内发生的每一项经济业务，都应该在其发生时由经办人员填制证明这些业务已经执行或完成的书面文件，运用这些书面文件详细地记录每一项经济业务所涉及的具体内容、数量和金额，同时，为了对书面文件所反映的有关内容的合法性、合理性和真实性负责，还需要经办人员在这些书面文件上签字盖章。这些书面文件就是会计凭证。

所谓会计凭证，就是用来记录经济业务，明确经济责任，并作为登记账簿依据的书面证明文件。会计凭证是重要的会计资料。

由于各个单位的经济业务是复杂多样的，因此所使用的会计凭证种类繁多，其用途、性质、填制的程序乃至格式等都因经济业务的需要不同而具有多样性，因此按照不同的标志可以对会计凭证进行不同的分类。会计凭证按填制的程序和用途不同可以分为原始凭证和记账凭证两大类。

1.原始凭证

（1）原始凭证的概念

所谓原始凭证，是指在经济业务发生时由有关单位人员填制的，用以证明经济业务的执行或完成情况的证明文件。

一般而言，在企业经营过程中，凡是能够证明某项经济业务已经发生或完成情况的书面单据就可以作为原始凭证，如有关的发票、收据、银行结算凭证、收料单、发料单等；凡是不能证明该项经济业务已经发生或完成情况的书面文件就不能作为原始凭证，如生产计划、购销合同、银行对账单、材料请购单等。

（2）原始凭证的种类

原始凭证按其取得的来源不同，可以分为自制原始凭证和外来原始凭证。

①自制原始凭证，是指由本单位内部经办业务的部门或人员，在办理某项经济业务时自行填制的凭证。自制原始凭证按其填制的手续和完成情况的不同，可以分为一次凭证、累计凭证、汇总原始凭证、记账编制凭证四种。其中，一次凭证是指只反映一项经济业务，或同时反映若干项同类性质的经济业务、其填制手续是一次完成的凭证，如收料单（见表9-1）、借款单（见表9-2）、销售发票记账联（见表9-3）。累计凭证是指在一定时期内连续记载若干项同类性质的经济业务、其填制手续是随着经济业务的发生而分次（多次）完成的凭证，如限额领料单（见表9-4）。

表9-1　　**通力源公司　收料单**

供货单位：宝源钢铁公司

发票编号：2456　　2016年3月15日　　编号：0203

材料类别	材料编码	名称规格	计量单位	数量		金额（元）			
				应收	实收	单价	总价	运杂费	合计
钢材	3715	螺纹钢	千克	10 000	10 000	18	180 000	5 000	185 000
备注：						合计			185 000

仓库保管员：张锁柱　　检验员：孙亮光　　收料人：刘纳新

表9-2　　**通力源公司　借款单**

2016年3月16日　　差字第28号

借款人姓名	李阁国	所在单位或部门		供应科	
出差地点	北京	出差事由		采购	
往返时间	10天	借款金额	￥6 000.00	预计还款日期	3月26日
人民币（大写）	陆仟元整				

审批：张建民　　出纳：李莉华　　借款单位负责人：周泽华　　借款人：李阁国

表 9-3

全国统一发票监制章 光源 国家税务总局监制

光源增值税专用发票

记 账 联

No.01117050

1300061520 开票日期：2016年1月27日

购买方	名　　称：重庆瑞祥金属制品有限公司 纳税人识别号：140108888888808 地 址 、电 话：0311-88456123 开户行及账号：光源市工商银行华西支行3100111666111	密码区	>50+/4-62750831/049<1　加密版本：01 99302352+00>*4248/+8<　11300061520 372027+43*3/>732<7-02　01117050 4-5/89-3/55*+1-21>77

货物或应税劳务、服务名称	规格型号	单位	数量	单 价	金 额	税 率	税 额
车床	1A680	台	15	84 000.00	1 260 000.00	17%	214 200.00
合计					1 260 000.00		214 200.00
价税合计（大写）	⊗壹佰肆拾柒万肆仟贰佰元整					（小写）￥1 474 200.00	

销售方	名　　称：光源市通力源公司 纳税人识别号：110101280636967 地 址 、电 话：天桥路96号　5887711 开户行及账号：工商银行大华支行　2032809202183	备注	光源市通力源公司 110101280636967 发票专用章

收款人：李永　　复核：林雨　　开票人：张娜　　销售方（章）

第一联：记账联　销售方记账凭证

表 9-4

限额领料单

领料单位：四车间　　　　编号：451

用 途：丙产品　　2016年3月　　发料仓库：5

材料类别	材料编码	材料名称及规格	计量单位	单 价（元）	领用限额	实际领用	
						数量	金额（元）
黑色金属	6538	ø25mm圆钢	千克	30.00	6 000	5 900	177 000.00
供应部门负责人：张锁银			生产计划部门负责人：张计划				

领料日期	请领		实发			限额结余	退库	
	数量	领料单位负责人	数量	发料人	领料人		数量	退料单编号
5	1 200	张晓明	1 200	刘锦丽	赵永亮	4 800		
10	1 200	张晓明	1 200	刘锦丽	赵永亮	3 600		
15	1 200	张晓明	1 200	刘锦丽	赵永亮	2 400		
20	1 200	张晓明	1 200	刘锦丽	赵永亮	1 200		
26	1 200	张晓明	1 200	刘锦丽	赵永亮	0		
31							100	（略）
	6 000	合 计	6 000					

②外来原始凭证，是指在同外单位发生经济业务往来时，从外单位取得的凭证。外来原始凭证一般属于一次凭证。例如，从供应单位取得的增值税专用发票(见表9-5)、普通发票(见表9-6)等。

表9-5

天津增值税专用发票

发票联

NO：5647320

开票日期：2016年7月8日

购买方	名　　称：和谐通信有限公司 纳税人识别号：001202252001356 地 址 、电 话：津春城路20号23458888 开户行及账号：农行红旗路708-046-1598				密码区	（略）		
货物或应税劳务、服务名称		规格型号	单位	数量	单价	金额	税率	税　额
乙材料			盒	30	100.00	3 000.00	17%	510.00
合计						￥3 000.00		￥510.00
价税合计（大写）	⊗叁仟伍佰壹拾元整					（小写）￥3 510.00		
销售方	名　　称：绿原公司 纳税人识别号：104259587374126 地 址 、电 话：马场道45号20252618 开户行及账号：建设银行天津市分行851-762			备注	绿原公司 104259587374126 发票专用章			

第三联：发票联　购买方记账凭证

收款人：××　　复核：×××　　开票人：××　　销售方（章）

表9-6

光源市工商企业统一发票

发票联

购货单位：通力源公司　　2016年6月26日　　NO：1268955678

货　号	品名规格	单　位	数　量	单　价	金　额									
					千	百	十	万	千	百	十	元	角	分
	设计费								8	8	6	0	0	0
	光源市光华美术公司 280602002230895 发票专用章													
合计：人民币（大写）捌仟捌佰陆拾元整								￥	8	8	6	0	0	0

开票单位：　　开票人：刘红梅

（3）原始凭证的填制（或取得）要求

各种原始凭证所反映的基本内容是进行会计信息加工处理过程中所涉及的最基本的原始资料，所以填制或取得原始凭证这个环节的工作正确与否是至关重要的。为了保证整个会计信息系统所产生的相关资料的真实性、正确性和及时性，必须按要求填制或取得原始凭证。由于原始凭证的具体内容、格式不同，产生的渠道也不同，因此其填制或取得的具体要求也有一定的区别，但从总体要求来看，按照《会计法》和《会计基础工作规范》的规定，应做到：原始凭证反映的具体内容要真实可靠；原始凭证所反映的内容要完整、项目要齐全、手续要完备；原始凭证的书写要简洁、清楚，大小写要符合会计基础工作规范的要求；原始凭证要及时填制并按照规定的程序进行传递。

（4）原始凭证的审核要求

《会计法》第十四条规定：会计机构、会计人员必须按照国家统一的会计制度的规定对原始凭证进行审核，对不真实、不合法的原始凭证有权不予接受，并向单位负责人报告；对记载不准确、不完整的原始凭证予以退回，并要求按照国家统一的会计制度的规定更正、补充。

2.记账凭证

由于原始凭证种类繁多，格式不一，所记录的内容也比较零散，还不能直接依据其登记账簿，所以，必须将其转化为会计账簿所能接受的专门语言，即根据接收的载有经济业务数据的原始凭证编制记账凭证，以便据以直接登记有关的会计账簿。

（1）记账凭证的概念

所谓记账凭证，就是会计分录的载体，是会计师根据审核无误的原始凭证（经济业务载体）编制的用来履行记账手续的会计分录凭证。它是登记账簿的直接依据。

原始凭证和记账凭证之间存在着密切的联系。原始凭证是记账凭证的基础，附在记账凭证后面作为记账凭证的附件；记账凭证是根据原始凭证编制的，是对原始凭证内容的概括和说明。记账凭证是根据审核无误的原始凭证编制的，各种记账凭证可以根据每一张原始凭证单独编制，也可以根据若干张原始凭证汇总编制。记账凭证是会计分录的载体。

（2）记账凭证的种类

记账凭证按其反映的经济业务内容的不同，可以分为专用记账凭证和通用记账凭证。

专用记账凭证是专门用来记录某一特定种类经济业务的记账凭证，按其所记录的经济业务是否与货币资金收付有关又可以进一步分为收款凭证、付款凭证和转账凭证三种。收款凭证是用来反映货币资金增加的经济业务而编制的记账凭证，也就是记录库存现金和银行存款等收款业务的凭证。付款凭证是用来反映货币资金减少的经济业务而编制的记账凭证，也就是记录库存现金和银行存款付款业务的凭证。收付款凭证既是登记库存现金、银行存款日记账和有关明细账的依据，也是出纳员办理收付款项的依据。转账凭证是用来反映不涉及货币资金增减变动的经济业务（即转账业务）而编制的记账凭证，也就是记录与库存现金、银行存款的收付款业务没有关系的转账业务的凭证。

通用记账凭证是采用一种通用格式记录各种经济业务的记账凭证。通用记账凭证既可以反映收付款业务，也可以反映转账业务，是实务中最常见的一种记账凭证格式，见表9–7。

表9–7　　　　　　　　　　　　记　账　凭　证

2016年12月12日　　　　　　　　　　　　记字第2号

摘　要	总账科目	明细科目	记账	借方金额								贷方金额							
				十	万	千	百	十	元	角	分	十	万	千	百	十	元	角	分
购料	原材料	B材料			2	0	0	0	0	0	0								
	银行存款												1	7	0	0	0	0	0
	应付账款	国发公司												3	0	0	0	0	0
合　计				¥	2	0	0	0	0	0	0	¥	2	0	0	0	0	0	0

附件3张

主管：　　　　记账：　　　　审核：　　　　制单：

（3）记账凭证的审核

记账凭证的审核是保证账簿记录真实、准确的前提和基础。因此，除了填制人员应当认真负责、加强自审外，会计部门还应建立相互复核或专人审核的制度。审核的主要内容包括以下三个方面：

①记账凭证是否附有原始凭证，记账凭证与所附原始凭证在经济内容和金额上是否一致。

②应借、应贷的账户名称和金额是否正确，账户对应关系是否清楚，核算内容是否符合会计制度规定。

③记账凭证中的有关项目是否填列齐全，有关人员是否都已签名或盖章。

审核中发现记账凭证填制有差错的，应查明原因并及时采用专门方法进行更正。

三、会计账簿

企业在经营过程中要发生各种各样的经济业务，对于这些经济业务，首先要由原始凭证做出最初的反映，然后由会计人员按照会计信息系统的要求，采用复式记账法编制记账凭证。由于会计凭证的数量繁多、比较分散，而且每张会计凭证只能记录单笔经济业务，提供的也只是个别的数据，不便于直接通过会计凭证取得综合的会计信息，也不便于日后查阅，因此，为了对经济业务进行连续、系统、全面的核算，从分散的数据中提取系统、有用的会计信息，就必须采用登记会计账簿的方法，把分散在会计凭证上的零散的资料加以集中和分类整理，在账簿这个重要的载体上加以综合，从而为企业的经营管理提供系统的会计信息资料。

（一）会计账簿的概念与种类

1.会计账簿的概念

填制、审核会计凭证只是会计工作的第一步，尽管会计凭证在记录经济业务方面很详细、具体，但却分散。为了连续、系统、综合地反映企业的经济活动，就需要把会计凭证中的具体资料分门别类地加以整理、归类，为此必须设置会计账簿。

所谓会计账簿，是由具有专门格式而又联结在一起的若干账页所组成的，按照会计科目开设账户，用来序时地、分类地记录和反映经济业务的簿记。会计账簿是会计信息的主要载体之一。

2.会计账簿的种类

（1）会计账簿按其用途的不同可以分为序时账簿、分类账簿和备查账簿

序时账簿也称日记账，是按照经济业务发生时间的先后顺序逐日、逐笔登记的账簿。目前，在实际工作中应用比较广泛的日记账主要有库存现金日记账和银行存款日记账等。

分类账簿是指对全部经济业务按照总分类账户和明细分类账户进行分类登记的账簿。分类账簿按其反映经济业务详细程度的不同，又可以分为总分类账簿（按照总分类账户分类登记的账簿）和明细分类账簿（按照明细分类账户分类登记的账簿）。

备查账簿也称辅助账簿，是指对某些在序时账和分类账中未能记载或记载不全的事项进行补充登记的账簿。备查账簿只是对其他账簿记录的一种补充，与其他账簿之间不存在严密的依存和勾稽关系，如租入固定资产备查簿、应付票据备查簿、受托代销商品备查簿等。备查账簿的填写方式比较灵活，涉及的信息也不会对企业财务报表产生影响。

（2）会计账簿按其外表形式的不同可以分为订本式账簿、活页式账簿和卡片式账簿

订本式账簿是指在启用之前就已把顺序编号的账页装订成册的账簿。对于那些比较重要的内容一般采用订本式账簿。序时账簿、总分类账簿等应采用订本式账簿。

活页式账簿是指在启用时账页不固定装订成册而将零散的账页放置在活页夹内，随时可以取放的账簿。活页式账簿克服了订本式账簿的缺点。明细分类账簿可根据需要采用活页式账簿。

卡片式账簿是指由许多具有一定格式的硬制卡片组成，存放在卡片箱内，根据需要随时取放的账簿。卡片式账簿主要用于不经常变动的内容的登记，如固定资产明细账等。

在实际工作中，订本式账簿、活页式账簿的账簿分类方式主要存在于手工记账方式下。

（二）会计账簿的格式与登记方法

会计账簿从构造上看，一般由三大部分组成：封面——标明账簿的名称；扉页——列示目录表和账簿使用登记表；账页——列示会计账户、记账日期、记账依据、内容摘要以及金额等。不同的会计账簿由于反映的经济业务内容和详细程度不同，因此，其账页格式也有一定的区别。

1.序时账簿

序时账簿主要是指特种日记账。企业通常设置的特种日记账主要有库存现金日

记账和银行存款日记账。

库存现金（或银行存款）日记账的常用格式是三栏式，通常设置“收入、付出、结余”或“借方、贷方、余额”三个主要栏目，用来登记库存现金（或银行存款）的增减变动及其结果。三栏式库存现金（或银行存款）日记账是由现金出纳员根据库存现金（或银行存款）收付款业务所编制的记账凭证，按发生时间的先后顺序逐日、逐笔登记。库存现金日记账（三栏式）的账页格式及登记方法见表9-8。

表9-8 **库存现金日记账** 第 页

20××年		凭证		摘要	对方科目	借方	贷方	余额
月	日	字	号					
1	1	现收	1	郭利现金投资	实收资本	100 000		
1	1	现付	1	现金存入银行	银行存款		100 000	
1	2	银付	2	提取现金备用	银行存款	25 000		
1	11	现收	3	预收租书卡现金	预收账款	87 000		
1	26	现付	5	支付雇员工资	应付职工薪酬		6 000	
1	31			本月合计		133 700	106 000	27 700

2. 总分类账

总分类账是指按照总分类账户分类开设并登记全部经济业务的账簿。总分类账的账页格式主要采用金额三栏式。总分类账的登记依据和方法主要取决于所采用的会计核算组织程序。它可以直接根据记账凭证逐笔登记，也可以将记账凭证进行汇总并编制汇总记账凭证等，根据汇总记账凭证定期登记。总分类账的账页格式及登记方法见表9-9。

表9-9 **总 账**

会计科目：库存商品 第15页

20××年		凭证		摘要	借方	贷方	借或贷	余额
月	日	字	号					
1	1			上年结转			借	21 000
1	10	转	1	赊购文具用品	90 000		借	111 000
1	31	转	2	结转销售成本		41 000	借	70 000

不管采用哪种格式的总分类账，每月都应将本月已完成的经济业务全部登记入账，并于月末结出总账中各总分类账户的本期发生额和期末余额，与其他有关账簿核对相符之后，作为编制会计报表的主要依据。

3. 明细分类账

根据管理上的要求和各明细分类账户所记录经济业务的特点，明细分类账的账页格式主要有金额三栏式、数量金额式和多栏式三种。

金额三栏式明细分类账的格式和金额三栏式总分类账的格式相同，即账页设有借方金额栏、贷方金额栏和余额金额栏三个主要栏目。这种格式的明细账适用于只要求提供货币信息而不需要提供非货币信息（如实物量指标等）的账户。金额三栏式明细账一般适用于债权债务类明细账，如应付账款、应收账款、预付账款、预收账款、持有至到期投资、长期股权投资、实收资本等明细账的登记。

数量金额式明细分类账要求在账页上对借方栏、贷方栏、余额栏下分别设置数量栏、单价栏和金额栏，以便同时提供货币信息和实物量信息。这种格式的明细账适用于既要进行金额核算又要进行实物量核算的财产物资类明细账，如原材料、库存商品等明细账。数量金额式明细账的账页格式及登记方法见表9-10。

表9-10 **库存商品明细分类账**

明细账户：笔记本 第1页

20××年		凭证		摘要	借方			贷方			借或贷	余额		
月	日	字	号		数量	单价	金额	数量	单价	金额		数量	单价	金额
1	1			上年结转							借	1 000	10	10 000
1	10	转	1	赊购文具用品	3 000	10	30 000				借	4 000	10	40 000
1	31	转	2	结转销售成本				2 100	10	21 000	借	1 900	10	19 000

多栏式明细分类账是指根据经济业务的特点和经营管理的需要，在一张账页内按有关明细账户或项目分设若干专栏的账簿。其按照登记经济业务内容的不同又可以分为三种："借方多栏式"明细账，如材料采购明细账、生产成本明细账、制造费用明细账等；"贷方多栏式"明细账，如主营业务收入明细账等；"借方、贷方多栏式"明细账，如应交增值税明细账等。多栏式明细账的账页格式及登记方法见表9-11。

表9-11 **管理费用明细分类账**

20××年		凭证		摘要	借方						贷方	余额
月	日	字	号		办公费	差旅费	招待费	职工薪酬	折旧费	其他		
1	1	付	3	购买文具用品	350							
1	10	转	1	王卫报销差旅费		1 380						
1	15	付	5	李平报销招待费			1 350					
1	31	转	20	结转工资费用				21 000				
1	31	转	22	计提资产折旧					15 000			
1	31	转	32	结转损益							39 080	0
1	31			本月合计	350	1 380	1 350	21 000	15 000		39 080	

总分类账户与所属明细分类账户同时存在于账户体系中。明细分类账户是对总分类账户的具体化和补充说明，总分类账户则统驭和控制明细分类账户。当企业发生与该账户相关的经济业务时，需要同时在总分类账户及其所属明细分类账户中进行平行登记。

例如，A企业赊销给B公司一批商品，货款10 000元，则A企业需要在“应收账款”总账和“应收账款——B公司”明细账中同时记录10 000元的增加额。在任一时刻，“应收账款”各明细账余额之和应与该总账余额相等。

（三）错账的更正

会计人员在记账过程中难免会发生各种各样的错误，一般是通过编制试算平衡表来检查错误的存在情况。可能引起试算平衡表不平衡的错误一般包括：编表过程的错误、编制记账凭证的错误、登记账簿的错误等。对于记账凭证本身的错误（账簿记录没有错误或没有登记账簿），不需要做具体的更正，只需要将错误的凭证撕掉后再编制一个正确的凭证即可；如果记账凭证没有错误但账簿记录有错误或记账凭证和账簿记录同时发生错误，则需要采用专门的方法进行更正。

如果账簿记录发生错误，不得任意使用刮擦、挖补、涂改等方法去更改字迹，而应该根据错误的具体情况，采用正确的方法予以更正。按照《会计基础工作规范》的要求，更正错账的方法一般有三种，即划线更正法、红字更正法、补充登记法。

1.划线更正法

在结账前，如果发现账簿记录有错误，而记账凭证没有错误，即纯属账簿记录中的文字或数字的笔误，可采用划线更正法予以更正。

更正的具体方法是：首先，将账页上错误的文字或数字划一条红线，以表示予以注销；然后，将正确的文字或数字用蓝字写在被注销的文字或数字的上方，并由记账人员在更正处盖章。应当注意的是，更正时，必须将错误的数字全部划销，而不能只划销、更正其中个别错误的数字，并应保持原有字迹仍可辨认，以备查考。此方法主要用于手工记账方法下。

2.红字更正法

红字更正法适用于以下两种错误的更正：

（1）根据记账凭证所记录的内容登记账簿以后，发现记账凭证的应借、应贷会计账户或记账方向有错误，但金额正确，应采用红字更正法。更正的具体办法是：首先，用红字填制一张与错误记账凭证内容完全相同的记账凭证，并据以用红字登记入账，冲销原有错误的账簿记录；然后，再用蓝字填制一张正确的记账凭证，据以用蓝字或黑字登记入账。

【例9-1】某公司的管理人员张三出差预借差旅费3 000元，付给现金。根据该项经济业务编制的会计分录，应为借记“其他应收款”账户，贷记“库存现金”账户，但会计人员在填制记账凭证时，误将“其他应收款”记为“应收账款”，并已登记入账。这属于记账凭证中的会计账户错误，应采用红字更正法进行更正。更正时，先用红字填制一张会计分录与原错误记账凭证相同的记账凭证，并据以用红字登记入账，冲销原有错误的账簿记录：

借：应收账款　　3 000

　贷：库存现金　　3 000

然后，再用蓝字填制一张正确的记账凭证，并据以登记入账：

借：其他应收款——张三　　3 000

　贷：库存现金　　3 000

（2）根据记账凭证所记录的内容登记账簿以后，发现记账凭证的应借、应贷会计账户和记账方向正确，只是金额发生错误，而且所记金额大于应记的正确金额，对于这种错误应采用红字更正法予以更正。更正的具体办法是：将多记的金额用红字填制一张与原错误记账凭证的账户、借贷方向相同的记账凭证，其金额是错误金额与正确金额两者的差额，并登记入账。

【例9-2】某公司用银行存款7 500元缴纳上个月欠交的城市维护建设税。会计人员在编制会计分录时，误将7 500元记为75 000元，并已登记有关账簿。这属于记账凭证中的金额错误，而且错误的金额大于正确的金额，应采用红字更正法进行更正。更正时，用红字编制一张与原错误记账凭证的账户、方向相同的记账凭证，其金额为67 500元（75 000-7 500），据以用红字登记入账，以冲销多记的金额：

借：应交税费——应交城市维护建设税　　67 500

　贷：银行存款　　67 500

3.补充登记法

记账以后，如果发现记账凭证和账簿的所记金额小于应记金额，而应借、应贷的会计账户并无错误时，那么应采用补充登记法予以更正。更正的具体办法是：按少记的金额用蓝字填制一张应借、应贷会计账户与原错误记账凭证相同的记账凭证，并据以登记入账，以补充少记的金额。

【例9-3】某公司用银行存款28 000元偿还应付账款。会计人员在编制会计分录时，误将28 000元记为2 800元，编制的会计分录为：

借：应付账款　　2 800

　贷：银行存款　　2 800

这属于记账凭证中金额少记的错误，即错误金额小于正确的金额，应采用补充登记法予以更正。更正时，用蓝字编制一张与原错误记账凭证的应借、应贷账户和记账方向相同的记账凭证，其金额为25 200元（28 000-2 800），据以蓝字登记入账：

借：应付账款　　25 200

　贷：银行存款　　25 200

采用红字更正法和补充登记法更正错账时，都应在凭证的摘要栏注明原错误凭证号数、日期和错误原因，便于日后核对。

（四）对账与结账

为了总结某一会计期间的经营活动情况，考核经营成果，便于准确编制会计报表，必须定期进行对账和结账工作。

1.对账

会计作为一个信息系统，在处理日常发生的各种各样的经济业务时，遵循的是复式记账的基本原理。按照复式记账的要求，在数量关系上，必然会形成一套以会计账簿为中心，账簿与会计凭证、实物以及会计报表之间的相互控制、稽核和自动平衡的保护性机制。为了保证这个机制的正常运行，保证账证相符、账账相符、账实相符，就有必要对各种账簿记录的内容进行核对，即进行账簿的对账工作。

所谓对账，简单地说就是在将本期发生的经济业务登记入账之后，对账簿记录所进行的核对工作。对账工作一般是在会计期末进行的，如果遇到特殊情况，如有关人员办理调动时或发生非常事件后，应随时进行对账。

对账的内容，一般包括以下几个方面：

（1）账证核对，做到账证相符

账证核对就是将各种账簿（包括总分类账、明细分类账以及库存现金和银行存款日记账）记录与有关的会计凭证（包括记账凭证及其所附的原始凭证）进行核对，做到账证相符。账证核对的工作一般可以采用抽查法进行。

（2）账账核对，做到账账相符

账账核对是在账证核对相符的基础上，对各种账簿记录的内容所进行的核对工作，做到账账相符。账账核对的具体内容如下：

总分类账中各账户的本期借、贷方发生额合计数以及期末借、贷方余额合计数，应当分别核对相符，以检查总分类账户的登记是否正确。其核对方法是编制总分类账户发生额及余额试算表进行核对。

库存现金日记账、银行存款日记账的本期借方、贷方发生额合计数及期末余额合计数，应当分别与总账中的库存现金账户、银行存款账户的记录核对相符，以检查日记账的登记是否正确。

总分类账户的本期借、贷方发生额及余额与所属明细分类账户的本期借、贷方发生额合计数及余额合计数核对相符，以检查总分类账户和所属明细分类账户登记是否正确。其核对方法一般是编制总分类账户与所属明细分类账户发生额及余额对照表进行核对。

会计部门登记的各种财产物资明细分类账的结存数，与财产物资保管或使用部门的有关保管账的结存数核对相符，以检查双方登记是否正确。

（3）账实核对，做到账实相符

账实核对是在账账核对的基础上，将各种账簿记录余额与各项财产物资、库存现金、银行存款及各种往来款项的实存数核对，做到账实相符。其具体内容包括：库存现金日记账的余额与现金实际库存数核对相符；银行存款日记账的发生额及余额与银行对账单核对相符；财产物资明细账的结存数分别与各财产物资的实存数核对相符；各种债权、债务的账面记录应定期与有关债务、债权单位或个人核对相符。

2.账项调整

会计人员在进行交易或事项处理时，大部分都是依据经济业务发生时取得的原始凭证进行的，但也有一些事项会对信息产生影响，却没有显而易见的凭证证明它们的存在。这些事项的影响需要在会计期末，通过直接编制记账凭证的方法予以记录。

3.结账

按照《会计工作基础规范》的要求，为了正确反映一定时期内的经营成果和期末的财务状况，以便为编制会计报表提供真实、可靠的数据资料，各企业单位必须按照规定定期结账。

所谓结账，是指在将本期内所发生的经济业务全部登记入账的基础上，按照规定的方法对该期内的账簿记录进行小结，结算出本期发生额合计和期末余额，并将其余额结转下期或转入新账的过程。

结账工作主要包括以下几个步骤及具体内容：

（1）结账前，必须将本期发生的全部经济业务登记入账，所以，在结账时，就要首先查明这些经济业务是否已全部登记入账。

（2）在本期经济业务全部入账的基础上，按照权责发生制原则的要求，将收入和费用归属于各个相应的会计期间，即编制调整分录，确认已实现但尚未收到的应收收益等，再据以登记入账。关于这一部分内容，已在上一个问题中作了阐述。

（3）编制结账分录。对于各种收入、费用类账户的余额，应在有关账户之间进行结转，从而结束各有关收入和费用类账户。也就是说，将这些反映损益的收入和费用类账户（如“主营业务收入”“主营业务成本”“税金及附加”“管理费用”“财务费用”“销售费用”等损益类账户）的余额转入“本年利润”账户，以便在这些损益类账簿上重新记录下一个会计期间的业务。正所谓“成绩只能代表过去”，上一个会计期间的成果不能带到下一个会计期间。每一个会计期间开始时，经营成果的计算都是从零开始的。结账分录包括两部分：一部分是结转收入的，即借记有关的“收入类”账户，贷记“本年利润”账户；另一部分是结转费用的，即借记“本年利润”账户，贷记有关的“费用类”账户。结账分录也需要登记到相应的账簿中去。

（4）计算各账户的本期发生额合计和期末余额（本环节只存在于手工记账方法下）。按照《会计工作基础规范》的要求，结账时，应当结出各个账户的期末余额。需要结出当月发生额的，应当在摘要栏内注明“本月合计”字样，并在下面通栏划单红线；需要结出本年累计发生额的，应当在摘要栏内注明“本年累计”字样，全年累计发生额下面应当通栏划双红线。本年各个账户的年末余额转入下年，应当在摘要栏内注明“结转下年”以及“上年结转”字样。

（五）试算平衡

为了保证会计报表提供会计信息的正确性，在编制会计报表之前需要进行试算平衡。在借贷记账法下，要求每项经济业务均按照借贷方金额相等的会计分录登记入账，因此，在会计期末，将全部会计分录中的金额分别记入相关账户之后，就必然存在全部账户的借方发生额等于贷方发生额这样一种平衡关系。同样，全部账户的借方余额也必然与贷方余额相等。也就是说，在借贷记账法下，试算平衡包括发生额平衡和余额平衡两种方式。关于这部分内容，已在第五章详细介绍过。

四、财务报表

会计期末，会计人员在账证、账账、账实相符的基础上，根据账簿资料余额或发生额编制财务报表。

财务报表是企业正式对外揭示或表述财务信息的总结性书面文件。依据《企业会计准则》的规定，企业编制的财务报表至少应当包括“四表一注”，即资产负债表、利润表、现金流量表、所有者权益（或股东权益，下同）变动表以及附注。在市场经济中，由于所有权与经营权分离，企业必须面向市场进行筹资、投资和经营活动，这在客观上要求企业向市场披露信息，以便帮助现在的和潜在的投资者、债权人和其他信息使用者对投资、信贷等做出正确的决策，并提供国家进行必要宏观调控时所需要的基本数据。在企业对外披露的财务信息中，有些是通过财务报表提供的，有些则是通过其他财务报告提供的。一般地说，财务报表是财务报告的核心，企业对外提供的主要财务信息都应纳入财务报表。

（一）财务报表提供信息的主要内容

（1）提供企业的经济资源、这些资源的权利以及引起资源和资源权利变动的各种交易、事项的信息。

（2）提供企业在报告期内的经营绩效，即企业经营活动（包括投资活动和理财活动）中引起的资产、负债和所有者权益的变动及其结果的信息。

（3）提供企业现金流动的信息。由于一个企业过去、现在和未来的现金流动（尤其是净现金流动）是现代企业在经济上有无活力、在财务上有无弹性、在未来发展上有无后劲的重要标志，所以，就财务报告的外部使用者来说，他们特别关注企业的到期利息与本金能否用现金偿还、应付股利能否用现金分派以及表明影响企业变现能力或偿债能力的其他信息。

（4）反映企业管理层（董事长、经理等）向资源提供者报告，如何利用受托经营的资源进行资源的保值、增值活动并履行法律与合同规定的其他义务等有关受托责任的信息。

（二）财务报表的主要分类

财务报表可以按照不同的标准进行如下分类：

1.按财务报表所反映内容分类

按所反映内容的不同，财务报表可以分为：反映财务状况的报表，主要包括资产负债表和所有者权益变动表等；反映经营成果的报表，主要指利润表；反映现金流量变化的报表，主要指现金流量表。

2.按财务报表编报期间分类

按编报期间的不同，财务报表可以分为：中期财务报表和年度财务报表。中期财务报表是以短于一个完整会计年度的报告期间为基础编制的财务报表，包括月报、季报和半年报等。中期财务报表至少应当包括资产负债表、利润表、现金流量表和附注，其中，中期资产负债表、利润表和现金流量表应当是完整报表，其格式和内容应当与年度财务报表相一致。与年度财务报表相比，中期财务报表中的附注披露可适当简略。

3.按财务报表编报主体分类

按编报主体的不同，财务报表可以分为：个别财务报表和合并财务报表。个别财务报表是由企业在自身会计核算基础上对账簿记录进行加工而编制的财务报表，主要用以反映企业自身的财务状况、经营成果和现金流量情况。合并财务报表是以母公司和子公司组成的企业集团为会计主体，根据母公司和所属子公司的财务报表，由母公司编制的综合反映企业集团财务状况、经营成果和现金流量的财务报表。

（三）资产负债表

1.资产负债表概述

资产负债表是反映企业在某一特定日期的财务状况的会计报表。它是根据相关账簿资料余额编制的一张静态财务报表，反映企业截至资产负债表日的资产、负债、所有者权益存量信息的一张财务报表。

资产负债表的作用包括：第一，可以提供某一日期的资产总额及其结构，表明企业拥有或控制的资源及其分布情况，使用者可以一目了然地从资产负债表上了解企业在某一特定日期所拥有的资产总量及其结构；第二，可以提供某一日期的负债总额及其结构，表明企业未来需要用多少资产或劳务清偿债务以及清偿时间；第三，可以反映所有者所拥有的权益，据以判断资本保值、增值的情况以及对负债的保障程度。

资产负债表正表的列报格式一般有两种：报告式资产负债表和账户式资产负债表。报告式资产负债表是上下结构，上半部列示资产，下半部列示负债和所有者权益。具体排列形式又有两种：一是按“资产=负债+所有者权益”的原理排列；二是按“资产-负债=所有者权益”的原理排列。账户式资产负债表是左右结构，左边列示资产，右边列示负债和所有者权益。根据《企业会计准则第30号——财务报表列报》的规定，资产负债表采用账户式的格式（见表2-1）。账户式资产负债表中的资产各项目的合计等于负债和所有者权益各项目的合计，即资产负债表左方和右方平衡。因此，通过账户式资产负债表，可以了解资产、负债、所有者权益之间的内在关系，即“资产=负债+所有者权益”。

根据财务报表列报准则规定，企业需要提供比较资产负债表，以便报表使用者通过比较不同时点资产负债表的数据，掌握企业财务状况的变动情况及发展趋势。

所以，资产负债表还就各项目再分为“年初余额”和“期末余额”两栏分别填列。

2.一般企业资产负债表填列方法

（1）资产负债表“期末余额”栏填列方法

本表“期末余额”栏一般应根据资产、负债和所有者权益类账户的期末余额填列。

①根据总账账户的期末余额直接填列或加计填列。

“以公允价值计量且其变动计入当期损益的金融资产”“工程物资”“固定资产清理”“递延所得税资产”“短期借款”“以公允价值计量且其变动计入当期损益的金融负债”“应付票据”“应付职工薪酬”“应交税费”“应付利息”“应付股利”“其他应付款”“专项应付款”“预计负债”“递延所得税负债”“实收资本（或股本）”“资本公积”“盈余公积”等项目，应根据有关总账账户的余额填列。

有些项目则需要根据几个总账账户的余额计算填列：“货币资金”项目，应根据“库存现金”“银行存款”“其他货币资金”三个总账账户余额的合计数填列；“其他非流动资产”和“其他流动资产”项目，应根据有关账户的期末余额分析填列。

②根据明细账户的余额计算填列。

“开发支出”项目，应根据“研发支出”账户中所属的“资本化支出”明细账户期末余额填列；“应付账款”项目，应根据“应付账款”和“预付账款”账户所属各明细账户的期末贷方余额合计数填列；“一年内到期的非流动资产”和“一年内到期的非流动负债”项目，应根据有关非流动资产或负债项目的明细账户余额分析填列；“长期借款”和“应付债券”项目，应分别根据“长期借款”和“应付债券”账户的明细账户余额分析填列；“未分配利润”项目，应根据“本年利润”“利润分配”账户的明细账户余额计算填列。

③根据总账账户和明细账户的余额分析计算填列。

“长期借款”项目，应根据“长期借款”总账账户余额扣除“长期借款”账户所属明细账户中将于资产负债表日起一年内到期且企业不能自主地将清偿义务展期的长期借款后的金额计算填列；“长期待摊费用”项目，应根据“长期待摊费用”账户的期末余额减去将于一年内（含一年）摊销的数额后的金额填列；“其他非流动负债”项目，应根据有关账户的期末余额减去将于一年内（含一年）到期偿还的数额后的金额填列。

④根据有关账户余额减去其备抵账户余额后的净额填列。

“可供出售金融资产”“持有至到期投资”“长期股权投资”“在建工程”“商誉”项目，应根据相关账户的期末余额填列，已计提减值准备的，还应扣减相应的减值准备；“固定资产”“无形资产”“投资性房地产”“生产性生物资产”“油气资产”项目，应根据相关账户的期末余额扣减相关的累计折旧（或摊销、折耗）填列，已计提减值准备的，还应扣减相应的减值准备，采用公允价值计量的上述资产，应根据相关账户的期末余额填列；“长期应收款”项目，应根据“长期应收款”账户的期末余额减去相应的“未实现融资收益”账户和“坏账准备”账户所属相关明细账户期末余额后的金额填列；“长期应付款”项目，应根据“长期应付款”账户的期末余额减去相应的“未确认融资费用”账户期末余额后的金额填列。

⑤综合运用上述填列方法分析填列。

“应收票据”“应收利息”“应收股利”“其他应收款”项目，应根据相关账户的期末余额，减去“坏账准备”账户中有关坏账准备期末余额后的金额填列；“应收账款”项目，应根据“应收账款”和“预收账款”账户所属各明细账户的期末借方余额合计数，减去“坏账准备”账户中有关应收账款计提的坏账准备期末余额后的金额填列；“预付款项”项目，应根据“预付账款”和“应付账款”账户所属各明细账户的期末借方余额合计数，减去“坏账准备”账户中有关预付款项计提的坏账准备期末余额后的金额填列；“存货”项目，应根据“材料采购”“原材料”“发出商品”“库存商品”“周转材料”“委托加工物资”“生产成本”“受托代销商品”等账户的期末余额合计数，减去“受托代销商品款”和“存货跌价准备”账户期末余额后的金额填列，材料采用计划成本核算以及库存商品采用计划成本核算或售价核算的企业，还应按加上或减去材料成本差异、商品进销差价后的金额填列。

（2）资产负债表“年初余额”栏填列方法

资产负债表“年初余额”栏通常根据上年年末有关项目的期末余额填列，且与上年年末资产负债表“期末余额”栏相一致。企业首次执行新准则，对当年的“年初余额”栏及相关项目进行调整；以后期间，如果企业发生会计政策变更、前期差错更正，应当对“年初余额”栏中的有关项目进行相应调整。此外，如果企业上年度资产负债表规定的项目名称和内容与本年度不一致，应当对上年年末资产负债表相关项目的名称和数字按照本年度的规定进行调整，填入“年初余额”栏中。

资产负债表反映的期初、期末数据，通过计算可以生成反映企业财务状况的重要指标，这些指标对于了解并掌握企业的发展状况具有重要意义，有助于报表使用者做出相关决策。比如，利用流动资产合计和流动负债合计可以计算生成流动比率，利用速动资产与流动负债合计可以计算生成速动比率，利用资产总额和负债总额可以计算生成资产负债率，利用负债总额与所有者权益总额可以计算生成产权比率等，以反映企业短期和长期偿债能力。再如，资产负债表的期末、期初数据变动可以反映企业财务状况的变动趋势，利用期初、期末固定资产总额可以计算分析企业固定资产投资的扩张程度，利用期初、期末所有者权益总额可以计算分析资本保值增值率等。

（四）利润表

利润表是反映企业在一定会计期间的经营成果的财务报表。它是根据相关账簿资料发生额填列的一张动态财务报表，反映企业报告期间取得的收入、发生的费用，即利润形成过程的一张财务报表。

利润表的列报必须充分反映企业经营业绩的主要来源和构成，有助于使用者判断净利润的质量及其风险，有助于使用者预测净利润的持续性，从而做出正确的决策。通过利润表，可以了解企业一定会计期间收入的实现情况，如实现的营业收入有多少，实现的投资收益有多少，实现的营业外收入有多少等；可以了解企业一定会计期间费用的耗费情况，如耗费的营业成本有多少，税金及附加有多少，销售费用、管理费用、财务费用各有多少，营业外收支各有多少等；可以了解企业生产经营活动的成果，即净利润的实现情况，据以判断资本保值、增值等情况。

利润表正表的格式一般有两种：单步式利润表和多步式利润表。单步式利润表是将当期所有的收入列在一起，然后将所有的费用列在一起，两者相减得出当期净损益。多步式利润表是通过对当期的收入、费用、支出项目按性质加以归类，按利润形成的主要环节列示一些中间性利润指标，分步计算当期净损益。依据《企业会计准则第30号——财务报表列报》的规定，企业应当采用多步式列报利润表（见表3-1）。

通过利润表，可以将不同性质的收入和费用进行对比，从而得出一些中间性的利润数据，便于使用者理解企业经营成果的不同来源。企业可以分如下三个步骤编制利润表：第一步，以营业收入为基础，减去营业成本、税金及附加、销售费用、管理费用、财务费用、资产减值损失，加上公允价值变动收益（减去公允价值变动损失）和投资收益（减去投资损失），计算出营业利润；第二步，以营业利润为基础，加上营业外收入，减去营业外支出，计算出利润总额；第三步，以利润总额为基础，减去所得税费用，计算出净利润（或净亏损）。普通股或潜在普通股已公开交易的企业，以及正处于公开发行普通股或潜在普通股过程中的企业，还应当在利润表中列示每股收益信息。

根据财务报表列报准则规定，企业需要提供比较利润表，以便报表使用者通过比较不同期间利润的实现情况，判断企业经营成果的未来发展趋势。所以，利润表还就各项目再分“本期金额”和“上期金额”两栏分别填列。

（五）现金流量表

1.现金流量表概述

现金流量表是反映企业一定会计期间内现金及现金等价物流入和流出情况的报表（见表4-1）。编制现金流量表的主要目的是为财务报表使用者提供企业一定会计期间内现金及现金等价物流入和流出的信息，以便财务报表使用者了解和评价企业获取现金及现金等价物的能力，并据以预测企业未来现金流量。现金流量表的作用主要体现在以下几个方面：一是有助于评价企业支付能力、偿债能力和周转能力；二是有助于预测企业未来现金流量；三是有助于分析企业收益质量及影响现金净流量的因素，掌握企业经营活动、投资活动和筹资活动的现金流量，从现金流量的角度了解净利润的质量，为分析和判断企业的财务前景提供信息。

现金流量表以现金及现金等价物为基础编制，划分为经营活动、投资活动和筹资活动产生的现金流量，按照收付实现制原则编制，将权责发生制下的盈利信息调整为收付实现制下的现金流量信息。

2.现金流量表的编制

编制现金流量表时，列报经营活动现金流量的方法有两种：一是直接法；二是间接法。这两种方法通常也视为编制现金流量表的方法。

所谓直接法，是指按现金收入和现金支出的主要类别直接反映企业经营活动产生的现金流量，如销售商品、提供劳务收到的现金，购买商品、接受劳务支付的现金等就是按现金收入和支出的类别直接反映的。在直接法下，一般是以利润表中的营业收入为起算点，调节与经营活动有关的项目的增减变动，然后计算出经营活动产生的现金流量。

所谓间接法，是指以净利润为起算点，调整不涉及现金的收入、费用、营业外收支等有关项目，剔除投资活动、筹资活动对现金流量的影响，据此计算出经营活动产生的现金流量。由于净利润是按照权责发生制原则确定的，且包括了与投资活动和筹资活动相关的收益和费用，将净利润调节为经营活动的现金流量，实际上就是将按权责发生制原则确定的净利润调整为现金净流入，并剔除投资活动和筹资活动对现金流量的影响。

采用直接法编报的现金流量表，便于分析企业经营活动产生的现金流量的来源和用途，预测企业现金流量的未来前景；采用间接法编报的现金流量表，便于将净利润与经营活动产生的现金流量净额进行比较，了解净利润与经营活动产生的现金流量差异的原因，从现金流量的角度分析净利润的质量。所以，现金流量表准则规定，企业应当采用直接法编报现金流量表，同时要求在附注中披露将净利润调节为经营活动的现金流量。

在具体编制现金流量表时，可以采用工作底稿法或T形账户法，也可以根据有关账户记录分析填列。

（1）工作底稿法

采用工作底稿法编制现金流量表，是以工作底稿为手段，以资产负债表和利润表数据为基础，对每一项目进行分析并编制调整分录，从而编制现金流量表。工作底稿法的程序是：

第一步，将资产负债表的期初数和期末数过入工作底稿的“期初数”栏和“期末数”栏。

第二步，对当期业务进行分析并编制调整分录。编制调整分录时，要以利润表项目为基础，从“营业收入”开始，结合资产负债表项目逐一进行分析。在调整分录中，有关现金及现金等价物的事项，并不直接借记或贷记现金，而是分别记入“经营活动产生的现金流量”“投资活动产生的现金流量”“筹资活动产生的现金流量”有关项目。借记表示现金流入，贷记表示现金流出。

第三步，将调整分录过入工作底稿中的相应部分。

第四步，核对调整分录，借方、贷方合计数均已相等，资产负债表项目期初数加减调整分录中的借贷金额以后，也等于其期末数。

第五步，根据工作底稿中的现金流量表项目部分，编制正式的现金流量表。

（2）T形账户法

采用T形账户法编制现金流量表，是以T形账户为手段，以资产负债表和利润表数据为基础，对每一项目进行分析并编制调整分录，从而编制现金流量表。T形账户法的程序是：

第一步，为所有的非现金项目（包括资产负债表项目和利润表项目）分别开设T形账户，并将各自的期末、期初变动数过入各相关账户。如果项目的期末数大于期初数，则将差额过入和项目余额相同的方向；反之，过入相反的方向。

第二步，开设一个大的“现金及现金等价物”T形账户，两边均分为经营活动、投资活动和筹资活动三个部分，左边记现金流入，右边记现金流出。与其他账户一样，过入期末、期初变动数。

第三步，以利润表项目为基础，结合资产负债表分析每一个非现金项目的增减变动，并据以编制调整分录。

第四步，将调整分录过入各T形账户，并进行核对，该账户借贷相抵后的余额与原先过入的期末、期初变动数应当一致。

第五步，根据大的“现金及现金等价物”T形账户，编制正式的现金流量表。

（六）所有者权益变动表

所有者权益变动表是指反映构成所有者权益各组成部分当期增减变动情况的一张动态财务状况表。所有者权益变动表应当全面反映一定时期所有者权益变动的情况，不仅包括所有者权益总量的增减变动，还包括所有者权益增减变动的重要结构性信息，特别是要反映直接计入所有者权益的利得和损失，以便报表使用者准确理解所有者权益增减变动的根源。所有者权益变动表还能够在一定程度上体现企业的综合收益。所谓综合收益，是指企业在某一时期与所有者权益之外的其他方面进行交易或发生其他事项所引起的净资产（即所有者权益的数额表现）的变动。综合收益包括两部分：净利润与直接计入所有者权益的利得和损失。其中，净利润是企业已实现并已确认的收益；直接计入所有者权益的利得和损失则是企业未实现但根据会计准则的规定已确认的收益，如可供出售金融资产的公允价值的变动等。在所有者权益变动表中，分别反映净利润和计入所有者权益的利得和损失，也就体现了综合收益的构成。

依据《企业会计准则》的规定，所有者权益变动表（见表9-12）中至少应当单独列示如下信息：会计政策变更和差错更正的累计影响金额；综合收益总额；所有者投入和减少资本；按照规定提取的盈余公积；实收资本（或股本）、资本公积、盈余公积、未分配利润的期初和期末余额及其调节情况。

所有者权益变动表“本年金额”栏内各项数字一般应根据“实收资本（或股本）”“资本公积”“库存股”“盈余公积”“利润分配”“以前年度损益调整”账户的发生额分析填列。

表 9-12 所有者权益变动表（简表） 会企 04 表

编制单位： 年度 单位：元

项目	本年金额							上年金额						
	实收资本（或股本）	资本公积	减：库存股	其他综合收益	盈余公积	未分配利润	所有者权益合计	实收资本（或股本）	资本公积	减：库存股	其他综合收益	盈余公积	未分配利润	所有者权益合计
一、上年年末余额														
加：会计政策变更														
前期差错更正														
二、本年年初余额														
三、本年增减变动金额（减少以“-”号填列）														
（一）综合收益总额														
（二）所有者投入和减少资本														
1.所有者投入资本														
2.股份支付计入所有者权益的金额														
3.其他														
（三）利润分配														
1.提取盈余公积														
2.对所有者（或股东）的分配														
3.其他														
（四）所有者权益内部结转														
1.资本公积转增资本（或股本）														
2.盈余公积转增资本（或股东）														
3.盈余公积弥补亏损														
4.其他														
四、本年年末余额														

第二节 记账凭证核算组织形式

一、会计核算组织形式概述

会计核算组织程序也称账务处理程序，或会计核算形式，它是指在会计循环中，会计主体采用的会计凭证、会计账簿、会计报表的种类和格式与记账程序有机结合的方法和步骤。

会计循环是指一个会计主体在一定会计期间内，从经济业务发生取得或填制会计凭证起，到登记账簿、编制会计报表止的一系列处理程序。它是按照划分的会计期间，周而复始进行的会计核算工作内容。会计循环过程中的内容可以概括为：（1）根据原始凭证填制记账凭证，按照复式记账法为经济业务编制会计分录；（2）根据编制的记账凭证登记有关账户，包括日记账、明细分类账和总分类账；（3）根据分类账户的记录，编制结账（调整）前试算表；（4）按照权责发生制和信息质量的要求，编制调整分录并予以过账；（5）编制结账分录并登记入账，结清损益类账户和利润账户；(6) 根据全部账户数据资料，编制结账后试算表；(7) 根据账户的数据资料，编制会计报表等。

以上七个环节全面地反映了一个会计主体在一定会计期间内的会计核算工作的全部内容，构成了一个完整的会计循环。其中，前三个环节属于会计主体日常的会计核算工作内容；后四个环节属于会计主体在会计期末的会计核算工作内容。会计循环的过程如图9-2所示。

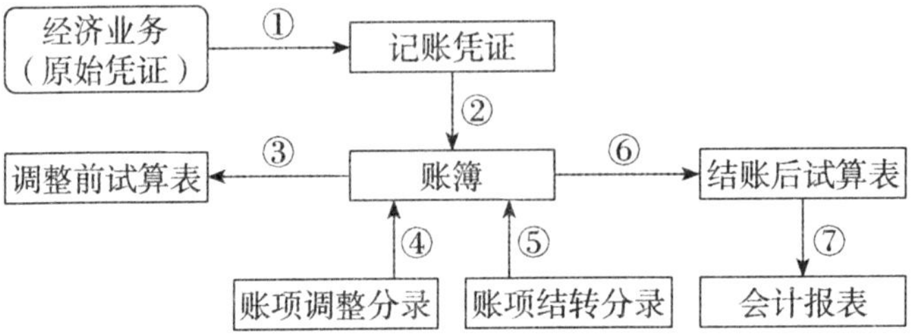

图9-2 会计循环示意图

记账程序是指企业在会计循环中，利用不同种类和格式的会计凭证、会计账簿和会计报表对发生的经济业务进行记录和反映的具体做法。

会计凭证、会计账簿和会计报表是会计用以记录和储存会计信息的重要载体。在实务中所使用的会计凭证（特别是其中的记账凭证）、会计账簿和会计报表种类繁多，格式也各不相同。一个特定的会计主体应当根据选定的业务处理程序和方法，选择一定种类和格式的会计凭证（特别是其中的记账凭证）、会计账簿和会计报表。这就决定了不同的会计主体所采用的会计凭证、会计账簿和会计报表的种类及格式也有所不同。因而，对其所发生的经济业务如何进行具体处理，特别是如何在有关的总分类账户中进行登记，就有着不同的做法。也就是说，即使是对于同样内容的经济业务进行账务处理，由于所采用的会计凭证、会计账簿和会计报表的种类与格式不同，采用不同记账程序的会计主体也有着截然不同的方法，也就会形成在做法上各不相同的记账程序。这个程序在不同的会计主体中是采用不同的组织方法来完成的。

在实际工作中，根据登记总分类账依据的不同，常用的会计核算组织程序主要有：记账凭证核算组织程序、科目汇总表核算组织程序和汇总记账凭证核算组织程序等。其中，记账凭证核算组织程序是最基本、最典型的会计核算组织程序，也是应用最广泛的一种会计核算组织形式。科目汇总表核算组织程序在一些手工记账的小企业尚有少量使用。

二、记账凭证核算组织程序

(一) 记账凭证核算组织程序的基本内容

记账凭证核算组织程序是指根据经济业务发生以后所填制的各种记账凭证直接逐笔地登记总分类账，并定期编制会计报表的一种账务处理程序。记账凭证核算组织程序是一种最基本的核算组织程序，其他核算组织程序都是在此基础上发展演变而形成的。

（二）记账凭证核算组织程序下记账凭证、会计账簿和会计报表的种类与格式

在记账凭证核算组织程序下，采用的记账凭证、会计账簿和会计报表种类很多，其格式也各异。

在记账凭证核算组织程序下，记账凭证既可以采用专用记账凭证，也可以采用通用记账凭证。会计账簿一般应设置日记账、总分类账和明细分类账。库存现金日记账和银行存款日记账常采用收入、支出、结余金额三栏式；各总分类账均采用借、贷、余金额三栏式；明细分类账可根据核算需要采用借、贷、余金额三栏式以及数量金额式或多栏式。

会计报表主要有资产负债表、利润表和现金流量表等。报表的种类不同，格式也不尽相同。《企业会计准则》对于会计报表的种类与格式有统一规定，详见相关内容。

（三）记账凭证核算组织程序下账务处理的基本步骤

在记账凭证核算组织程序下，对经济业务进行账务处理程序大体要经过以下六个步骤：

（1）经济业务发生以后，根据有关的原始凭证或原始凭证汇总表填制记账凭证；

（2）根据库存现金、银行存款收付业务金额逐笔登记库存现金日记账和银行存款日记账；

（3）根据记账凭证并参考原始凭证或原始凭证汇总表逐笔登记各种明细分类账；

（4）根据各种记账凭证逐笔登记总分类账；

（5）月末，将日记账、明细分类账的余额与总分类账中相应账户的余额进行核对；

（6）月末，根据总分类账和明细分类账的资料编制会计报表。

记账凭证核算组织程序的账务处理步骤如图9-3所示。

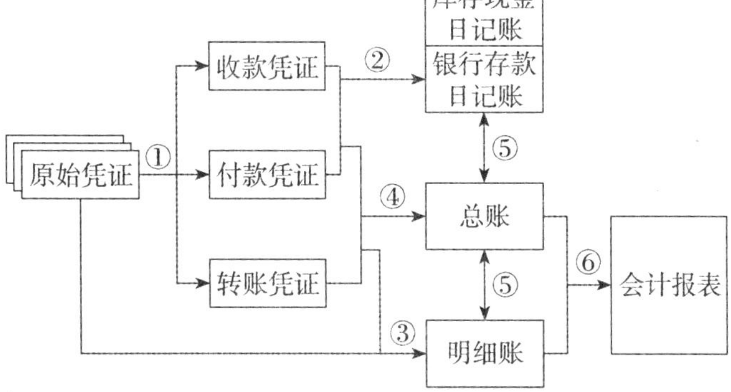

图9-3 记账凭证核算组织程序的账务处理步骤

本章小结

会计循环是日常会计工作按照会计期间区分的周而复始的工作，一般包括确认与计量经济业务、填制审核原始凭证、编制记账凭证、登记会计账簿、对账和结账以及编制会计报表等步骤内容。会计循环以原始的会计记录开始，以正式的财务报表结束。这些工作始于会计期初，终于会计期末。

会计凭证是指用来记录经济业务、明确经济责任，并作为登记账簿依据的书面文件。会计凭证按照填制的程序和用途不同，可以分为原始凭证和记账凭证。原始凭证是在经济业务发生时填制或取得的，用以证明经济业务的发生或完成情况，并作为原始依据的会计凭证，包括自制原始凭证和外来原始凭证；记账凭证是由会计人员根据审核无误的原始凭证编制的会计分录凭证，包括专用记账凭证和通用记账凭证等。

会计账簿是由具有专门格式、互有联系的账页所组成的，用来记录和反映经济业务的会计簿籍。设置账户并在账簿中进行登记，有利于全面、系统地记录和反映企业生产经营活动情况，为有关方面提供所需要的会计信息。会计账簿按其用途不同，可以分为序时账簿、分类账簿和备查账簿。会计账簿要按照规则进行登记，在登账过程中如果发生了错误，要采用专门的方法进行更正。更正错账的方法包括划线更正法、红字更正法和补充登记法。会计账簿登记完毕，在会计期末需要进行对账和结账。对账是指对会计账簿记录进行的核对，包括账证核对、账账核对和账实核对。结账是指在将本期内所发生的经济业务全部登记入账的基础上，按照规定的方法对该期内的账簿记录进行小结，结算出本期发生额合计和期末余额，并将其余额结转下期或转入新账的过程。会计账簿登记结束，并经过对账和结账之后，在会计期末就可以根据账簿记录资料编制财务报表，以便向有关方面提供所需要的会计信息，从而完成一个完整的会计循环内容。

财务报表是企业正式对外揭示或表述财务信息的总结性书面文件。依据《企业会计准则》的规定，企业编制的财务报表至少应当包括“四表一注”，即资产负债表、利润表、现金流量表、所有者权益（或股东权益）变动表以及附注。

资产负债表是反映企业在某一特定日期的财务状况的会计报表。它是根据相关账簿资料余额编制的一张静态财务报表，反映企业截至资产负债表日的资产、负债、所有者权益存量信息的一张财务报表。资产负债表正表的列报格式一般有两种：报告式资产负债表和账户式资产负债表。列报方法主要是根据账簿资料余额分析计算填列。

利润表是反映企业在一定会计期间的经营成果的财务报表。它是根据相关账簿资料发生额填列的一张动态财务报表，反映企业报告期间取得的收入、发生的费用，即利润形成过程的一张财务报表。利润表正表的格式一般有两种：单步式利润表和多步式利润表。利润表列报方法一般根据损益项目发生额直接填列。

现金流量表是反映企业一定会计期间内现金及现金等价物流入和流出的报表。现金流量表以现金及现金等价物为基础编制，划分为经营活动、投资活动和筹资活动产生的现金流量，按照收付实现制原则编制，将权责发生制下的盈利信息调整为收付实现制下的现金流量信息。编制现金流量表时，列报经营活动现金流量的方法有两种：一是直接法；二是间接法。在具体编制现金流量表时，可以采用工作底稿法或T形账户法，也可以根据有关账户记录分析填列。

所有者权益变动表是反映构成所有者权益各组成部分当期增减变动情况的一张动态财务状况表。所有者权益变动表应当全面反映一定时期所有者权益变动的情况，不仅包括所有者权益总量的增减变动，还包括所有者权益增减变动的重要结构性信息，特别是要反映直接计入所有者权益的利得和损失，以便报表使用者准确理解所有者权益增减变动的根源。依据《企业会计准则》的规定，所有者权益变动表中至少应当单独列示如下信息：净利润；直接计入所有者权益的利得和损失；会计政策变更和差错更正的累计影响金额；所有者投入和减少资本；按照规定提取的盈余公积；实收资本（或股本）、资本公积、盈余公积、未分配利润的期初和期末余额及其调节情况。所有者权益变动表“本年金额”栏内各项数字一般应根据“实收资本（或股本）”“资本公积”“库存股”“盈余公积”“利润分配”“以前年度损益调整”账户的发生额分析填列。

会计核算组织程序也称账务处理程序，或会计核算形式，它是指在会计循环中，会计主体采用的会计凭证、会计账簿、会计报表的种类和格式与记账程序有机结合的方法和步骤。在实际工作中，根据登记总分类账依据的不同，常用的会计核算组织程序主要有：记账凭证核算组织程序、科目汇总表核算组织程序和汇总记账凭证核算组织程序等。其中，记账凭证核算组织程序是最基本、最典型的会计核算组织程序，也是应用最广泛的一种会计核算组织形式。

记账凭证核算组织程序是指根据经济业务发生以后所填制的各种记账凭证直接逐笔地登记总分类账，并定期编制会计报表的一种账务处理程序。

思考与练习

■ 思考题

1.什么是会计工作循环？主要包括哪些步骤？

2.什么是原始凭证？有哪些类型？

3.什么是记账凭证？有哪些类型？

4.什么是会计账簿？有哪些类型？

5.明细分类账页格式有哪些？分别适用于哪些总分类账户所属明细分类账户使用？

6.错账更正的方法有哪些？分别适用于什么错误的更正？并举例说明。

7.试说明对账与结账的主要内容。

8.什么是会计核算的组织形式？各种不同的会计核算组织形式的根本不同点是什么？

9.试说明记账凭证核算组织形式的主要账务处理程序。

附

会计循环实例综合实训

一、实训资料

1.基本情况

（1）公司名称：和谐通信有限公司。

（2）企业地址：天津春城路20号；电话：23458888；邮码：300384。

（3）统一社会信用代码：00120425200135678G。

（4）开户银行：农行天津市分行红旗78G路分理处；账号：708-046-1598。

（5）企业性质：国有企业、一般纳税人。

（6）经营范围：手机生产与销售；主要产品：55型手机与66型手机。

（7）所用主要材料：甲材料、乙材料、丙材料、丁材料。

（8）会计记账：采用借贷记账法。

（9）法定代表人：徐树。

（10）会计主管：赵甲；总账会计：钱双；出纳员：孙玉；明细账会计：李丁。

（11）会计核算形式：记账凭证核算形式。

2.账务期初资料

（1）和谐通信有限公司2016年12月1日各总分类账户余额一览表（三栏式账页）见附表1。

附表1　**各总分类账户余额一览表**　单位：元

账户名称	借方余额	账户名称	贷方余额	账户名称（损益类）	余额
库存现金	1 200	累计折旧	120 000	营业收入	—
银行存款	799 105	短期借款	25 000	投资收益	—
交易性金融资产	60 000	应付账款	130 000	营业外收入	—
应收票据	—	应付职工薪酬	—	营业成本	—
应收账款	35 100	应付股利	—	税金及附加	—
其他应收款	900	应交税费	23 825.50	其他业务成本	—
在途物资	—	其他应付款	—	销售费用	—
原材料	164 000	应付利息	1 100	管理费用	—
周转材料	500	长期借款	150 000	财务费用	—
库存商品	210 000	实收资本	1 020 900	营业外支出	—
预付账款	1 345	资本公积	—	所得税费用	—
固定资产	1 000 000	盈余公积	403 524.50		
无形资产	100 000	本年利润	500 000		
待处理财产损溢	2 200				
制造费用	—				
合计	2 374 350	合计	2 374 350	合计	—

（2）和谐通信有限公司2016年12月1日有关明细分类账户资料一览表（三栏式账页）见附表2。

附表2　**有关明细分类账户资料一览表(1)**　单位：元

总账账户	明细账账户	期初余额	总账账户	明细账账户	期初余额
交易性金融资产	债券投资	60 000	应交税费	应交增值税	8 050
应收票据		—		应交城市维护建设税	563.50
应收账款	大唐公司	5 100		应交所得税	14 890
	东方公司	11 000		应交教育费附加	322
	大都公司	17 200	应付股利	通信总公司	—
	九河公司	1 800		顺达公司	—
其他应收款	林建	900	应付利息	天津农业银行	1 100
预付账款	华都房产公司	1 345			
无形资产	专利权	100 000	长期借款	天津建设银行	150 000
待处理财产损溢	甲材料	2 200	短期借款	天津农业银行	25 000
投资收益	—		应付账款	绿原公司	15 000
税金及附加	—			金羊城公司	23 000
营业外收入	—			赤兔公司	25 000
营业外支出	—			德龙公司	7 000
所得税费用	—			青锋公司	13 000
应付职工薪酬	员工工资	—		九顶公司	4 000
	职工福利	—		超值公司	33 000
利润分配	提取盈余公积	—		海天公司	10 000
	未分配利润	—	实收资本	通信总公司	820 000
本年利润		500 000		顺达公司	200 900
			盈余公积	法定盈余公积	403 524.50

（3）和谐通信有限公司2016年12月1日有关明细分类账户资料一览表（数量金额式账页）见附表3。

附表3　**有关明细分类账户资料一览表(2)**　金额单位：元

总账	明细账	数量	单价	余额	总账	明细账	数量	单价	余额
在途物资	甲材料	—	—	—	库存商品	55型手机	200部	500	100 000
	乙材料	—	—	—		66型手机	110部	1 000	110 000
	丙材料	—	—	—	营业收入	55型手机	—	—	—
	丁材料	—	—	—		66型手机	—	—	—
原材料	甲材料	80千克	50	4 000	营业成本	55型手机	—	—	—
	乙材料	300盒	100	30 000		66型手机	—	—	—
	丙材料	100吨	500	50 000					
	丁材料	40吨	2 000	80 000					
周转材料	包装盒	100个	5	500					

（4）和谐通信有限公司2016年12月1日有关明细分类账户资料一览表（多栏式账页）见附表4。

附表4 **有关明细分类账户资料一览表(3)**

总　账	期初余额	明细账格式
制造费用	—	多栏式账页
销售费用	—	多栏式账页
管理费用	—	多栏式账页
财务费用	—	多栏式账页

（5）和谐通信有限公司2016年12月1日有关明细分类账户资料一览表见附表5。

附表5 **有关明细分类账户资料一览表(4)** 单位：元

总账	明细账	期初余额	总账	明细账	期初余额
固定资产	生产车间厂房	250 000	累计折旧	生产车间厂房	40 000
	生产车间机器设备	230 000		生产车间机器设备	30 000
	专设销售机构房屋	200 000		专设销售机构房屋	25 000
	专设销售机构其他	170 000		专设销售机构其他	15 000
	管理用固定资产	150 000		管理用固定资产	10 000

（6）和谐通信有限公司2016年12月1日有关明细分类账户资料一览表见附表6。

附表6 **有关明细分类账户资料一览表(5)**

总　账	期初余额	明细账格式
应交税费——应交增值税	—	应交增值税专用账页

3.和谐通信有限公司2016年12月发生的经济业务

（1）12月2日，收到通信总公司投入的资本金150 000元，款项已划入企业银行账户。

（2）12月3日，从工商银行借入长期借款110 000元，款项已划入企业银行账户。

（3）12月5日，收到顺达公司投入的生产车间设备一台，经评估确认价值为45 000元，可直接投入使用。

（4）12月8日，向金羊城公司购入甲材料40千克，单价50元/千克，货款2 000元，增值税税率17%。用电汇方式支付货款，支付银行结算手续费24.4元。

（5）12月8日，向绿原公司购入乙材料30盒，单价100元/盒，货款3 000元，增值税税率17%，用转账支票付讫。

（6）12月8日，销售给大唐公司产品一批，其中，55型手机5部，单价1 000元/部，销售货款5 000元，66型手机2部，单价3 500元/部，销售货款7 000元，增值税税率17%，全部款项已收妥入账。

（7）12月10日，向赤免公司购入丙材料10吨，单价420元/吨，货款4 200

元，增值税税率17%，另加付运费300元，采用转账支票结算方式。

（8）12月10日，向德龙公司购入丙材料15吨，单价400元/吨，货款6 000元，购入丁材料4吨，单价2 000元/吨，货款8 000元，增值税税率17%。购买材料的货款尚未支付。

（9）12月10日，公司开出转账支票，支付给德龙公司承运丙材料和丁材料的运输费用1 900元（运输费用按照丙材料和丁材料的重量进行分配）。

（10）12月10日，公司开出现金支票35 415元，支付职工工资，并根据工资结算汇总表结算有关代扣款项（见附表7）。

附表7　　**工资结算汇总表**　　单位：元

部门		应付工资				代扣款项			实发工资
		基本	奖金	津贴	合计	社保	公积金	合计	
生产车间	55型手机生产人员	7 500	1900	2650	12050	1100	1953	3053	8997
	66型手机生产人员	8500	2200	3100	13800	1260	1590	2850	10950
	管理人员	4500	1050	1220	6770	605	1977	2582	4188
专设销售机构人员		4600	490	1600	6690	680	900	1580	5110
厂部管理人员		5000	1170	1 500	7670	750	750	1 500	6170
合计		30100	6810	10070	46980	4395	7170	11565	35415

制表：王红　　记账：李丁

（11）12月17日，公司购买办公用品520元，以转账支票支付。

（12）12月18日，以转账支票支付开西广告公司广告费50 000元，款项已从银行划出。

（13）12月22日，向银行申请办理汇票，以7 000元支付前欠青锋公司的购料款，支付银行结算手续费71元。该项业务发生后，取得的原始凭证为“银行汇票委托书存根联”“手续费收据”“邮电费收据”。

（14）12月24日，上月一笔应付九顶公司的账款4 000元，因经核实对方机构撤销确实无法支付，批准转入企业“营业外收入”。该项经济业务发生后，取得的原始凭证为“和谐通信有限公司董事会的授权批准书”。

（15）12月25日，公司收到银行转来的电费付款通知，12月电费4 000元，按生产车间和管理部门用电量分配，生产车间和管理部门分别承担电费2 500元和1 500元。

（16）12月25日，公司收到银行转来的付款通知，支付公司12月电话费3 560元。

（17）12月26日，公司业务员林建参加展销会归来，报销差旅费800元，退回现金100元。

（18）12月28日，公司采用电汇结算方式，以银行存款支付前欠德龙公司购料款25 000元，支付银行结算手续费51元。

（19）12月28日，公司销售给东方有限公司66型手机53部，单价3 000元/部，货款159 000元，增值税税率17%，收到两个月期限商业汇票一张。

（20）12月29日，向金羊城公司购入甲材料200千克，单价50元/千克，货款10 000元，乙材料60盒，单价100元/盒，货款6 000元，增值税税率17%。货款由银行电汇，邮电费50元，手续费1元。

（21）12月31日，以转账支票付给平安运输公司承运甲材料200千克、乙材料60盒的运输费用1 600元（运输费用按照甲材料和乙材料的价值进行分配）。

（22）12月31日，公司以银行存款向住房公积金管理中心支付住房公积金（同城委托收款结算）。

（23）12月31日，销售给大都公司55型手机65部，单价1 000元/部，66型手机12部，单价3 100元/部，增值税税率17%，货款尚未收到。

（24）12月31日，公司下月开始租用仓库，在租约中双方约定年租金36 000元，租赁费用半年预付一次。以银行存款18 000元预付明年上半年的仓库租金，开出转账支票一张。

（25）12月31日，公司出售不需用的包装盒100个，取得现金578.69元，并已送交银行。

（26）12月31日，公司向希望工程捐款800元。

（27）12月31日，公司职工狄江报销医药费700元，以库存现金支付。

（28）12月31日，公司将上月由于自然灾害造成的待处理甲材料损失2 200元批准列入企业营业外支出。

（29）12月31日，公司的供应部门报来12月份采购清单，12月份采购的甲材料、乙材料、丙材料和丁材料已经全部办妥验收入库手续，并均已入库。该项经济业务发生后，取得的原始凭证为“材料物资入库单”。

（30）12月31日，仓库转来12月份发出用于生产55型手机、66型手机以及管理方面的各类材料的领料清单（发出材料按月末一次加权平均法计价，见附表8）。

附表8 **领料清单** 金额单位：元

项　目	甲材料		乙材料		丙材料		丁材料		合计
	数量	金额	数量	金额	数量	金额	数量	金额	
55型手机耗用	120		90		18				
66型手机耗用	80		150		7				
车间一般耗用	38		60						
厂部一般耗用	—						4		
合计	238		300		25		4		

（31）12月31日，结转公司12月份工资费用（见附表9）。

附表9　　**工资费用分配表**　　单位：元

应借账户		工资总额	社保费	住房公积金	员工福利费	工会经费	职工教育经费	合计
生产成本	55型手机	12 050	1100	1 953	1687	241	301.25	17 332.25
	66型手机	13 800	1260	1 590	1932	276	345	19 203
制造费用	生产车间	6 770	617.10	1 977	947.80	135.40	169.25	10 616.55
销售费用		6 690	680	900	936.60	133.80	167.25	9 507.65
管理费用		7 670	750	750	1 073.80	153.40	191.75	10 588.95
合计		46 980	4 407.10	7 170	6 577.20	939.60	1 174.50	67 248.40

（32）12月31日，公司按照规定的折旧率计提固定资产折旧（见附表10）。

附表10　　**固定资产折旧计算表**　　金额单位：元

应借账户			固定资产原值	月折旧率	折旧额	合计
制造费用	生产车间	房屋建筑物	250 000	0.5%	1 250	3 320
		机器设备	230 000	0.9%	2 070	
销售费用	销售机构	房屋建筑物	200 000	0.6%	1 200	3 070
		其他	170 000	1.1%	1 870	
管理费用	厂部	管理用	150 000	0.8%	1 200	1 200
合计			1 000 000	—	7 590	7 590

（33）12月31日，公司汇总12月份制造费用总额并进行分配（制造费用按生产工人工资比例在55型手机与66型手机之间进行分配），见附表11。

附表11　　**制造费用分配表**　　金额单位：元

应借账户		生产工人工资（分配率）	应分配金额
总账账户	明细账户		
生产成本	55型手机		
	66型手机		
合计			

（34）12月31日，公司结转12月份完工产品成本（产品成本计算表见附表12），12月份投产的55型手机和66型手机已经全部完工入库（入库单见附表13）。

附表12　　产品成本计算表

55型手机完工<u>125</u>部　　年　月　日

66型手机完工<u>70</u>部　　单位：元

成本项目＼产品种类	55型手机	66型手机	合计
直接材料			
直接人工			
制造费用			
总成本			
单位成本			

制表：　　记账：

附表13　　入　库　单　　第82号

发货单位：　　年　月　日　　金额单位：元

货号	品名	单位	数量	单价	金额	备注

负责人：　　收货经手人：

（35）12月31日，公司结转12月已销售产品的制造成本（采用先进先出法）。

（36）12月31日，结转出售包装盒的实际成本。

（37）12月31日，公司摊销应由12月负担的房屋租赁费用1 345元。

（38）12月31日，公司提取应由12月负担的银行借款利息（见附表14）。

附表14　　应付利息计算表　　金额单位：元

借款类别	借款本金	月利率	本月应计利息
短期借款（农行）	25 000	3.1%	
长期借款（建行）	150 000	2.8%	
长期借款（工行）	110 000	2.2%	

（39）12月31日，结转12月应交未交增值税并计提12月应交城市维护建设税、教育费附加（税率分别为7%和3%）。

（40）12月31日，结转12月取得的各项收入。

（41）12月31日，结转12月付出的各项支出。

（42）12月31日，计提并结转和谐通信有限公司2016年应纳所得税额（假设应纳税所得额等于税前会计利润），所得税税率为25%，并将所得税费用结转至"本年利润"账户。

（43）将和谐通信有限公司2016年度实现的净利润结转至"利润分配——未分配利润"账户。

（44）12月31日，按税后净利润的10%计提法定盈余公积后，将剩余利润的40%向投资者按持股比例进行分配，利润分配表见附表15。

附表15　**利润分配表**　单位：元

项目	金额
1.未分配利润	
2.应付利润（40%）	
（1）通信总公司	
（2）顺达公司	

（45）12月31日，将"利润分配"其他明细账户余额结转至"利润分配——未分配利润"账户。

二、实训要求

（1）根据资料2所给资料，用T形账户开设总账账户与所属明细账户，并登入期初余额。

（2）根据资料3所给资料，编制会计分录，并登入T形总账账户及相关明细账户。

（3）结算所有总账账户及所属明细账户期末余额，并试算平衡。

（4）根据账户资料余额编制和谐通信有限公司2016年度资产负债表和利润表（见附表16和附表17）。

附表16　**资产负债表**　会企01表

编制单位：和谐通信有限公司　2016年12月31日　单位：元

资　产	期末余额	年初余额	负债和所有者权益（或股东权益）	期末余额	年初余额
流动资产：		（略）	流动负债：		（略）
货币资金			短期借款		
以公允价值计量且其变动计入当期损益的金融资产			应付票据		

续表

资　产	期末余额	年初余额	负债和所有者权益（或股东权益）	期末余额	年初余额
应收票据		（略）	应付账款		（略）
应收账款			预收款项		
预付款项			应付职工薪酬		
应收利息			应交税费		
其他应收款			应付利息		
存货			其他应付款		
一年内到期的非流动资产			应付股利		
其他流动资产			一年内到期的非流动负债		
流动资产合计			流动负债合计		
非流动资产：			非流动负债：		
可供出售金融资产			长期借款		
持有至到期投资			应付债券		
长期应收款			长期应付款		
长期股权投资			专项应付款		
投资性房地产			预计负债		
固定资产			递延所得税负债		
在建工程			其他非流动负债		
工程物资			非流动负债合计		
固定资产清理			负债合计		
无形资产			所有者权益（或股东权益）：		
商誉			实收资本（或股本）		
长期待摊费用			资本公积		
递延所得税资产			盈余公积		
其他非流动资产			未分配利润		
非流动资产合计			所有者权益（或股东权益）合计		
资产总计			负债和所有者权益（或股东权益）总计		

附表17

利润表

会企02表

编制单位：和谐通信有限公司 2016年度 单位：元

项　目	本月金额	本年金额
一、营业收入		
减：营业成本		
税金及附加		
销售费用		
管理费用		
财务费用		
资产减值损失		
加：公允价值变动收益（损失以“-”号填列）		
投资收益（损失以“-”号填列）		
其中：对联营企业和合营企业的投资收益		
二、营业利润（亏损以“-”号填列）		
加：营业外收入		
减：营业外支出		
其中：非流动资产处置损失		
三、利润总额（亏损总额以“-”号填列）		
减：所得税费用		
四、净利润（净亏损以“-”号填列）		
五、其他综合收益的税后净额		
六、综合收益总额		
七、每股收益		
（一）基本每股收益		
（二）稀释每股收益		

主要参考文献

［1］财政部.企业会计准则［M］. 北京：经济科学出版社，2006.

［2］财政部.企业会计准则——应用指南［M］. 北京：中国财政经济出版社，2006.

［3］财政部会计司.企业会计准则讲解2010［M］. 北京：人民出版社，2010.

［4］财政部.企业基础工作规范［M］. 北京：经济科学出版社，1996.

［5］刘东明，张雁.企业会计学：管理者视角［M］. 3版.北京：中国人民大学出版社，2010.

［6］王淑萍.财务报告分析［M］. 北京：清华大学出版社，2007.

［7］陈国辉，迟旭升.基础会计［M］. 5版.大连：东北财经大学出版社，2016.

［8］刘永祥，刘婉立.会计学［M］. 北京：清华大学出版社，2009.

［9］赵天燕.会计学［M］. 北京：高等教育出版社，2010.

［10］伯恩斯坦，维欧德.财务报表分析［M］. 北京：北京大学出版社，2001.

［11］张新民，王秀丽.财务报表分析［M］. 北京：高等教育出版社，2011.

［12］刘永泽，陈立军.中级财务会计［M］. 5版.大连：东北财经大学出版社，2016.

［13］王君彩.会计学［M］. 北京：高等教育出版社，2008.

［14］郭道扬.会计发展史纲［M］. 北京：中国广播电视大学出版社，1984.

［15］刘永泽，陈文铭.会计学［M］. 5版.大连：东北财经大学出版社，2016.

［16］安慧，谢阳春.财务分析［M］. 北京：经济科学出版社，2009.

［17］盖地.税务会计与纳税筹划［M］. 12版.大连：东北财经大学出版社，2016.

［18］李占国.基础会计［M］. 2版.北京：高等教育出版社，2010.

［19］殷枫.会计学案例［M］. 上海：上海财经大学出版社，2010.